En nuestras
propias palabras

En nuestras propias palabras

La vida religiosa en un mundo cambiante

JULIET MOUSSEAU, RSCJ,
Y SARAH KOHLES, OSF

EN NUESTRAS PROPIAS PALABRAS
LA VIDA RELIGIOSA EN UN MUNDO CAMBIANTE

Puede hacer pedidos de libros de iUniverse en librerías o poniéndose en contacto con:

iUniverse
1663 Liberty Drive
Bloomington, IN 47403
www.iuniverse.com
1-800-Authors (1-800-288-4677)

ISBN: 978-1-5320-4871-5 (tapa blanda)
ISBN: 978-1-5320-4872-2 (libro electrónico)

Información sobre impresión disponible en la última página.

Fecha de revisión de iUniverse: 05/01/2018

Contents

Agradecimientos vii

Introducción • Juliet Mousseau, RSCJ, y Sarah Kohles, OSF ix

Comunidades en comunión: movimiento hacia una nueva
    vida • Virginia Herbers, ASCJ 1

Lo viejo y lo nuevo: el voto de Ana (1 Sam 1–2) y la vida
    de las religiosas de hoy • Sarah Kohles, OSF 19

Antropología teológica y los votos de pobreza, castidad y
    obediencia • Juliet Mousseau, RSCJ 33

Los votos y la misión radical de Jesús: reclamando el poder
    del celibato, de la pobreza y de la obediencia para el
    Reino de Dios • Tracy Kemme, SC 50

Local y global: el carisma de la vida religiosa de hoy •
    Mary Therese Perez, OP 73

En el jardín del amor de Dios: cultivar una vocación •
    Desiré Findlay, CSSF 90

Buscando la identidad a través del misterio pascual • Thuy
    Tran, CSJ 105

Desarrollando una cultura de encuentro: encontrar vida
    en la comunidad intergeneracional e intercultural •
    Madeleine Miller, OSB 120

Los puentes que cruzo y las hermanas que los construyen •
    Christa Parra, IBVM 140

La compasión que el mundo necesita hoy • Amanda
    Carrier, RSM 158

Llamado al liderazgo: desafíos y oportunidades para
   miembros más jóvenes en el liderazgo • Teresa Maya,
   CCVI 172
La vida religiosa en tiempo de niebla • Susan Rose
   Francois, CSJP 197
"Caminante, tus huellas son el único camino, no hay más":
   reflexiones sobre el futuro de la vida religiosa femenina
   • Deborah Warner, CND 221

Con ojos hacia el futuro 241
Bibliografía.. 245
Colaboradoras 259

Agradecimientos

Como sucede en cualquier obra colaborativa, hay mucho que agradecer a todas las personas que han contribuido al éxito de este proyecto. De manera particular, agradecemos a *Giving Voice*[1] y a todas sus líderes, quienes soñaron, crearon y mantuvieron el espacio para que las religiosas más jóvenes nos sintiéramos en confianza y pudiéramos compartir nuestras experiencias de vida. Este libro nació y creció de relaciones y conversaciones que sólo pueden darse en un espacio donde las religiosas jóvenes se sienten entre su generación.

Gracias a la Fundación Conrad N. Hilton que subvino el proceso colaborativo para escribir este libro. Con su apoyo, pudimos instalarnos físicamente en una especie de retiro para escribir sin la preocupación de gastos, viaje, estancia y alimentos De esta manera, pudimos tener la libertad necesaria para enfocarnos en el proyecto mismo y no tanto en estas cuestiones secundarias que, de otra manera, hubieran hecho imposible concretar un proyecto colaborativo de esta magnitud.

Agradecemos también a las Hermanas de San Francisco de Dubuque, quienes aceptaron recibir los fondos a nombre de Juliet Mousseau, RSCJ y Sarah Kohles, OSF.

También le estamos muy agradecidas a Annmarie Sanders, IHM, quien nos acompañó durante la semana de retiro para ayudarnos a

---

[1] Giving Voice (Dando Voz) es una organización encabezada generacionalmente y que crea espacios para que las religiosas jóvenes expresen sus esperanzas, sueños y desafíos dentro de la vida religiosa (N. de la T.).

vii

enmarcar cada día en oración y compartir su pericia de escritora sesionando personalmente con cada una de las autoras. Le damos las gracias a la Asamblea de líderes de congregaciones religiosas femeninas (LCWR)[2] por permitir que Annmarie estuviera con nosotras esa semana; hubiera sido difícil encontrar otra persona mejor preparada para realizar estas tareas.

Gracias a Tracy Kemme, SC, y a Tracey Horan, SP – cariñosamente conocidas como el "equipo Trac(e)y" – por su disponibilidad para trabajar con Juliet y Sarah durante varios días muy intensos dedicados a la edición; agradecemos profundamente su ayuda para pulir estos capítulos.

Finalmente, gracias a todas las hermanas que viven la vida religiosa con fidelidad y son modelo para todas nosotras y para el mundo. Las tenemos en nuestros corazones y sabemos que ustedes también nos tienen en los suyos. Gracias a todas las personas que hasta el día de hoy han escrito sobre la vida religiosa; su sabiduría ha dado forma a nuestras ideas y ha conmovido nuestros corazones. Gracias a todas las hermanas que han expresado su gusto e interés en nuestro proyecto y nos han ofrecido su apoyo y sus oraciones. Cada paso dado en el proceso de escribir este libro estuvo lleno de gracia y bendiciones que, sin duda alguna, se deben a su interés por nuestro bienestar. Gracias a todas las mujeres que continúan diciendo "sí" a la vida religiosa. Agradecemos su valentía y su "sí" y estamos deseosas de escuchar sus voces.

---

[2] Leadership Conference of Women Religious, LCWR por sus siglas en inglés (N. de la T.).

Introducción

Este libro es la realización de un sueño que tuvo Juliet hace tres años. Mientras se preparaba para su profesión perpetua, exploraba su propia comprensión de los votos que ya estaba viviendo. Los libros y artículos a su alcance, por lo general, habían sido publicados unos quince años antes y sus autores eran, en su mayoría, mujeres y hombres que llevaban muchos años viviendo la vida religiosa. Juliet aprendió mucho leyendo estos escritos, pero a veces las realidades abordadas parecían no embonar con el mundo en que posteriormente ella se encontraba. La demografía de la Iglesia y de la vida religiosa había cambiado dramáticamente entre 1990 y 2012.[1] Además, casi todos esos escritos definían la vida religiosa por lo que no era; esos escritores habiendo vivido los cambios del Vaticano Segundo, invariablemente se referían a lo mucho que había cambiado la vida religiosa. Juliet sentía el deseo de oír a alguien hablar de la vida religiosa tal y cómo se vive hoy y no del contraste con lo que se había vivido 50 años antes.

Sarah recuerda un par de conversaciones en el retiro organizado

---

[1] Numerosas fuentes reportan los cambios actuales en la demografía de las religiosas católicas. El más completo es Mary Johnson, Patricia Wittberg, and Mary L. Gautier, *New Generations of Catholic Sisters: The Challenge of Diversity* (Nueva York: Oxford University Press, 2014). Otra fuente para continuar la investigación puede ser el *Center for Applied Research in the Apostolate* (Centro de investigación aplicada en el apostolado, CARA), http://cara.georgetown.edu/

por *Giving Voice* para religiosas de 20 a 30 años, en el que dos formadas, preguntaron al grupo qué habíamos leído sobre los votos. Al igual que Juliet, buscaban algo más actualizado que les ayudara en el esfuerzo cotidiano de vivir los votos que se preparaban a profesar en el mundo de hoy. Le preguntamos al grupo, una por una y descubrimos que en verdad no había más de lo que ya habíamos leído. Otra conversación parecida tuvo lugar al año siguiente en el retiro de las de 20 a 30 años. Llegamos a la conclusión de que este material no existía porque no lo habíamos escrito todavía. Después de la Navidad de 2016, Juliet habló con Sarah y le dijo que estaba convencida de que este era el momento de responder al llamado que nos llegaba a escribir y a animar a otras a unirse con nosotras.

Cuando empezamos a planear este libro, nuevamente nos reunimos en grupo jóvenes religiosas de 40 años para abajo. Estábamos conversando sobre las y los grandes intelectuales y escritores que habían influido o estaban influyendo nuestra formación. A medida que hablábamos, nos dimos cuenta que estas personas estaban envejeciendo y que al parecer nadie estaba tomando su lugar. Sarah y Juliet recuerdan que en ese momento ambas se miraron y comprendieron, antes de decirlo al grupo en voz alta, que ninguna sola persona podría tomar ese lugar, que necesitábamos escuchar todas nuestras voces, unidas en su diversidad, abordando los temas centrales y más significativos para nuestra vida. Y así emprendimos nuestro viaje a escribir este libro.

Desde que Juliet inició el proyecto, nuestras prioridades han sido la diversidad y la colaboración. Estas fueron nuestras piedras angulares para discernir a quién invitar y cómo estructurar el proceso. No queríamos que nada más unas cuantas religiosas escribieran y enviaran sus capítulos. Deseábamos crear un grupo que se involucrara en un proceso colaborativo que diera forma al proyecto. Así es que les pedimos a las hermanas interesadas comprometerse a participar en llamadas mensuales que nos llevaran a discernir juntas los capítulos culminando en un retiro de una semana dedicado a escribir.

Discutimos a quién invitar al proyecto y no fijamos tanto en quiénes eran las mejores escritoras sino cuáles voces queríamos presentar. Aunque las voces de varones religiosos son también importantes, decidimos limitar a nuestros contribuyentes al elemento femenino. Decidimos hacer un corte transversal de la Iglesia Católica actual y de las mujeres que están respondiendo al llamado a la vida religiosa. Eso implica diversidad étnica, diversidad de edades (aunque siempre menores de 50 años), y diversidad de carismas y de visiones de la vida religiosa. Quisimos representación tanto de la LCWR como de la CMSWR.[2] Optamos por hermanas que se consideran primeramente apostólicas, hermanas que prefieren llamarse "evangélicas" y hermanas misioneras. Intencionalmente limitamos al grupo a miembros de comunidades que tradicionalmente se han dedicado a los pobres, conocidas por sus hospitales, y educadoras de niños y adultos. Queríamos órdenes con hábito y sin hábito; hermanas en servicio de liderazgo, de formación y promoción vocacional al igual que hermanas en votos temporales, pero aún en formación inicial. Aunque hay muchas más que pudiéramos incluir estamos satisfechas con la variedad de perspectivas aportadas por las 13 mujeres que aparecen en este libro. No obstante, reconocemos que nuestras voces sólo son una instantánea de lo que hoy es la vida religiosa en Norteamérica.

Así como nuestra selección de participantes era importante, así de importante consideramos nuestra forma colaborativa de trabajar. Empezamos poniéndonos en contacto a través de las redes sociales, usando una página privada de Facebook. En agosto de 2016 comenzamos comunicaciones más intencionales culminando en cuatro videoconferencias mensuales. En cada conferencia nos poníamos al tanto en lo personal y empezamos a discernir formalmente nuestros deseos para este proyecto y descubrir qué era lo que se necesitaba. En la primera sesión nos preguntamos: "¿Qué quisieras que se incluyera en este libro incluso si no estuvieras entre

---

[2] Council of Major Superiors of Women Religious (Consejo de Superioras Mayores de Congregaciones Religiosas Femeninas. N. de la T.).

las personas que lo escriban?" Luego fuimos compartiendo lo que cada una se sentía llamada a escribir. A medida que avanzaron los meses y que continuamos rezando juntas y de forma personal, los temas elegidos por cada una cambiaron ligeramente, aunque la mayor parte permaneció muy similar a los planteamientos e inclinaciones iniciales.

En las tres primeras videoconferencias leímos o vimos videos de presentaciones por personas sobresalientes en el estudio de la vida religiosa y adoptamos sus palabras como base para profundizar nuestras conversaciones. Por ejemplo, leímos la presentación de Marian Ambrosio, IDP, de mayo de 2016 durante la reunión de la Unión Internacional de Superioras Generales en Roma, la cual nos llevó a examinar el significado de quiénes somos como mujeres religiosas, articulando esta realidad por cómo hacemos lo que hacemos y no por los ministerios que llevamos.[3]. Vimos el video "Vida religiosa: llamado a embarcarse en un viaje de transformación, "presentación por Patricia Murray, IBVM[4] en un evento patrocinado por el Centro de Estudios de la Vida Consagrada de la Unión Teológica Católica,[5] en la que desafió a los oyentes a asumir una transformación profética de nuestras vidas que nos lleva hacia lo

---

[3] Márian Ambrosio, IDP, "Tejiendo una solidaridad para la vida – para vivir y dar testimoion como religiosas de vida apostólica," Sesión plenaria de 2016 de la Unión Internacional de Superioras Generales, mayo de 2016, Roma, Italia, consultado el 18 de abril de 2018, http://www. internationalunionsuperiorsgeneral.org/wp-content/uploads/2016/04/Pl-2016_-Marian-Ambrosio_SPA.pdf

[4] Patricia Murray, "Religious Life: Called to Undertake a Journey of Transformation," conferencia magistral, Congreso sobre el llamado universal de la Vida Religiosa. *Catholic Theological Union*, Chicago, Illinois, 3 de noviembre de 2015, consultado el 8 de mayo de 2017, http://learn.ctu.edu/ category/tags/patricia-murray

[5] El *Center for the Study of Consecrated Life* (Centro de Estudios de la Vida Consagrada), pertenece a la *Catholic Theological Union* (Unión Teológica Católica), una escuela de teología fundada en 1968 por los Franciscanos, los Pasionistas y los Servitas, a raíz del Concilio Vaticano II. (N. de la T.)

desconocido. Y por último, tuvimos una videoconferencia con Ted Dunn para informarnos sobre los resultados de su investigación entre las religiosas jóvenes.

A lo largo de todas estas conversaciones, fomentamos amistad y confianza entre todas las participantes del grupo, en el que no todas nos conocíamos previamente. Ni siquiera Juliet y Sarah conocían personalmente a cada una de las invitadas a participar en el proyecto. Antes de iniciar el proyecto una de las hermanas sólo se conocía por medio de su participación en el grupo de Facebook creado por *Giving Voice*. Cuando nos conocimos en persona en la semana de retiro y redacción en Houston, en enero de 2017, nos dedicamos a un tiempo más intenso de trabajo, de oración, y de conversaciones íntimas sobre lo que es más importante en nuestras vidas. Gracias a la cantidad de trabajo que ya habíamos logrado a través de las videoconferencias, intercambio de escritos y mensajes en Facebook, nos fue posible sesionar en un ambiente de familiaridad que nos permitió pasar rápidamente a un nivel más profundo de compartir característico de relaciones que llevan más tiempo. Durante esta semana establecimos una rutina: saludo matutino y oración compartida, la mayor parte del día dedicado a escribir y a trabajar en silencio individualmente, seguido por pequeños grupos de trabajo para leer los escritos de las demás y hacer preguntas sobre los mismos. En la noche jugamos baraja, tomamos vino, dibujamos y nos reímos hasta saciarnos. La flexibilidad del horario permitió mañanas tempranas y noches tardes para las que necesitaban horas distintas de trabajo.

Una de las grandes delicias de la semana fue observar aquellas que se sentían inseguras de expresar sus sentimientos por escrito valientemente acoger la identidad de escritoras novatas. Experimentamos el cambio de energía de aquellas que inicialmente sintieron ansiedad, a un entusiasmo genuino a leer y discutir lo escrito por otras. Nuestras sesiones vespertinas de asesoría iniciaban con cinco minutos de oración comunitaria en silencio y concluían con la oportunidad de nombrar luces o articular lo que estaba emergiendo. Acogimos a cada escritora y su trabajo con ternura. Estos fueron los momentos más sagrados que compartimos. Oímos en las palabras ajenas nuestra propia voz expresada en voz alta a través de nuestras diferencias. Como dijo alguien al cerrar la semana, "Tu voz es mi voz, es nuestra voz." Nuestros corazones están vinculados por este precioso don de la vida religiosa.

Al finalizar esta semana juntas, la mayoría tenía un borrador sólido de su capítulo. Cada hermana continuó escribiendo y puliendo su ensayo durante los dos meses siguientes y el equipo de edición, compuesto por cuatro hermanas, se reunió tres días en Berkeley, California, para hacer una edición colaborativa. Este fue también un proceso sagrado en el que discutimos juntas cada capítulo.

En este libro—Con nuestras propias palabras

Este libro se compone de trece diferentes voces de religiosas cubriendo tres décadas: de los veintitantos a los años cuarenta (al tiempo en que se les invitó a escribir.) Cada una de ellas ya ha hecho al menos su primera profesión, aunque aproximadamente la mitad continúa en el periodo de formación inicial. Una de las hermanas ya ha celebrado 25 años de profesión. Seis de las trece (el 46 por ciento) son personas de color. Las escritoras representan a trece congregaciones y doce carismas. Aunque hicimos el esfuerzo por incluir congregaciones pertenecientes a la CMSWR, hay muchas más hermanas de comunidades afiliadas a la LCWR. Tres de las participantes han prestado servicio formal congregacional en liderazgo, en ministerio de formación o vocacional. Casi la mitad de las hermanas se consideran escritoras y a varias tuvimos que animarlas para que aceptaran participar en este proyecto. Debido a la diversidad de autoras, las personas que lean este libro encontrarán varios estilos. La mayoría de las autoras se sirven de teología, de las sagradas escrituras, de espiritualidad, de teorías y/o de datos actuales sobre la vida religiosa al expresar sus propias luces de cómo se vive la vida religiosa hoy día.

El impulso original que llevó a escribir este libro fue la carencia de material actualizado sobre cómo se viven hoy la vida religiosa en general y los votos en particular. Por lo tanto, las destinatarias principales son las mujeres que inician la vida religiosa y las que están en formación. No obstante, creemos que muchas más integrantes de comunidades de vida religiosa constituyen un público amplio que de seguro encontrará en este libro elementos valiosos y otros tantos para discutir. En cada capítulo, la autora expresa "con sus propias palabras" las reflexiones que ha hecho sobre la vida religiosa. Esto nos libró de la presión de tener que decir en cada página algo totalmente nuevo sobre la vida religiosa. Sin embargo, este libro tiene el valor de aportar ejemplos de experiencias vividas por religiosas jóvenes de hoy en medio de un mundo constantemente en flujo. También manifiesta cómo las hermanas más jóvenes entienden y nombran sus experiencias a través de marcos teológicos diversos. Aunque vivir los votos fue el concepto original de enfoque, este libro incluye toda una variedad de temas que pertenecen a la vida religiosa de hoy. Los temas tratados por las autoras circulan en torno a tres áreas: los votos, identidad, y el liderazgo para el futuro.

Los primeros cuatro capítulos de esta obra enfocan en elementos bíblicos, teológicos y de experiencia al vivir comunidad y los consejos evangélicos. El primer capítulo, escrito por Virginia Herbers, ASCJ, nos llama a asumir comunidad a la luz de la comunión a la que Jesús nos invita en la Eucaristía. El segundo capítulo, por Sarah Kohles, OSF, trata el significado de profesar votos desde la perspectiva de la historia de Ana en el Antiguo Testamento. El tercero, por Juliet Mousseau, RSCJ, examina el significado de los votos de pobreza, castidad y obediencia a la luz de la creación de Dios y de su anhelo para la persona humana. El cuarto capítulo, de Tracy Kemme, SC, reclama el poder de los votos como expresiones radicales del amor de Jesús en el mundo de hoy.

El resto de los capítulos abordan con sutileza cuestiones de identidad como individuos y como religiosas. Mary Perez, OP, trata la relación entre los carismas específicos de las congregaciones y el carisma universal de la vida religiosa, abriendo la puerta a un crecimiento más profundo de identidad. Luego, Desiré Findlay, CSSF, habla de su experiencia de crecimiento en identidad personal y noción de vocación en su congregación, sirviéndose de la imagen del crecimiento de una flor. Thuy Tran, CSJ, examina su identidad como mujer vietnamita americana, católica y religiosa de San José, a través del lente del misterio pascual.

El capítulo de Thuy nos introduce a un tercer tema: la interacción entre identidades y grupos diversos de personas. Madeleine Miller, OSB, nos habla de las bendiciones, regalos y retos de vivir en comunidades que cruzan fronteras étnicas y generacionales. Christa Parra, IBVM, usa su historia como hermana latina en una comunidad predominantemente irlandesa para ilustrar su identidad como inmigrante. Amanda Carrier, RSM, alude a la forma sin igual que tienen las religiosas de responder a la necesidad de compasión que tiene el mundo de hoy.

El último tema de interés entre las autoras tiene que ver con un liderazgo que mira hacia el futuro empezando con las sugerencias de Teresa Maya, CCVI, sobre cómo preparar a las jóvenes para ello. Enseguida, Susan Francois, CSJP, habla de su experiencia como líder joven en un momento en que no hay mucha claridad del rumbo que lleva la vida religiosa. El libro concluye con el aporte de Deborah Warner, CND, cuyas reflexiones hacen eco de muchos de los temas tratados anteriormente imaginando el futuro de la vida religiosa.

Aunque estos cuatro temas prevalecen en los capítulos, descubrimos otros hilos temáticos entretejidos en muchos de los ensayos. El mundo está en constante cambio y, por lo tanto, la forma de vivir como religiosas también lo está. Estos capítulos reflejan una lucha honesta por nombrar nuestras experiencias – los aspectos hermosos, los desafiantes y a veces los difíciles de la vida religiosa. El amor a nuestras hermanas brilla con fuerza y consistencia a lo largo de los escritos. Acompaña a este amor un murmullo de pena que anida bajo la superficie por las frecuentes pérdidas – a veces permanece bajo la superficie y otras veces recibe mayor atención. Varios ensayos tratan la vida religiosa como una experiencia contracultural aunque el concepto de la palabra contracultural tiene distintas matices en las manos de las distintas escritoras. Por último, mientras algunos capítulos se enfocan de forma particular en los fundamentos bíblicos y teológicos de los votos, otros exponen la conexión de los votos con otros aspectos de la vida religiosa.

Situando como fondo la conversación más amplia sobre la vida religiosa es menester reflexionar sobre lo que este libro no contiene. Este libro brotó de las preguntas hechas por las religiosas jóvenes dentro del espacio permitido por Giving Voice. La opción natural fue enfocar en este libro en las perspectivas de las religiosas jóvenes. Ya que las luces de nuestros hermanos en vida religiosa no aparecen en estas páginas, anticipamos juntarnos con ellos como compañeros en conversación.

El proceso de discernimiento en común que llevamos permitió reconocer cualquier tema significativo y no se omitió intencionalmente ninguno. Es interesante observar que ninguna de las autoras tocó el tema de la nueva cosmología. Unos cuantos capítulos abordan ligeramente la preocupación por el medio ambiente, pero no forma el enfoque principal de ninguno de ellos. Además, aunque varios capítulos reconocen la relación con la Iglesia Católica, ninguno se dedica a discutir explícitamente la relación entre la vida religiosa y la Iglesia o su jerarquía. El que no hayamos tomado en cuenta estos temas no significa que no tengan importancia ni que no sean dignos de incluir o que las religiosas jóvenes no estemos interesadas en ellos. Sin embargo, reconocemos que las hermanas escritoras no se sintieron llamadas a darles enfoque y examinarlos para este libro.

Este libro es sólo el comienzo de un proyecto más grande. Nuestro trabajo colaborativo inició con conversaciones: continuemos conversando qué significa ser religiosa y cómo debemos entablar con nuestro mundo cambiante. Necesitamos acoger la diversidad de vida religiosa de hoy, escuchar las voces de todas nuestras hermanas y hermanos que van en busca de Jesucristo en esta vida.

Paso por paso, nuestros esfuerzos se afirmaron por la sencillez con que el proyecto avanzó. Confiamos en que el Espíritu de Sabiduría ha guiado esta labor y con entusiasmo lo ponemos en las manos de nuestras lectoras y lectores para continuar este compartir.

Juliet y Sarah

Comunidades en comunión: movimiento hacia una nueva vida

Virginia Herbers, ASCJ

"No se trata de ganar." Esto le dicen las que ganan a las que pierden para hacerlas sentirse mejor, ¿verdad? Anoche me senté a la mesa con un grupo de religiosas que jugaban *Uno* y todas acordamos que no se trataba de ganar; pero me atrevo a decir que al final de la noche también supimos quiénes se fueron habiendo ganado y quiénes habiendo perdido. Así pues si no se trata de ganar, ¿entonces, de qué se trata? Lo que sucedió alrededor de esa mesa de *Uno* fue algo personal y a la vez profético. En efecto no se trataba de ganar. Jugamos cinco rondas y cada una fue de hacer comentarios, de intriga, de interacción significativa, de distracciones, de virtud ocasional, y abundantes carcajadas. Eso fue realmente de lo que se trataba, y eso es lo que llamamos vida en comunidad.

Estudiantes, familiares y hasta desconocidos me han preguntado "¿Qué es lo que más vale la pena en la vida religiosa?" La mayoría de las veces, al reflexionar sobre la pregunta, rápidamente me viene la respuesta, "la vida en comunidad." Estar rodeada de mujeres que han entregado su vida entera como regalo al servicio del pueblo de Dios, regresando cada noche a casa a una comunidad orante, despertando cada nuevo día para lanzarse a una misión fundada en un carisma común: estos son dones sin medida y la acumulación de los mismos a lo largo de los años es nada menos que verdadera gracia.

Luego la siguiente pregunta que me hacen los mismos estudiantes, familiares o desconocidos suele ser: ¿Qué es lo más difícil? Con una sonrisa un tanto irónica, mi respuesta es siempre la misma: "la vida en comunidad." Junta a dos o más mujeres en la misma casa y prepárate para las secuencias: cómo hay que doblar las sábanas, cuándo hay que servir la cena, quién maneja el control remoto, dónde hay que estacionar el coche. Todo esto hay que negociarlo. Incluso en una casa religiosa, no siempre es muy bonito. Las negociaciones a veces degeneran en asunto de ganar y perder.

Cambios en paradigma

Hace ya unos cuantos años, múltiples autoras y autores han escrito sobre la impresión de que la vida religiosa se encuentra en un paradigma cambiante.[1] El término "paradigma cambiante" indica un cambio general de conciencia, de visión o de las percepciones comunitarias sobre la realidad del momento actual, y puede aplicarse a cualquier realidad social. Estos cambios ocurren cuando la cosmovisión prevalente (la forma en que se hacen y "siempre se han hecho" las cosas) ya no funciona o no corresponde a las necesidades del momento. Barbara Fiand escribe: "Nuestro tiempo es uno de colapso de paradigmas culturales y la cosmovisión dualista que nos dio tan buen servicio por siglos aportándonos no nada más progreso y prosperidad, sino también una espiritualidad apoyante, ha llegado a sus propios límites de posibilidades y nos llama desde el fondo de su propio fallecimiento a avanzar más allá y buscar maneras de ver

---

[1] Fuentes que abordan el "cambio de paradigma" en la vida religiosa: Anneliese Sinnot, "Shifting Paradigms: A New Reality," en *Journey in Faith and Fidelity: Women Shaping Religious Life for a Renewed Church*, ed. Nadine Foley (Nueva York: Continuum, 1999), p. 95–123; Sean D. Sammon, *Religious Life in America* (Nueva York: Alba House, 2002); Diarmuid O'Murchu, *Consecrated Religious Life: The Changing Paradigms* (Maryknoll, NY: Orbis, 2005); y Amy Hereford, *Religious Life at the Crossroads* (Maryknoll, NY: Orbis, 2013).

más profundas y auténticas."[2] ¿Aplica esto a la vida religiosa de hoy? Muchas religiosas responderían con un rotundo "¡sí!" Sin embargo, me atrevo a decir que existe una variedad sustanciosa de contextos de los cuales emana esta respuesta con tanto entusiasmo.

Hace más de tres décadas, y consistentemente desde entonces, las expectativas han sido que las religiosas y los religiosos sean "expertos en comunión."[3] Esto implica estudio, práctica y un compromiso a perfeccionar continuamente el arte de comunión. ¿Exactamente en qué consiste comunión en este contexto? La comunión contiene elementos eucarísticos, espirituales, comunitarios, ministeriales e incluso sociales. Si en la vida religiosa estamos llamadas a convertirnos en expertas en comunión, es menester al menos considerar cómo se realiza la comunión, pues esta no ocurre ni automática ni naturalmente. Yo propongo que la comunión proviene de nuestros valores, de cómo elegimos vivir y de nuestras interacciones en comunidad. Soy de la opinión que en la vida religiosa la comunión se expresa a través del compromiso de votos que hemos hecho con Dios, manifestada en discipulado, en comunidad y en servicio.

Paradigma de comunión

Nuestro mundo y nuestra sociedad actualmente se encuentran divididos de muchas maneras. Exteriormente lo vemos en la política, la economía, las desigualdades sociales, nombrando unas cuantas. Interiormente, las divisiones se ven igual de claras, el aumento de casos de depresión y aflicciones sicológicas. División es la antítesis

---

[2] Barbara Fiand, *Refocusing the Vision: Religious Life into the Future* (Nueva York: Crossroads, 2001), p. 12–13.

[3] La frase fue usada por primera vez por la Sagrada Congregación para los Religiosos e Institutos Seculares, *Religiosos y promoción humana*, 24. Plenaria SCRIS 25-28 abril 1978. Consultado el 18 de abril de 2018. http://www.vatican.va/roman_curia/congregations/ccscrlife/documents/rc_con_ccscrlife_doc_12081980_religious-and-human-promotion_sp.html

de comunión. Sin embargo, constantemente categorizamos la realidad usando esta misma división, pues creemos que es necesario para lograr el orden y que, generalmente, no causa daño. ¿Eres una persona diurna o nocturna? ¿Haces ejercicio? ¿Usas Twitter? ¿Pasillo o ventanilla? ¿Montañas o playa? ¿Windows o Mac? Con cada categorización, estamos delineando separaciones, fronteras y definiciones de quién soy yo y quién eres tú, del por qué no somos iguales y, si somos honestas, de cuál opción se considera la mejor. No es que esto sea siempre malo, pero puede ser más insidioso de lo que suponemos. Cuando tú y yo somos diferentes, generalmente hay una barrera entre nosotras. Como a ti te gusta el chocolate y a mí la vainilla, no podemos compartir el helado; como apoyas al partido republicano y yo al demócrata, no podemos hablar de política en forma civilizada. Como eres una persona tímida y yo extrovertida, sentimos cierta incomodidad para relacionarnos mutuamente. La diferencia implica división.

Pero esta no es la verdad del Evangelio. La Verdad del Evangelio promete que la diferencia implica diversidad y que la diversidad nos llama a la unidad. La diversidad y la unidad entonces constituyen un entero y no se excluyen mutuamente. La diversidad sin unidad es división y la unidad sin diversidad es uniformidad. Desde la perspectiva del Evangelio, lo que nos distingue o diversifica enriquece al cuerpo entero y lo que nos une o unifica es la variedad de los dones que se nos han dado.[4]

En su libro *The Holy Thursday Revolution* (La revolución del Jueves Santo), Beatrice Bruteau escribe sobre el "paradigma de comunión." Lo describe como "una relación simétrica y recíproca que fortalece el "yo": para que los seres puedan ser, puedan convertirse en todo lo que pueden ser, puedan actuar con máxima libertad y ser valorados por la incomparable preciosidad de su ser. Aquí yo soy yo por virtud de ser en ti / contigo / para ti, no fuera ni contra – ni siquiera separada. Consecuentemente el ayudarnos mutuamente es

---

[4] Cf. 1 Cor 12, 12-31.

en efecto ayudarse a sí misma pues el propio ser se ha expandido de un modo complejo y sistémico."[5] Desde la primera vez que leí esto me he sentido cautivada por la posibilidad de que haya otra forma de ser, una nueva forma de pensar, una nueva forma de vivir en este mundo caracterizado por la división y la separación. Esa forma es *comunión*. La intuición de Bruteau que el cambio en el paradigma actual se puede caracterizar como un cambio hacia el paradigma de comunión es un llamado audaz y hermoso. Pero ¿será digno de confiarse?, ¿será lograble?, ¿será siquiera apropiado?

Comunión trinitaria

Como cristianas profesamos un Dios trinitario: un Dios, tres personas. "La doctrina de la Trinidad afirma que la esencia de Dios es relacional, encausada hacia otros, que Dios existe como diversas Personas unidas en una comunión de libertad, amor y conocimiento."[6] Este Dios es distinción sin división, unidad en diversidad, diversidad integrada en unidad perfecta. Jesucristo, la segunda Persona de esa unión trinitaria, es la verdadera encarnación de nuestro Dios. Como religiosa consagrada profeso mis votos a este Dios y me comprometo a la vocación de *sequela Christi* (seguir el ejemplo de Jesucristo, la Palabra de Dios encarnada) en toda faceta de mi vivir. Jesús es Dios-con-nosotros, en carne y hueso. Su propia persona es literalmente la imagen corporal de comunión con Dios. Porque nuestra vocación es *sequela Christi* quedamos comprometidas en bautismo, profesas en comunidad y consagradas en el Espíritu, a seguir por donde Cristo nos lleve, a vivir según su ejemplo y a dar testimonio público ante todo el pueblo de Dios. Más allá de ser apropiados, logrables o de

---

[5] Beatrice Bruteau, *The Holy Thursday Revolution* (Maryknoll, NY: Orbis, 2005), 70.

[6] Catherine Mowry LaCugna, *God for Us: The Trinity and Christian Life* (Nueva York: HarperCollins, 1991), 273.

confiarse, estos elementos que combinan los votos religiosos hacen que el paradigma de comunión sea esencial a la vida consagrada. Consideremos la recepción sacramental de la comunión. En la Eucaristía recibimos el cuerpo de Cristo, permitiendo que nos configure como un todo, con toda nuestra diversidad, en el solo Cuerpo de Cristo, el pueblo de Dios. Nosotras, al consumir físicamente la Eucaristía literalmente nos convertimos en lo que recibimos[7] y nos transformamos de tal modo que, como comprendió Santa Teresa de Ávila, nos convertimos en las manos y los pies, en el cuerpo y la sangre de Cristo mismo. Esto es más de una afirmación piadosa – le habla una verdad vital al mundo de hoy. En una sociedad atrapada en la "obsesión por el consumo,"[8] donde la mercadotecnia y los medios de comunicación promueven un apetito insaciable por tener más, por ser más, por hacer más, reconocemos el hambre inmensa que tenemos de Dios. Estas ganas de más, ya sea el hambre por el pan de cada día (Mt 6, 11), que nos sustenta o la sed y hambre de justicia (Mt 5, 6), se satisfacen sólo en el compromiso de lograr que venga el Reino de Dios, aquí y ahora. En el altar de la capilla de la casa provincial de mi comunidad está grabada una frase en latín, atribuida a San Bernardo: "Jesu, qui te gustant esuriunt" (Jesús, aquellos que te comen, quedan con más hambre). Esto nos recuerda, fuera de y contra nuestra cultura de notorio consumo, que mientras más conocemos y recibimos a Cristo – tanto en la Eucaristía como en el encuentro con Él en los miembros de su cuerpo con quienes nos relacionamos todos los días-- más reconocemos que Dios es la fuente y el objeto de nuestra hambre insaciable. En lugar de conducirnos hacia mayor egoísmo y avaricia, esta hambre nos impulsa al exterior en misión como comunidad

---

[7] Cf. Agustín de Hipona, Sermón 272, citado en John E. Rotelle, ed., WSA, *Sermons (Sermones)*, Parte 3, Vol. 7, trad. Edmund Hill (Hyde Park: New City, 1993), 300–1.

[8] Francisco, *Laudato Si [Carta encíclica sobre el cuidado de la casa común]*, Sitio web del Vaticano, mayo 24, 2015, sec. 222, consultado el 18 de abril de 2018, http://w2.vatican.va/content/francesco/es/encyclicals/documents/papa-francesco_20150524_enciclica-laudato-si.html.

de creyentes. Esto profesamos en nuestras creencias, pero al vivirlo, encarnamos esta fe, fieles a la vocación de sequela Christi, pasando suavemente pero completamente a una forma nueva de vivir y ser: el paradigma de comunión.

¿Por qué comunión?

¿Por qué insistir en que la vida religiosa debe transitar hacia el paradigma de comunión en este momento de la historia cuando hay otros paradigmas a los que podría adherirse? Porque la alternativa a la comunión es la división y el futuro de la vida religiosa absolutamente no puede seguir aguantando la división: división entre las hermanas mayores y las jóvenes, entre las órdenes conservadoras y las liberales, entre la nueva cosmología y la adoración eucarística, entre la LCWR y la CMSWR, entre las fieles y las infieles, entre las actualizadas y las anticuadas, entre las que vibran con energía y las agotadas. Ya basta – *basta*. Si nosotras en la vida religiosa no somos una sola entidad, entonces tú eres tú y yo soy yo, y "Nunca nos encontraremos."[9] No me malentiendan: no estoy proponiendo una visión ingenua de una sola realidad donde todas las diferencias queden sumidas en una unanimidad perfecta. Esto no se trata de reunirnos alrededor de una fogata, cogidas de las manos, cantando "kumbaya"[10] en regocijo de que nuestras diferencias no vienen al caso. Las diferencias deben tomarse en cuenta. Las diferencias seriamente vienen al caso pero no tienen que causar división. Hay que reconocerlas, admitirlas, luchar

---

[9] El texto original usa la frase "ne'er the 'twain shall meet", usada por Rudyard Kipling en la obra *Barrack-Room ballads*, en 1892, para expresar la falta de entendimiento entre los británicos y los habitantes de la India (N. de la T.).
[10] "Kumbayá" o "Cumbayá" es una canción tradicional afroamericana de principios del siglo XX. En la cultura popular norteamericana, se asocia con la cercanía, el abrazo, el canto alrededor de la hoguera cuando suena la guitarra (N. de la T.).

con ellas, validarlas e integrarlas al entero, e idealmente, celebrarlas. Sí a la diversidad, no a la división.

El objetivo del paradigma de comunión no es la homogeneidad; se espera que el paradigma de comunión consista en la unidad con una diversidad vibrante y hermosa. Se trata de vivir unidas y en armonía, sabiendo que algunas cantan con voz contralto y otras tocan el trombón, pero todas interpretamos la misma melodía. Se trata de vivir en comunidades interculturales, intergeneracionales e intercongregacionales, manteniendo con integridad nuestra propia identidad y al mismo tiempo necesitando que las demás mantengan la suya. Se trata de eliminar el lenguaje de "nosotras contra ellas" en nuestras comunidades, en nuestras conferencias y en nuestros sistemas de creencias. Se trata de abandonar comentarios como: "a la edad de ustedes, nosotras, solíamos…," "ellas no pueden entender nuestra generación," "nosotras apoyamos a la autoridad eclesial," "ellas no sirven a los pobres," "¿por qué no nos dejan dirigir?" y "¡sufrimos tanto para librarnos de lo que ahora están reclamando!"

Las dicotomías de dualidad y división creadas por ese lenguaje, y el sistema de creencias que brota de él, se encuentran en total contradicción con la comunión que Jesús vino a establecer entre sus seguidores, dando ejemplo de cómo ser personas totalmente humanas y vivir nuestras vidas encarnando el verdadero amor de Dios. El paradigma de comunión arrasa completamente con todas esas falsas dicotomías. No es de "nosotras" y "ellas" – nunca ha sido. Jesús no estableció su identidad y sus valores ni por encima ni en contra de nadie – ni del Padre, ni del Espíritu, ni de los discípulos, ni de los pecadores. La identidad y los valores de Dios están literalmente encarnados en su persona, en su forma de vivir e interactuar, y Él, libre y sin discriminación, dio de sí mismo a cada persona que relacionó. Más aún, Jesús no sólo dio, sino que entró en relación mutua. El deseaba también recibir a la "otra" persona. Cuando los fariseos juzgaron a alguien de pecador, Jesús se invitó a cenar en casa de ese pecador (Lc 7, 36). Cuando los Apóstoles gritaron: ¡traidor!, Jesús se inclinó para lavarle los pies aquel a quien llamo amigo (Jn

13, 5). Cuando la convención o el protocolo religioso se interpuso a la relación, Jesús sin titubear borró las fronteras y pidió de beber (Jn 4, 7). Las líneas de distinción no se convirtieron en división. Hasta que, en efecto, así fue. "Cuando el Hijo del hombre venga en su gloria… serán congregadas delante de él todas las naciones, y él separará a los unos de los otros, como el pastor separa las ovejas de las cabras" (Mt 25,32).[11] ¿Qué sucede aquí y en muchas otras partes del Evangelio? ¿Por qué Jesús apoya la separación de las naciones? ¿Por qué Jesús no sólo alienta la división, sino que la ejecuta? No soy especialista en teología bíblica, por lo tanto esto no es un desafío a los altos estudios académicos que investigan más a profundo este pasaje y su significado teológico. Pero observando la separación selectiva que hace Jesús en este caso, ¿cómo podríamos entenderla en el contexto del paradigma de comunión? ¿Qué fue lo que realmente creó esta división, esta falta de comunión? ¿Fue Jesús mismo o fue algo más? Irónicamente, parece que lo que separó a las ovejas de las cabras fue su decisión de tratar o no a "las otras personas" como si fueran Cristo. Quienes no pudieron ver a Cristo en las personas hambrientas, sedientas, desnudas, extranjeras, enfermas o presas, quienes sólo vieron "otra persona," son las cabras, que se han separado y luego son separadas. Quienes no vieron distinción entre Cristo y "las otras personas" fueron conducidos hacia una unidad perfecta mutua y con Jesús. Qué ironía. Quizá la separación de las ovejas y las cabras no es una decisión punitiva externa tomada por el juez divino sino, quizás, la consecuencia natural de la cosmovisión escogida.

La diversidad es un hecho, la unidad es una opción. Estamos llamadas a continuar lo que Jesús inició. Por difícil que sea la misión, no hay nada más imprescindible y, posiblemente, nada más carente en nuestro mundo de hoy. Desde las primeras décadas de

---

[11] *The New American Bible, edición revisada (NABRE)* (Oxford: Oxford University Press, 2010). Todas las citas bíblicas, a no ser que se señale otra fuente, se han tomado de esta edición. La traducción al español se ha hecho siguiendo el texto en inglés, con apoyo de la Biblia de Jerusalén (Bilbao, España: Desclee de Brouwer, 1975) (N. de la T.).

la Iglesia misionera, se ha proclamado esta verdad: ya no somos judíos o griegos, esclavos o libres, hombres o mujeres, sino uno solo. *Somos uno solo.* ¿Acaso eliminaría Pablo las distinciones religiosas, sociales y económicas? No parece haber sido así. Los judíos permanecieron judíos, los esclavos permanecieron esclavos y los varones permanecieron varones. No se erradicaron las diferencias, sino que se identificaron como partes esenciales de una unidad mayor. "Hemos sido bautizados en un mismo Espíritu, para formar un único cuerpo" (1 Cor 12, 13). Sin la singularidad de cada una de las partes individuales, se compromete la belleza y la entereza del conjunto. De la misma manera, sin la cohesión del conjunto, las partes individuales pierden vitalidad y se van aislando.

El paradigma de comunión y la vida religiosa

¿Qué forma tomaría un compromiso con el paradigma de comunión en la vida religiosa femenina actual? En este escrito sólo podemos hacer un bosquejo. Como dijimos antes, el paradigma de comunión se basa en la realidad de la Trinidad, pero su praxis se percibe mejor a través de los lentes del Jueves Santo, como sugiere Bruteau. En la pieza superior, Jesús reunió a sus amigos más allegados formando comunidad, les instruyó que el verdadero ejercicio de autoridad consiste en servir y afirmó la relación con él y entre ellas y ellos como relación de hermanos y hermanas. Compartir la comunión no fue sólo el gesto de darles a comer su cuerpo y a beber su sangre. La comunión alrededor de la mesa también se expresó en discipulado, en comunidad y en servicio.

Discipulado

La vocación a la vida religiosa comienza con sentir la llamada de Jesús a seguirlo de manera única, personal y total. No hay dos llamados vocacionales que sean idénticos porque no hay dos relaciones con Cristo que sean idénticas. Cada una de nosotras tiene su propia historia de cómo fue invitada y de cómo respondió. Ser discípula de Jesús es una experiencia personal y, de la misma manera, la relación de amor entre Cristo y su amada es siempre única. Jesús valora mis dones y también mis limitaciones. El valora mis fuerzas y mis debilidades, reconociendo que ambas son regalo de Dios y que ambas tienen la potencia de acercarme a Dios o alejarme de él. Cuando los productos de belleza me alientan a esconder mis defectos (de mí misma y de las demás personas), y las dietas y programas de autoayuda me recuerdan que no soy lo que debería ser, el Cristo de la pieza superior me dice: "Ven cómo estás. Has sido elegida. Perteneces aquí. Hay un lugar para ti." El primer paso del discipulado en el paradigma de comunión es decir "sí" a la invitación a la mesa que nos hace Cristo. Como si esto no fuera ya suficientemente difícil, el segundo paso es aceptar a las hermanas y hermanos sentados a nuestro lado. Al voltear a la derecha y a la izquierda, veo un inconcebible conjunto de caracteres a los que se me pide llamar comunidad. Uno apesta a pescado, otro es tan joven que tiene que reclamar su lugar en la mesa, uno tiene un pasado despreciable de mentiroso y tramposo difícil de olvidar, otro que insiste en sujetar las cuerdas de la bolsa y decidir cómo gastar lo que contiene, uno tiene una madre que se la pasa rondando y pidiendo privilegios para sus hijos, otro que se desvanece tan fácilmente en el fondo que apenas puedo recordar su nombre, una que pierde el control con tanta frecuencia que se ha ganado un apodo nada halagador. Este es, con toda seguridad, un alegre revoltijo de seguidores. Aceptar la invitación a discipulado se trata de mucho más que de mí. También se trata de aceptar el lugar que tiene cada persona a la mesa. Así lo exige el paradigma de comunión.

Desde una postura de comunión, yo declaro que tú eres una persona intrínsecamente valiosa y digna de amor, no obstante cual sea tu historia, tu actitud o tu pecado. Tú eres mi hermano, tú eres mi hermana. Como familia, somos una. El paradigma de división haría que nos clasificaran: la niña o el niño bueno, la oveja negra, la rebelde, el orgullo de la familia. El paradigma de división consiste de una escala de valores que determina nuestro lugar según normas o códigos externos. En el paradigma de comunión, Jesús me llama a la mesa simplemente porque quiere hacerlo, simplemente porque soy yo. Mirando de derecha a izquierda me doy cuenta de que Él te valora simplemente porque eres tú. El verdadero llamado a la comunión consiste en ser capaz de decirte con mi propia voz: "te amo, siéntate junto a mí," "estoy tratando de amarte, siéntate junto a mí," "parece que no me amas, siéntate junto a mí." ¿Nos es posible ser una familia grande y feliz? Quizá no, pero sí podemos hacer la lucha. Recuerda que el paradigma de comunión no es cuestión de perfección, es cuestión de unidad. Aun cuando la unidad no pueda alcanzarse en este mundo (ni siquiera Jesús pudo lograrla), no por ello es algo que no valga la pena. Nunca debemos dejar que lo perfecto sea enemigo de lo bueno.[12]

¿Cómo aplicar esto específicamente a la vida religiosa? El voto de castidad expresa la convicción de nuestro valor intrínseco: que somos amadas de Dios y proclamamos que Dios es nuestro único y verdadero amor. También insistimos que lo mismo pasa contigo... y contigo... y contigo. El voto de castidad está relacionado en primer lugar, y por encima de todo, con el amor, pero también contiene una visión ampliada de lo que significa ser digna de amor. Al profesar un amor a Dios de forma exclusiva y total, me comprometo a amarlo en cada "tú" con quien me encuentre. Tú también eres la amada. Tú y yo somos una en Cristo. Somos diferentes y a la vez somos una. Juntas formamos una comunidad de discípulas, probablemente caracteres disparejos todas, pero no obstante una comunidad.

Comunidad

Jesús reunió a los discípulos en la pieza superior alrededor de una mesa y Pablo nos dice que la comunidad de creyentes que integraban la Iglesia infante compartían todo en común. El

---

[12] Variante de un aforismo atribuido a Voltaire.

privilegio y el prestigio no tenían cabida en el venidero Reino de Dios. La comunidad estaba compuesta por varios individuos, varias tradiciones y varias ocupaciones. Al recibir el cuerpo y la sangre de Cristo, nadie recibía más ni nadie recibía "la mejor parte" (Lc 10, 42). Todos recibían el mismo pan, el mismo cáliz (1 Cor 11, 25). A los mayores no les tocaba escoger primero y a los menores no les tocaban las sobras. A la élite religiosa no le tocaba escoger sentarse a la cabecera de la mesa y los de clase inferior no tenían que esperar su turno de ser servidos hasta el final. En la comunión, Jesús entregó todo su ser a cada persona – sin distinciones, sin comparaciones y sin evaluaciones. Nuestra sociedad hace una especie de análisis para determinar quién recibe qué, cuándo, dónde y por qué. La crisis mundial de refugiados, la creciente brecha entre ricos y pobres en nuestra nación, el acceso inadecuado a la salud, a la alimentación o a la vivienda, reflejan líneas de privilegio que separan a unos grupos de otros y que algunos grupos han diseñado para separar a otros.

En la vida religiosa no estamos exentas de imponer estas líneas. ¿Cuántas de nuestras congregaciones tienen comedores separados para las profesas y para las que están en formación, procedimientos para rendir cuentas que varían dependiendo de tu nivel de autoridad, o consentir que las voces más fuertes prevalezcan una y otra vez? Estas son líneas de división, no de comunión. Si pensamos, escogemos, hablamos y actuamos desde el paradigma de comunión, nos asemejaremos más a la comunidad reunida en torno a la mesa de Cristo y no tanto a la fila del bufet en el comedor donde las más jóvenes son las últimas, caso tan frecuente en nuestros conventos y monasterios. A la mesa de Cristo, cada uno recibió el mismo pan y la misma copa que pasó de Cristo hacia los hermanos y hermanas. Sin embargo, lo que importa aquí no es la mesa. La cuestión importante aquí se trata de cómo nos recibimos las unas a las otras y cómo nos damos entre nosotras. Lo que tenemos por ofrecer se nos ha dado por Cristo. ¿Me sería posible voltear hacia cada persona sentada a la mesa y compartir contigo, como mi hermana o mi hermano, todo lo que se me ha dado, la totalidad de mi tesoro, de manera que se convierta para ti en vida, esperanza, alegría y paz? ¿Puedo esperar lo mismo de tu parte? Esto es comunión. Esta es la verdadera riqueza: dar y recibir todo lo que tú eres, todo lo que yo soy y todo lo que somos unidas en Cristo.

Nuestra verdadera riqueza, nuestro verdadero tesoro está en y es para Jesucristo. Cuando profesamos el voto de pobreza proclamamos que Dios es suficiente. No hay ya necesidad de acaparar o de buscar la protección de las zonas de confort, ya no hay necesidad de enfocarse en la carencia o la falta. Dios-con-nosotros es suficiente. Si me hace falta algo que necesito, puedo acudir a ti, mi hermana, con mi necesidad, creyendo que tú puedes y quieres darme lo que me falta. Si ambas carecemos, saldremos a buscar más allá para encontrar dónde poder satisfacernos. Este movimiento hacia afuera es la búsqueda de Dios y al orientarnos juntas en esta búsqueda, esperamos encontrar a Dios. Dios existe en nuestro encuentro con cada "prójimo" y así salimos al encuentro de Dios, hacia el encuentro con Jesús en la comunidad más amplia. Esta es la sustancia de misión, de nuestro llamado a servir.

Servicio

El paradigma de la comunión es en esencia un compromiso contemporáneo de vivir de acuerdo con los sucesos del Jueves Santo, donde Jesús dio instrucciones claras a sus seguidores de dos cosas: hacernos los unos a los otros lo que él hizo por nosotros cuando nos lavó los pies, y partir el pan en memoria suya. Hemos estado hablando hasta ahora del segundo de estos mandatos, haciendo referencia al paradigma de comunión. Prestemos ahora atención a la pregunta que hizo Jesús a los Doce en el Evangelio de Juan, cuando acabó de lavarles los pies: "¿Comprenden lo que he hecho por ustedes? Me llaman 'Maestro' y 'Señor,' y dicen bien, porque lo soy. Pues si yo, el Señor y el Maestro, les he lavado los pies, ustedes deben también lavarse los pies unos a otros. Les he dado ejemplo, para que también ustedes hagan como yo he hecho con ustedes"

(Jn 13, 12b-15). Con total claridad, Jesús dijo a sus discípulos – y a través de ellos a nosotras ahora-que hay una nueva manera de ser en cuanto autoridad y liderazgo: disposición servicial. En el Reino de Jesús o viviendo comunión, nunca definirá tu importancia un título o un oficio. Nunca más tus títulos académicos o tu apellido te darán mayor influencia. Tus años de experiencia o la falta de ellos ya no tendrán ninguna consecuencia. Jesús pregunta: "¿Quieres saber cómo seguirme con mayor fidelidad? Observa y aprende, amiga, amigo, observa y aprende. Me quito el manto, revelando que soy igual a ti, no somos diferentes. Sin ropajes, sin títulos, la acumulación de accesorios externos ya no nos distingue, somos uno. Tomo la cubeta con agua y una simple toalla, cosas verdaderamente normales, pero con un increíble poder para limpiar, curar y aliviar. Percibo lo que sientes, veo lo que necesitas. Así es que me agacho para lavarte los pies – pies sucios, hinchados y llagados. No pregunto cómo te ensuciaste tanto, eso no es importante para mí. Sólo sé que es momento de comunión y estoy aquí para servirte, para que podamos sentarnos juntas a la mesa" (cf. Jn 13).

El Papa Francisco, en su visita apostólica a los Estados Unidos en 2015, estuvo en las instalaciones del penal Curran-Fromhold en Filadelfia, el más grande de esta ciudad, y usó este pasaje de Jesús lavando los pies de los discípulos para enmarcar su discurso a los prisioneros, la mayoría de los cuales cumplían cadena perpetua:

Por eso vemos a Jesús lavando los pies, nuestros pies, los de sus discípulos de ayer y de hoy. Vivir es caminar, vivir es andar por distintos caminos, distintos senderos que dejan su marca en nuestra vida. Por la fe sabemos que Jesús nos busca, quiere sanar nuestras heridas, curar nuestros pies de las llagas de un andar cargado de soledad, limpiarnos del polvo que se fue impregnando por los caminos que cada uno tuvo que transitar. No nos pregunta por dónde anduvimos, no nos interroga qué estuvimos haciendo. Por el contrario, nos dice: "Si no te lavo los pies, no podrás ser de los míos" (Jn 13,9).

Si no te lavo los pies, no podré darte la vida que el Padre siempre soñó, la vida para la cual te creó...

El Señor nos lo muestra claro por medio de un gesto: lavar los pies para volver a la mesa. Una mesa en la que Él quiere que nadie quede fuera. Una mesa que ha sido tendida para todos y a la que todos somos invitados.[13]

El servicio mutuo es el vehículo de la comunión y este es el único uso del poder que se puede justificar dentro del paradigma de comunión. Ejercer autoridad desde cualquier otro principio, puede que sea adecuado, incluso efectivo, pero no es Evangelio. En la vida religiosa profesamos el voto de obediencia. Esta obediencia proclama que la autoridad reside en liderazgo servicial y que el poder se debe usar para el bien común, para fomentar una comunión cada vez más auténtica entre el pueblo de Dios. ¿Significa esto que nadie está al cargo, que todas las personas son iguales? Jesús no fue autócrata ni anarquista. El paradigma de la comunión no debilita el voto de obediencia imponiendo un sentido generalizado de autoridad que se distribuye igualmente entre los miembros. Por el contrario, insiste en que la verdadera autoridad debe ser ejercida por aquel o aquella a quien se le ha confiado, pero debe hacerlo como lo hizo Jesús en la pieza superior, lavando los pies. Primero, hay que quitar lo que nos separa – las vestimentas externas. Luego, encontrar los medios para que todos los grupos puedan sentarse a la mesa que ya está preparada. Esto probablemente tenga que ver con diálogo genuino, honestidad, reconciliación y humildad por parte de todos

---

[13] Francisco, "Discurso del Papa Francisco en su visita a una cárcel de Filadelfia," Sitio web de Aciprensa, 27 de septiembre 2015, consultado el 25 de agosto de 2017, https://www.aciprensa.com/noticias/el-papa-francisco-visita-a-los-presos-del-instituto-correccional-curran-fromhold-de-filade-47089/.

los grupos. Por último, hay que entender que la función del que sirve al bien común se comparte entre nosotras y que debemos estar dispuestas a hacer por cada persona de la comunidad lo mismo que hizo "el Señor y el Maestro." Desde la perspectiva del paradigma de comunión, la obediencia permite a cada religiosa que la ha profesado reconocerse como una parte única y necesaria de un todo mayor. Sus características particulares exigen una inversión completa, generosa y madura en la comunidad entera, de la misma manera que el bien común, el "proyecto" común de la comunidad, requiere atender de forma auténtica las necesidades y particularidades de cada persona. Ahí está otra vez: la diversidad formando la unidad y la unidad integrando la diversidad. Este es el paradigma de comunión.

Ya vamos llegando

Todo esto puede parecer que estamos construyendo "castillos en el aire." Después de todo, es prácticamente imposible reconciliar la diversidad que hay dentro de mí misma ("En verdad quiero comer más sano, pero esta noche tenemos pastel de queso"), mucho menos extenderla a mi comunidad religiosa ("Soy muy buena para tolerar las extravagancias – bueno, las de cualquiera menos las de ella"). La idea de universalizar esto para la humanidad es una bonita idea, pero… no manches. ¿Valdrá la pena intentarlo? La respuesta corta es "sí." La respuesta larga es que, si abandonamos todo lo inalcanzable sólo por esa característica, no habría entonces ninguna razón para ser cristiana, mucho menos religiosa consagrada. La práctica de las virtudes, la práctica de los votos, la práctica de la religión misma: todas son prácticas. No se trata de alcanzar la perfección, se trata de perfeccionar la práctica de manera que nos lleve a nosotras, y a quien cruce nuestro camino, más cerca de Dios. Se trata de convertirse en un solo ser con Jesucristo.

La vida religiosa se encuentra en medio de un cambio de paradigma. Las que estamos dentro debemos elegir la dirección de este cambio y la comunión es la opción más persuasiva, necesaria y auténtica. Así como el juego de *Uno* de anoche no se trataba de ganar, tampoco el empeño humano. Raro pero se me hace que el juego de baraja de anoche tuvo algo que decirnos sobre la verdad de este momento, a saber: Dijo "Preséntense tal como son, involúcrense plenamente con todo lo que tienen, cuenten con conflictos, intrigas, con virtud ocasional y abundantes carcajadas y sepan que al final, nos retiraremos. – ambas las que ganaron y las que perdieron - como hermanas en Cristo."

Lo viejo y lo nuevo: el voto de Ana (1 Sam 1-2) y la vida de las religiosas de hoy

Sarah Kohles, OSF

Las palabras que decimos son importantes. Las palabras que decimos pueden construir o destruir. Mi personalidad extrovertida me ha hecho meter la pata tantas veces que ya he perdido la cuenta. Las palabras que definen nuestras vidas merecen atención. Durante los meses antes de mi profesión perpetua en 2011, recitaba a solas todas las noches los votos que iba a profesar, como parte de la oración nocturna, y durante el día, considerando la gravedad de esas palabras para mi vida: "Yo, hermana Sarah Kohles, en presencia de la hermana Nancy Schreck, de esta congregación franciscana y de la comunidad cristiana, prometo a Dios vivir para siempre en pobreza, castidad y obediencia de acuerdo con la Regla y las Constituciones de las Hermanas de San Francisco de la Sagrada Familia." Los apuntes que hice entonces en mi diario me llevaron a recordar el significado de pronunciar esos votos *por siempre*. Sentí el estremecimiento que acompaña la afirmación de que estas palabras definirían mi vida para siempre.

Los votos me fascinan porque me ligan a mis propias hermanas al igual que a todas las religiosas en cualquier parte, aunque las palabras precisas sean un poco diferentes. Los votos nos conectan y crean un relato común entre nosotras, una relación que subyace a través de las comunidades y es más profunda que los diversos carismas de las comunidades. Los votos tampoco son algo nuevo, se remontan a las Escrituras, tanto del Antiguo como del Nuevo Testamento. Las palabras sagradas de la Escritura nos ligan a todas con personajes bíblicos a través de una historia común. Leer lado a lado los votos narrados en las Escrituras y las experiencias de votos vividas por las jóvenes religiosas, es como extraer algo viejo y algo nuevo de los tesoros en reserva, una imagen tomada del Evangelio de Mateo (13, 52). Lo nuevo consiste en reclamar los votos para las jóvenes religiosas, aun cuando reconozco que forman parte de una tradición ancestral con un significado que probablemente evolucionará a lo largo de mi vida. El relato de los votos de Ana es un ejemplo de un voto ancestral que ofrece luces a las religiosas de hoy.[1]

El voto de Ana

Los votos del Antiguo Testamento se hicieron en tiempos de agitación o angustia[2] para suplicarle a Dios éxito en la batalla, como fue el caso de Jefté (Jc 11, 30), o para negociar suplicante con Dios por un hijo, como fue el caso de Ana (1 S 1, 11), o para pedir salvo conducto de regreso a casa antes de emprender un largo viaje, como fue el caso de Jacob (Gn 28, 20-22). Los votos en el Antiguo testamento eran promesas condicionales hechas por personas

---

[1] Por supuesto que es totalmente anacrónico entender los votos de las religiosas a la luz de los votos que se relatan en el Antiguo Testamento, ya que en ese tiempo no existía la vida religiosa. Sin embargo, las Escrituras son siempre una fuente de posibles reflexiones y nuevas intuiciones. Nos basaremos en estas intuiciones como oportunidad para reflexionar, aunque no puedan establecerse correlaciones perfectas entre ambas experiencias.

[2] Ronald T. Hyman, "Four Acts of Vowing in the Bible," *Jewish Bible Quarterly* 37, no. 4 (Octubre 2009), p. 231-38, consultado el 20 de marzo de 2016, http://0earch.ebscohost.com.grace.gtu.edu/login.aspx?direct=true&db=rfh&AN=ATLA0 001743204& site=ehost-live.

angustiadas, en una especie de trueque con Dios.[3] La persona cumpla su voto si Dios actuaba y concedía la petición del suplicante.[4] Sería demasiado insinuar que hay una correlación directa entre los votos de los personajes bíblicos que piden la victoria en una batalla o suplican por un hijo y los votos que viven las religiosas hoy. ¡Las religiosas no hacen votos como plan de batalla o para tener un hijo! A pesar de las diferencias obvias, los votos bíblicos pueden ofrecernos algunos elementos para intuir o reflexionar sobre la forma en que las religiosas viven los votos hoy.

Una lectura minuciosa del voto de Ana demuestra que ella estaba verdaderamente angustiada. Aunque su esposo la ama, recibía insultos y abusos de parte de la otra esposa porque ella no había tenido hijos (1 S 1, 5-10). Ana ruega fervientemente por un hijo ante el altar de Yahveh en Silo (1 S 1, 11):

Ana hizo este voto a Yahveh de los ejércitos:
"Si te dignas a mirar la aflicción de tu sierva
y te acuerdas de mí,
y no te olvidas de tu sierva
y le das un descendiente,
yo lo entregaré a Yahveh por todos los días de su vida
y la navaja no tocará su cabeza."[5]

Tanto los votos del Antiguo testamento como los de las religiosas

---

[3] Tony W. Cartledge, *Vows in the Hebrew Bible and the Ancient Near East*, (Sheffield, Inglaterra: Sheffield Academic, 1992), 2.

[4] Yael Ziegler, *Promises to Keep: The Oath in the Biblical Narrative* (Boston: Brill, 2008), 4. Los votos se distinguen de los juramentos, los cuales son promesas que incluyen una maldición. Por ejemplo: haré esto y, si no lo hago, que esta maldición caiga sobre mí.

[5] Todas las traducciones al inglés son del autor del texto hebreo. *Westminster Leningrad Codex (WTT)* (Philadelphia: Westminster Theological Seminary), BibleWorks, v. 9. La traducción al español se ha hecho siguiendo el texto en inglés, con apoyo de la Biblia de Jerusalén.

se basan en una formulación realizada en el contexto de la oración.

Los votos del Antiguo Testamento siguen una fórmula típica:

Nombre de la persona +	"hace un voto" a Dios/ Yahveh +	declaración condicional
Ana +	Hace un voto a Yahveh +	Si consideras a tu sierva... yo lo entregaré a Yahveh.

La fórmula del voto señala la naturaleza solemne del evento, destacando que no es algo que ocurre todos los días. En el lenguaje común, la palabra "voto" se reserva para circunstancias serias que cambian la vida de las personas y afectan su identidad. El matrimonio es el ejemplo más conocido de cómo la gente entiende lo que es un voto. En este caso, Ana hace un voto a Dios,[6] luego usa una declaración condicional que detalla lo que hará si Dios actúa en su favor. Si Dios le da un hijo, ella se lo dedicará a Él. Se identifica como "tu sierva" en tres ocasiones. Varias veces declara tener una relación con Yahveh de manera que demuestra su dependencia en Dios.

Ana dirige su voto a "Yahveh de los ejércitos." Usa una metáfora militar para nombrar a Dios porque ella es vulnerable. Como mujer, no recibirá protección de la sociedad si sobrevive a su marido sin tener hijos. Además, la otra esposa la avergüenza públicamente.[7] Ana clama al Dios de los ejércitos pidiendo que la defienda y se ponga de su parte. Estas son imágenes incómodas – serían inapropiadas si Ana hubiera estado en una posición de poder. Sin embargo, como ella se encuentra en una posición vulnerable, es comprensible y apropiado que se dirija a Dios en estos términos.

Vale la pena señalar que en la Biblia todos los votos se dirigen a Dios.[8] No se hace este tipo de promesas a otras personas porque sólo

---

[6] En este capítulo, uso los vocablos "Yahveh" y "Dios" indistintamente.

[7] Philip F. Esler, *Sex, Wives, and Warriors: Reading Biblical Narrative with Its Ancient Audience* (Eugene, Oregon: Cascade, 2011), 127.

[8] Cartledge, *Vows in the Hebrew Bible*, 17.

Dios puede cambiar las circunstancias desesperantes de quien hace el voto. La transformación total de circunstancias que Ana desea sólo puede darse como consecuencia de una relación con Dios. Suplica a un Dios de quien espera obtener una respuesta. Además enfatiza su posición al pedirle a Dios que la recuerde, que no la olvide. Esta repetición demuestra que Ana ya tiene una relación con Dios. Sin una relación previa, no tiene sentido que le pida a Yahveh que la recuerde. Por lo tanto, ella está pidiéndole a Dios que recuerde la historia de esta relación mutua.

Las religiosas también tienen una fórmula de votos para su profesión que, por lo general, es más o menos así: "Yo, (nombre), en presencia de (nombre de la superiora y de la congregación) prometo a Dios vivir para siempre en pobreza, castidad y obediencia, de acuerdo con la Regla y las Constituciones de (nombre canónico de la congregación).[9]" Como en el caso de Ana, nuestros votos se dirigen a Dios más que a las personas humanas.[10] Los votos de las comunidades religiosas se dirigen a Dios e incluyen también el nombre de la persona y el contenido de la promesa. Esto indica que existe una relación con Dios y con la comunidad. Elegir una vida que significa vivir con personas que no se conocen, con quienes a veces no tenemos nada en común más que el compromiso de vivir los votos, es definitivamente un ejemplo de vulnerabilidad. Cuando estamos en formación, experimentamos en abundancia el don de la

---

[9] Este ejemplo corresponde a la fórmula de votos de las hermanas de San Francisco de Dubuque, Iowa. Los tres votos más comunes entre las religiosas son los de pobreza, castidad y obediencia.

[10] Antiguamente, las primeras religiosas de mi comunidad hacían votos a otras personas además de Dios: María, Francisco, diversas santas y santos. Nuestra fórmula ha vivido un proceso de cambio gradual dirigido a que los votos se hagan a Dios y no a otras personas humanas. Esto probablemente refleja una relación cambiante con la autoridad y la creciente comprensión del concepto de poder como un estar con la gente más que tener poder sobre las personas. No he realizado una investigación profunda sobre la formulación de los votos en otras congregaciones, pero supongo que otras comunidades han vivido procesos de cambio similares.

transición ya que vivimos con personas de todas las edades (aunque raras veces con personas de nuestra misma edad) y de diferentes culturas. Esta abundancia de diferencias significa que somos bendecidas con infinitas oportunidades de irritarnos, frustrarnos y desconcertarnos unas a otras. Si perseveramos, el compromiso, la honestidad y vulnerabilidad que esto requiere nos deshace y nos hace de nuevo. Llegar a estar bien enraizadas en nuestra relación con Dios nos permite pedirle que se acuerde de nosotras.

Una mujer fiel

Ana ora para sí en silencio (1 S 1, 10-13) mientras su esposo cumple sus obligaciones anuales (1 S 1, 3) en el altar de Silo, pero el sacerdote Elí es testigo de su plegaria (1 S 1, 13). Llora desconsoladamente como parte de su oración (1 S 1, 10) y al principio, Elí cree que está ebria (1 S 1, 14). Sin embargo, luego le desea que su oración sea escuchada (1 S 1, 17). Es una afirmación de su fidelidad y carácter incluso antes de que Dios responda a su petición. Aunque el voto de Ana es en privado y dirigido exclusivamente a Dios, alguien ajeno es testigo de su oración y su intensidad.

Dios concede a Ana su petición, lo que significa que elige relacionarla.[11] Luego de recibir su hijo tan deseado, ella debe cumplir su voto y devolvérselo a Dios según su promesa. La súplica que Ana le hace a Dios de socorrerla es una plegaria por un cambio en sus desesperantes circunstancias, pues se consideraba una maldición no tener hijos.[12] La falta de familia le aportaba consecuencias sociales opresivas. Sara (Gn 11, 30) y Raquel (Gn 29, 31) también sufrieron consecuencias similares al no poder tener hijos por un tiempo (Gn 16:14, Gn 30:1). Su sufrimiento hace contraste con el cambio de sus circunstancias una vez que dan a luz. La oración de Ana pidiendo

---

[11] Hyman, "Four Acts of Vowing," 232.

[12] Robert Wilson, "Child, Children," en *HarperCollins Bible Dictionary*, ed. Mark Allan Powell et al. (Nueva York: HarperOne, 2011), 128.

un hijo es una oración que pide vida. Sin embargo, cuando recibe el regalo de un hijo (1 S 1, 20), regalo de una nueva vida, no se aferra a él. Todos los problemas que había enfrentado debido a su infertilidad resurgirán cuando entregue a su hijo a Dios en el altar de Silo. Volverá a enfrentar un futuro incierto si muere su esposo.[13] Aun así, ella cumple su voto y entrega a su hijo a Dios a que se críe en el santuario de Silo (1 S 20, 24). El cumplimiento de su voto asegura que Ana volverá a ser vulnerable en el futuro. En lugar de aferrarse a lo que ha recibido, cumple fielmente con sus responsabilidades como lo propuso cuando hizo el voto. El voto de Ana es una oración de petición por vida nueva y Dios se la concede. Pero la respuesta no es un regalo que ella pueda guardarse para sí. Para cumplir su voto, ella debe dejar ir este regalo de vida. Ella renuncia su propia seguridad. Ana demuestra así su capacidad de no asir sino abandonarse a la grandeza y abundante generosidad de Dios. Como resultado de su fidelidad, recibirá más vida en forma de nuevos hijos, aunque en este momento ella no sabe que esto vaya a ocurrir. Estuvo dispuesta a correr gran riesgo, confiada en su relación con Yahveh. El hijo que recibió como regalo, no era sólo regalo para ella, sino para todo Israel. Su generosidad, fluyendo de la generosidad de Dios, culmina en el origen de uno de los más grandes profetas en la historia de Israel.

Nuestro testimonio de fidelidad

El riesgo que asumen las jóvenes religiosas al comenzar a vivir esta vida hoy es diferente del de Ana y el de las generaciones anteriores. Las religiosas hacen votos públicos que implican responsabilidades y el valor de testimonio para la comunidad más amplia. Las hermanas jóvenes se dan cuenta del elemento público en este compromiso tempranamente en la formación, frecuentemente mucho antes de tomar votos – antes de anclarse en una relación de vida de votos como

---

[13] Esler, *Sex, Wives, and Warriors*, 129.

parece ser el caso de Ana. De hecho, no es raro para una joven que entra a la vida religiosa recibir la atención de los medios de comunicación, y ser entrevistada varias veces por distintos medios de comunicación ya habiendo ingresado a la comunidad y antes de profesar sus primeros votos. Si alguien nos busca en internet, verá que nuestras historias de vida fácilmente se localizan en la red. Lleva algo de peso esta realidad. Incluso antes de profesar los votos, nos convertimos en persona pública con gran responsabilidad ante la gente que servimos. Cuando nos presentamos como "hermana," no podemos ser descuidadas en nuestras relaciones – aun si creemos que no volveremos a encontrarnos con estas personas. Nadie debería hablarle golpeado a otra persona aunque ande de mal humor, pero el impacto puede ser mucho mayor cuando la gente nos ve como representantes de Dios o de la religión como religiosas. Nos convertimos en representantes de los votos, incluso antes de profesarlos.

La oración de Ana

La petición de Ana y el cumplimiento de su voto al devolverle a Dios el regalo de vida que había recibido pueden considerarse como oración. Las palabras que decimos en oración – cuando oramos con palabras – revelan algo de lo que somos y de quién creemos que Dios es. La oración que hace Ana luego de cumplir su voto demuestra aún más su relación con Yahveh y se expande a reflejar su comprensión del deseo que tiene Yahveh de que haya relaciones justas en nuestro mundo (1 S 2, 1-10):

Ana oró diciendo:
Mi corazón exulta en Yahveh,
mi cuerno se levanta hacia Yahveh,
mi boca se dilata contra mis enemigos,
porque me he gozado en tu salvación.
No hay santidad como la de Yahveh,
porque no hay nadie fuera de ti

ni roca como nuestro Dios.
No multipliquen palabras altaneras,
no salga arrogancia de su boca.
Porque el Señor es Dios de sabiduría
y suyo es juzgar las acciones.
Los arcos de los fuertes se han quebrado
y los que tambalean se ciñen de fuerza,
los hartos se contratan por pan.
Los hambrientos engordan,
mientras la estéril da a luz siete veces
y la de muchos hijos se marchita.
Yahveh da la muerte y la vida,
hace bajar el Sheol y retornar.
Yahveh enriquece y despoja,
abate y ensalza.
Yahveh[14] levanta del polvo al humilde.
Yahveh alza de la basura al pobre
para hacerle habitar junto a los nobles.
Yahveh les hace heredar un trono de gloria
porque los pilares de la tierra son suyos
y sobre ellos asentó el mundo.
Yahveh guarda los pasos de sus fieles
y los malvados son silenciados en las tinieblas,
porque no es por la fuerza que los humanos se hacen grandes.
Quienes litigan contra Yahveh serán aplastados.
Yahveh truena desde el cielo contra ellos.
Yahveh juzgará los confines de la tierra y da fuerza
    a su rey
y exalta el cuerno del ungido de Yahveh.[15]

---

[14] He decidido traducir este texto de forma inclusiva. Por lo tanto, casi siempre uso la palabra "Yahveh" donde el idioma hebreo usa un pronombre masculino para referirse a Dios.

[15] La traducción al español se ha hecho siguiendo el texto en inglés, con apoyo de la Biblia de Jerusalén.

Votos, oración y relación con Dios se intercalan como parte del tejido de esta narración. Ana primero demuestra su relación con Dios, llamando a Dios en su momento de angustia (1 S 1, 10-13). Luego, Dios valida la relación que tiene con Ana concediéndole el hijo que le ha pedido (1 S 1, 20). Ana nuevamente ratifica su relación con Dios respondiendo con diez-versos de alabanza a Yahveh (1 S 2, 1-10). Algunos aspectos de su oración consisten en alabanzas sencillas a Dios, lo que afirma que Dios es más grande que cualquier calamidad que les pueda afligir a los seres humanos. Para Ana, Dios es singular y sagrado. El poder y la fuerza de Dios se demuestran con metáforas de roca, truenos (v. 2-10). Dios además cuida de los pasos de los piadosos como Ana (v. 9). Este canto de alabanza está firmemente enraizado en la experiencia que Ana tiene de Dios. Hay elementos en su oración que parecen ser el reverso de las situaciones mundiales las cuales son injustas al piadoso y vulnerable pueblo que lo habita. El arco de los poderosos es destruido; se rompen las armas de guerra y opresión; es decir, los instrumentos que usaron los poderosos para oprimir a los demás ya no están al alcance. (v. 4); por el contrario, quienes tambalean se ciñen de fuerza (v. 4). Estas son imágenes opuestas que implican un reverso de destinos. Más adelante en la oración, "quienes estaban hartos se contratan por pan y quienes sufrían hambre, engordan" (v. 5). Quienes parecían disfrutar de una vida confortable y no necesitaban trabajar, ahora tienen que hacerlo sin descanso para poder comer, mientras quienes pasaban hambre, quedarán satisfechos. Esto es otro reverso claro de la forma en que funciona el mundo. Pero en la visión de Dios esto es precisamente lo que se logra. Entonces, "la estéril da a luz a siete hijos, mientras la madre de muchos se marchita" (v. 5). Cada reverso de expectativas conduce al reverso preciso de destinos que Ana experimenta: Dios muestra interés por la angustia personal que la llevó a hacer su voto. El número siete expresa totalidad y plenitud, sugiriendo que queda realizada no obstante la realidad del número de hijos que tenga. Estos versos pueden entenderse como la visión de Dios que voltea las expectativas del mundo al revés. Nadie espera que los poderosos se vuelvan débiles ni que los débiles se vuelvan poderosos. Por el contrario, quienes tienen poder generalmente adquieren más poder.

Nadie espera que las personas que lo tienen todo de pronto tengan que buscar trabajo para ganarse la vida, mientras quienes pasaban hambre estén ahora satisfechos. Por el contrario, quienes lo tienen todo continúan adquiriendo más, mientras quienes tienen poco, cada vez tienen menos y luchan por sobrevivir. Pero Ana se regocija y se sitúa dentro de la visión de Dios; su experiencia se transforma completamente gracias a la forma en que Dios actúa en el mundo.

Aunque las jóvenes religiosas no hacemos votos por causa de situaciones de angustia personal, como es el caso de personajes del Antiguo Testamento como Ana; sí los hacemos en medio de un mundo en crisis. Los votos de pobreza, castidad y obediencia son contraculturales y profesan un modo radical alternativo de vivir en el mundo.[16] Es esta visión alternativa que Dios tiene del mundo que tiene sentido para nosotras en la vida religiosa. Reconocemos que al comprometernos a este caminar hay muchos aspectos que no tienen sentido en el decir "sí" a esta vida. No tiene sentido práctico. No haremos dinero viviendo así. Renunciamos la conducta sexual, un esposo, y tampoco para nosotras habrá siete hijos. Todo lo que tiene que ver con esta decisión parece ser el reverso de expectativas, Se parecen a los reversos que se encuentran en la oración de Ana. Además, nuestras hermanas mayores, llenas de sabiduría, van a morir y no quedaremos muchas de nosotras. Algunas hasta hemos entrado a comunidades en las que no hay nadie que sea de nuestra generación. ¿Quién se apunta a una vida de este tipo? ¿Cómo puede esto engendrar vida? No tiene sentido en ninguna de las medidas que usa el mundo. Sin embargo, unas pocas intrépidas como nosotras sabemos que aquí es donde pertenecemos. Es de alguna manera, en medio de estas situaciones imposibles, que Dios nos obsequiará vida. La oración de Ana demuestra que a Dios le gusta hacer lo imposible

---

[16] Sandra Schneiders, *Selling All: Commitment, Consecrated Celibacy, and Community in Catholic Religious Life* (Nueva York: Paulist, 2001), 109.

y lo inesperado. El inverso de expectativas para nuestras vidas forma parte de nuestra manera de acoger la relación con Dios. Las que nos alineamos con este tipo de programa nos encontramos profesando que deseamos caminar este sendero inesperado de pobreza, castidad y obediencia por siempre. Los académicos aludieron hace mucho que esa oración en la que Ana reconoce la forma inesperada con la que Dios actúa en el mundo forma base para el cántico de María (Lc 1, 46-55). Es el antecesor materno de la oración de María ya que el nombre de la madre de María tradicionalmente se conoce como Ana, siendo la forma hebrea de ese nombre, Hannah. ¡Se necesita toda una historia de mujeres como estas para dar a luz un hijo como Jesús! Continuamos este linaje a través de nuestro propio testimonio de las acciones de Dios inesperadas en nuestras vidas y en el mundo.

Al leer nuevamente la oración de Ana, y los trozos de la oración que identificamos contener mayor claridad sobre el reverso de expectativas, nos permite adentrarnos un poco más en posibles significados. Los pasajes ya mencionados pueden desde luego entenderse como inverso de expectativas ya aludidas. Sin embargo, me gustaría sugerir que también pueden entenderse como la celebración que hace Ana de su comprensión por experiencia de la preferencia de Dios por la igualdad entre las gentes lo opuesto a la injusticia. Romper los arcos de los poderosos y fortalecer a los débiles puede entenderse como la destrucción de las armas de la opresión y allanar oportunidades. En esencia, se pudiera ver aquí el deseo de Dios de acciones restaurativas que se refleja también en el concepto del año de jubileo (Lv 25, 10), cuando se devuelve la tierra a quienes la perdieron en tiempos de catástrofe o aflicción. Después de todo, lo que se destruye son los arcos – las armas del poder – no las personas. "Quienes están hartos se contratan por pan y quienes tienen hambre, engordan" (v. 5) puede significar que todas las personas han de trabajar para obtener el pan y que quienes tienen hambre ahora pueden alimentarse gracias a una más justa distribución de recursos. Esto pudiera indicar el reverso del que hablamos antes, pero también pudiera ser otro ejemplo de cómo se igualan las oportunidades.

Entonces, desde luego, la experiencia personal de Ana del reverso de su suerte aplica: la estéril tiene hijos y la mujer con muchos hijos "se debilita" o "se marchita" (v. 5). No tenemos que entenderlo como marchitarse, claramente indicaría el reverso de destinos. En lugar de ello, pudiéramos entenderlo como "debilitarse", lo que pudiera indicar que el poder de ser la única mujer con hijos ha terminado con la descendencia de la que había sido estéril. Entonces esto se pudiera entender como un ejemplo más de allanar las circunstancias entre las mujeres. Un programa como este hacia la igualdad es bueno tanto para prevenir como para reparar los crecientes desbalances de poder, una cuestión de justicia a los ojos de Dios. Esto sugiere un programa de vida para las religiosas de hoy quienes promulgan sus votos en un mundo que no valora la pobreza, la castidad ni la obediencia.

Además se admite un Dios que controla la vida y la muerte, la pobreza y la riqueza. Se menciona específicamente que los pobres, los humildes y los necesitados serán levantados (v. 8). Sin embargo, aquí no se castiga a los poderosas, pero sí se destruyen sus armas (v. 4). El interés de estos versos parece ser levantar a los vulnerables y acabar con la opresión, pero no con castigar a los enemigos (v. 6). Los piadosos serán protegidos y los malvados serán callados, pero de nuevo, esto no significa que estas personas tengan que ser castigadas (v. 9). Esta segunda lectura, enfocada en la igualdad, puede ofrecer un punto de reflexión para las religiosas. Nuestras vidas no sólo son un llamado a revertir las expectativas en nuestro mundo, sino que también trabajamos por la igualdad, que es lo que Dios desea para las gentes vulnerables del mundo. La igualdad no es igualdad para sí misma, sino que el reconocimiento de que Dios cuida a las personas vulnerables, y esto a menudo se logra al restringir a los poderosos.

Me he dado cuenta que constantemente instruyo a otros por el simple hecho de existir y de presentarme como "hermana" en los encuentros ordinarios de cada día. Las expectativas de la gente se derriban al conocer a una monja joven. Cada vez que acepto mi identidad como "hermana" estoy renovando mis votos y públicamente responsabilizándome por estas palabras a las que he comprometido mi vida. Cada vez que me encuentro en una situación que me desafía a responder con lo mejor de mí persona, toco el anillo que recibí el día de mis votos – el anillo que me identifica como Hermana de San Francisco de Dubuque, Iowa. Esta acción tan sencilla me arraiga en los votos y me conecta con las mujeres con quienes comparto esta vida. Me recuerda quién estoy llamada a ser en el mundo, con y para las demás personas.

Antropología teológica y los votos de pobreza, castidad y obediencia

Juliet Mousseau, RSCJ

La gloria de Dios es el ser humano lleno de vida.
(San Irineo, Siglo Dos)

¿Quiénes somos? ¿Qué significa ser humano? ¿Quién es Dios? ¿Cómo lograr realizarnos en esta vida? En toda época, la gente se esfuerza para encontrar respuestas a estas preguntas, buscando significado y propósito. En el mundo occidental actual el ser humano busca sentirse realizado a través de relaciones familiares, de estabilidad financiera, de posesiones materiales, de estatus social o rayitas en el poste de la cabecera de la cama. Con frecuencia, las personas no quedan satisfechas con estas respuestas de la sociedad y continúan la búsqueda. Las religiones tratan de llenar este vacío conectando a las personas con realidades trascendentes. En nuestra tradición cristiana, aprendemos que Dios creó a la persona humana a su imagen y semejanza. Sin embargo, también aprendemos que, habiendo recibido libertad, cometemos errores que nos alejan del bien para el que Dios nos creó. Logramos realizarnos paso a paso, escogiendo libremente el bien y esta acción cultiva la imagen de Dios en nuestras vidas. Las religiosas elegimos vivir los votos de pobreza, castidad y obediencia como medios para dirigir nuestra libertad humana más explícitamente hacia el bien.[1] Las religiosas no vivimos en un vacío – y las religiosas apostólicas no vivimos en un claustro. Nuestros votos tienen su lugar dentro del contexto de la vida humana en un momento determinado, dentro de un ambiente cultural definido. Escribo desde el siglo XXI, como mujer blanca en los Estados Unidos. La cultura en que vivo está marcada por tendencias protestantes y seglares, por el individualismo, el consumismo y el materialismo, por una identidad nacional que es una mezcla de culturas y a la vez desconfía de los extranjeros, anegada de imágenes sexualizadas y de discriminación sexual. Por otro lado, Estados Unidos, es un país de optimismo, democracia y filantropía, que defiende la igualdad y la justicia como ideales principales. Todas estas características interactúan con mi entendimiento de los votos religiosos y mis intentos de expresarlos en mi vida.

En este ensayo examinaremos qué significa ser humanos, ser creados por Dios, y ser mujeres en relación con Dios; es decir, examinaremos la antropología teológica que expresa un entendimiento pleno de fe, de quiénes somos. A seguir, inspeccionaremos el significado que nuestro entendimiento cristiano de la persona humana le imparte a los votos de obediencia, pobreza y celibato. A pesar de ser una tradición de siglos, los votos religiosos toman forma de nuestro contexto histórico y cultural y vivirlos en un mundo aceleradamente cambiante nos proporciona un testimonio profético de la posibilidad de un mundo mejor.

La humanidad en el contexto de la creación

La teología cristiana de la creación se basa en el libro del Génesis. Dos relatos alegóricos nos enseñan que Dios creó nuestro mundo de

---

[1] Aunque algunas órdenes religiosas hacen otros votos, en este ensayo nos enfocaremos es estos tres que son los más comunes.

la nada y que todo lo que creó es bueno. El cosmos, la tierra, las aguas, los animales de todo tipo y, finalmente, los seres humanos, fueron creados de acuerdo con su visión. Dios creó a los seres humanos a su imagen - hombre y mujer, dotados de cuerpo, mente, espíritu y deseo, predispuestos a relacionarse. Los seres humanos fueron creados con el deseo de unirse con Dios. La creación es un desbordamiento del amor de Dios, ¡un amor que no se puede contener en el Dios infinito! Dios decidió crear libremente sin urgencia o necesidad, y nos creó para relacionarnos con la tierra, con nosotras mismas y con Dios. Esta mutualidad cristiana de relacionarse con la tierra y entre nosotros afronta directamente el uso por la sociedad y la destrucción actual de los recursos naturales y la tendencia de ignorar las carencias de otros a favor de los propios deseos.

En imagen y semejanza a Dios, reflejamos la libertad y el amor de Dios y nos convertimos en cocreadores con Dios. Se nos ha dado explícitamente la administración o el cuidado de toda la creación, lo que nos lleva a relacionarnos de manera justa con los demás seres vivos. Como cocreadores, cuidamos de la creación de Dios. Dependemos de la tierra para todas las provisiones que necesitamos para sobrevivir y prosperar. Buscamos refugiarnos, cosechar alimentos, vestirnos con productos de la tierra, y nos deleitamos en la belleza del mundo que nos rodea. Creado por Dios, el cosmos también refleja la imagen de Dios y permite que todas las cosas creadas en la tierra y en el cielo sean una especie de libro en el que podemos entender, hasta donde somos capaces, quién es Dios.[2]

Al crearnos hombre y mujer, Dios reflejó la relación comunitaria de la Trinidad. Al entender la deidad como Padre, Hijo y Espíritu Santo en una comunión íntima y recíproca también nos permite entendernos a nosotros mismos como criaturas sociales. Como Dios,

---

[2] La idea de que "el libro del mundo" nos revela quién es Dios es una imagen común en la edad media, usada especialmente por San Buenaventura en sus escritos. Consultar Buenaventura, *The Soul's Journey into God, the Tree of Life, and the Life of St. Francis,* trad. Ewert Cousins, *Classics of Western Spirituality* (Nueva York: Paulist, 1978).

nosotros reflejamos a la Trinidad en la intimidad, en la reciprocidad y en la unión en nuestras relaciones con la gente. Dios creó a la mujer para acompañar al hombre en el jardín; así también nos acompañamos unas a otras en el camino de la vida. La naturaleza comunitaria de nuestra creación es un contrapeso poderoso ante el individualismo que impera en la sociedad occidental. Además, el pensar que los demás seres humanos son nuestros compañeros y apoyo nos evita utilizarlos como objetos y requiere que reconozcamos a cada uno como ser humano libre, al igual amorosamente creado por Dios.

El ser humano es un ser espiritual. Se nos ha implantado el deseo de unirnos con Dios en oración y al final de los tiempos. La unión con Dios es nuestra felicidad suprema, la culminación de nuestra búsqueda,[3] el llamado más sublime de todos los seres humanos. Dios nos creó por amor, para ser amadas, y se complace en nosotras por quienes somos y por cómo asumimos nuestra identidad de ser hijas de Dios. En palabras de San Agustín: "nuestro corazón andará siempre inquieto mientras no descanse en ti, mi Dios."[4] El ritmo acelerado de nuestro mundo actual es quizás un reflejo de esa inquietud que muchos sienten porque no saben dónde buscar a Dios.

El segundo relato de la creación que encontramos en el libro del Génesis destaca la creación de los seres humanos y cómo pierden la gracia. En este pasaje vemos nuestro origen como criaturas relacionales, creadas las unas para las otras. Nuestra libertad trae consigo la posibilidad de elegir no vivir de acuerdo con el deseo de Dios. Desviarnos de su visión mal afecta no sólo nuestras propias vidas sino también las de nuestros descendientes y las de las personas que nos rodean. Dios nos creó, pero con tal amor y libertad que nos deja libres a escoger nuestras opciones, incluso si lo que escogemos nos lleva a rechazar a nuestro Creador y a dañarnos mutuamente. Retornar al origen de nuestra libertad implica que sólo actuamos

---

[3] Tomás de Aquino sobre la felicidad. ST I.II.2.1-5, en "Fin del hombre."
[4] Agustín, *Confesiones*, libro 1, capítulo 1.

después de tomar en cuenta nuestro vínculo con los demás y con la tierra. Contrarrestamos el individualismo y el apego desordenado al lucro personal, cuando contraponemos nuestras acciones al impacto que tienen en los demás.

Aunque Dios sólo creó bondad, la libertad otorgada a los seres humanos también nos permitió acceso a una vida enmarcada en el pecado. Aunque el ser humano añora razón de ser y propósito de vida, fácilmente nos distraen las preocupaciones mundanas, los deseos y lo material. En ignorancia y pecado a menudo escogemos lo opuesto a lo que añoramos.[5] Además, el pecado humano invade la sociedad entera, no nada más por los pecados del individuo, sino también por los pecados que se han institucionalizado en las infraestructuras de nuestro mundo, incluyendo prácticas económicas nocivas, racismo, destrucción del medio ambiente, y la explotación del ser humano. Estas estructuras pecaminosas producen situaciones de injusticia para mucha gente especialmente para los vulnerables y los marginalizados. Hasta las divisiones entre los poderosos y los impotentes declaran las injusticias causadas por el pecado personal y el de la sociedad.

Aunque somos pecadores, Dios nos ha creado buenos y estamos llamados a buscar el bien. Luchamos por desprendernos de las cosas que nos desvían del bien. Cuando buscamos el bien y rechazamos el mal, modelamos y promovemos unas a las otras esa integridad que Dios sueña para la humanidad. ¡Qué regalo más profundo de esperanza y alegría le brindamos al mundo porque conocemos esta verdad en nuestros corazones! Siguiendo las enseñanzas de Jesús, vamos en busca del Reino de Dios, a la vez, en la vida venidera y aquí y en este momento. Sabiendo que como seres humanos tenemos, al mismo tiempo, dones que se nos llama a compartir y limitaciones que se nos llama a vencer, luchamos por vivir de la mejor manera que nos sea posible. Como religiosas, hacemos esto muy intencionalmente.

---

[5] *Gaudium et Spes* (Constitución pastoral sobre la Iglesia en el mundo actual), 10.

en el testimonio profético que damos de lo que Dios desea para nosotras, al profesar públicamente los votos de pobreza, celibato y obediencia.

Obediencia

En mi congregación el voto de obediencia se menciona primero de los tres, y así lo coloco aquí. Se me llama a obedecer la voz de Dios en mi vida, la cual llego a escuchar sólo a través de una vida de oración y discernimiento. La voz de Dios me llama en mi corazón, en la gente con quien me encuentro, en la tierra misma. Se trata de obedecer las voces de quienes me necesitan, ya sean mis hermanas con quienes convivo o los refugiados que huyen de la violencia en Siria. Además, significa confiar en que el Espíritu trabaja no sólo en mi corazón, sino también en el de mis hermanas, especialmente las que están en liderazgo.

Discernir la llamada de Dios en mi corazón requiere una vida de oración profunda y constante que facilite la escucha atenta. Yo empecé a escuchar que Dios me llamaba a la vida religiosa diez años antes de estar lista para seguirla y entrar formalmente al proceso de discernimiento con la Sociedad del Sagrado Corazón. Al principio, las voces externas de quienes no entendían este tipo de vocación no me dejaban escuchar. Más tarde, mi deseo de continuar estudiando e independizarme me llevó por diferentes caminos. Finalmente, cuando ya había logrado mi propósito de estudiar teología y estaba rodeada de personas amigas que me apoyaban y podían reflejar el deseo de mi corazón, pude discernir y obedecer la voz de Dios que me llamaba a la vida religiosa. Pude escuchar en mi corazón el profundo deseo de ofrecerme yo y mis dones, a las necesidades del mundo que me rodea. Por fin, el responder a este profundo deseo me aportó una paz y una alegría que no había conocido antes.

La obediencia se concibe como algo muy negativo en nuestra sociedad. Popularmente, se le entiende como la negación del "yo" y la sumisión a los caprichos de otra persona; que fue lo que yo sentí en la adolescencia cuando mis padres me imponían la medianoche como límite de horario. Como no podía entender el significado de estas reglas, se suponía que tenía que obedecerlas ciegamente. En la vida religiosa he aprendido que la obediencia es algo totalmente diferente. Aunque no siempre he entendido las razones de algunas cosas que me han pedido hacer durante formación, por lo general, son presentadas en el contexto de la sabiduría y el discernimiento de la comunidad. Indudablemente, esto exige fe en que las hermanas en liderazgo también están escuchando la voz de Dios en sus corazones, en el mundo y en mi propia voz. Es mi experiencia que su discernimiento sobre mi vida ha resultado en mi propio crecimiento y bienestar.

No estamos llamadas a una obediencia ciega. Este es un aspecto importante de crecimiento en la mayoría de las órdenes religiosas de hoy. Porque mi dignidad humana incluye mi capacidad de razonar y comprender, a la imagen y semejanza de un Dios racional y comprensivo, la obediencia requiere que yo use esas aptitudes para discernir. Para una joven como yo, que todavía intenta entender la vida religiosa (¡incluso después de nueve años en ella!), esto significa que, cuando se me pide hacer algo, es importante expresar mis pensamientos y también escuchar la sabiduría de mis hermanas. Debo dar voz a lo que pienso porque, si no lo hago, mis hermanas no conocen mi corazón o por qué titubeo si no se los digo. Estas conversaciones vulnerables suelen ser increíblemente fructíferas.

Un ejemplo de este tipo de experiencia en mi vida ocurrió no hace muchos año; llevaba yo tres años de votos temporales. Me pidieron que fuera a España por un mes para que tuviera la experiencia de hacer ministerio entre los pobres y practicar el español. Varios meses antes de ir, me había lastimado un tobillo y la terapia física no ayudaba a sanarlo. Sentía mucha angustia al pensar ir por tanto tiempo, pero no me animaba a cuestionar lo que querían mi directora de formación y nuestro equipo de liderazgo. Gracias al apoyo de varias amigas de confianza, toqué el tema con mi formadora y hablamos de mi ansiedad, del miedo que el tobillo no sanara y de mis dudas de que me permitieran cambiar de planes. Después de todo, no fui, y además tuve cirugía en el tobillo. Mi directora de formación no sabía lo ansiosa que estaba ni el dolor que sentía. Con esta información más detallada, discernimos juntas un sendero mejor. Aprendí que, para saber lo que realmente necesito y qué es lo que Dios me está pidiendo, primero tengo que escuchar mi corazón y luego debo compartir con mis hermanas lo que descubro dentro de mí. La obediencia me llama a una relación justa y generosa con quienes me rodean. El voto de obediencia afecta no sólo las serias decisiones de la vida, sino también las acciones sencillas de todos los días. Cuando paso más tiempo del deseado con una hermana o una estudiante que necesita platicar, es porque sé en mi corazón que las relaciones con las demás personas son más importantes que mi lista de quehaceres. La obediencia me da la libertad para estar totalmente presente a los demás cuando en otras circunstancias me distraerían mis asuntos pendientes. Así pues, la obediencia me ayuda a vivir a la vez la libertad y las relaciones que son íntegras a la identidad humana. En esas relaciones, nosotros los seres humanos reflejamos a la Trinidad, la esencia relacional de Dios. Esta conexión con las demás personas es un impacto de unidad sobre el mundo.

El voto de obediencia también nos llama como comunidad de mujeres a discernir juntas. Cuando tomamos decisiones en la congregación durante el capítulo general en cuanto al liderazgo y prioridades para los siguientes cuantos años, escuchamos juntas al llamado que nos hace Dios a nosotras como individuos y a nosotras como grupo. En el proceso de escribir este libro, todas nosotras, pertenecientes a diferentes congregaciones y carismas, discernimos juntas, escuchando los pensamientos, oraciones y experiencias de cada una, para ayudarnos a lograr una imagen más amplia de la vida religiosa. Como miembros de una comunidad, las voces de otras hermanas y de nuestras comunidades en general retan nuestras presuposiciones y las oímos articular lo que Dios nos está diciendo. Puede ser a la vez las dos cosas, una afirmación o una corrección de alguna idea descabellada que se me ocurra.

Pero sobre todo, obedecer la voz de Dios en mi vida es fuente de inmensa libertad. Así como Dios creó el mundo libremente por amor, así también yo estoy llamada a la libertad y la creatividad que nacen del amor. El voto de obediencia tomado en el contexto de comunidad me permite actuar con mucha valentía para seguir a Jesús, haciendo presente el Reino de Dios aquí en la tierra. Esto significa que aun cuando sea la única desempeñando alguna cosa, no lo hago sola, sino con el apoyo de mis hermanas. Esto significa que cuando una de mis hermanas se levanta contra la violencia de las armas nucleares o contra los migrantes que cruzan la frontera, yo también estoy ahí con ella. Este sentido de identidad comunitaria y obediencia a la voluntad de Dios, a la vez, me capacita y expresa la humildad de mi humanidad. El concierto de nuestras voces es mucho más poderoso que mi voz sola.

Pobreza

El voto de pobreza nos recuerda que todo lo que tenemos y necesitamos es regalo. Dios creó el universo incluyendo los océanos, las plantas y los animales en que dependemos para vivir, y nosotros también somos incluidos en la creación de Dios. Nuestra entereza como seres humanos es interdependiente con Dios y con todo lo que Dios creó. Frente a una sociedad individualista, esta interdependencia es un reto para nuestra auto percepción y requiere que seamos vulnerables. Frente al materialismo, llegamos a aprender que la felicidad no consiste en poseer más cosas y cosas más costosas.

En cuanto a este voto que llamamos "pobreza" me es difícil hablar porque como religiosa, en mi comunidad, no somos genuinamente pobres. A diferencia de las personas realmente pobres, no tenemos que preocuparnos por cubrir las necesidades básicas. Tenemos acceso a la educación y a relacionarnos con gente poderosa. La elección voluntaria de la pobreza tiene que ver más bien con poner nuestros dones al servicio de los demás, vivir de forma sencilla, y abogar por o trabajar con quienes son materialmente pobres.

Conocí la pobreza material verdadera el verano pasado cuando estuve viviendo en el altiplano de Perú. Nuestras hermanas allá viven de forma mucho más sencilla que yo en San Luis, aunque también sus necesidades básicas son provistas sin ansiedad. La pobreza en las montañas peruanas hace que la gente tenga que trabajar la tierra y caminar muchos kilómetros para ir a la escuela, al templo o al mercado; con frecuencia, tienen que dejar de estudiar antes de terminar la educación básica. Pude observar los años de trabajar la tierra reflejados en las caras arrugadas y quemadas por el sol, las espaldas dobladas por cargas pesadas y los pies polvorientos en huaraches. Sin embargo también vi una gran alegría y una hospitalidad que revela el valor de las relaciones humanas en sus vidas. Traje a Perú una pobreza que no era material, sino la pobreza de no poder comunicarme en su propio idioma, el quechua; de no tener espacio en mi maleta más que para lo esencial; y de no tener acceso al celular y al internet para comunicarme con mi gente querida que había dejado en casa. Hubo momentos en que sentí agudamente la pobreza de no poder conectar a un nivel más profundo con las personas queridas, debido a las restricciones de idioma y a la lejanía de nuestra ubicación.

Esta experiencia me enseñó a ver la riqueza que hay en las relaciones humanas, en el amor gozoso y libre que brindan los niños – incluso a una "gringa" grande como yo – y en la conexión profunda con el trabajo de la tierra. Mientras que mi pobreza era más espiritual, comencé a entender la pobreza material y la realidad de la lucha diaria.

En el acto de crear, Dios le dio a la humanidad el papel de administradora de la creación, reflejado en la forma en que los peruanos (hombres y mujeres) cultivan sus campos y cuidan a sus animales. Así como Dios cuida de todo lo que ha creado, así también tenemos el papel de reflejar el cuidado que tiene Dios. En la vida religiosa hacemos esto limitando nuestro uso de los recursos disponibles y minimizando nuestro impacto en el medio ambiente. Esta forma de vivir el voto de pobreza sucede en la vida comunitaria. Las que vivimos en la misma casa compartimos lo que tenemos buscando satisfacer las necesidades de cada una. No necesitamos tener casa propia con todos los recursos que ello requiere. Compartir recursos significa que usamos menos colectivamente y que se nos reta a usar menos individualmente. Se nos llama a "vivir sencillamente, para que otros sencillamente vivan."[6]

El cuidado de la creación es un tema candente entre las religiosas jóvenes. Esto se debe en parte al aprecio que le damos a la creación de Dios y en parte al vínculo que existe entre el bienestar de la gente más vulnerable y la salud del planeta. A lo largo de la historia, las religiosas intencionalmente han hecho por vivir sencillamente, tocar la tierra de manera ligera. Esta tendencia creció de forma exponencial en el siglo XX en los Estados Unidos. Hoy día, las religiosas dirigen granjas, presentan demandas al gobierno que luche contra el cambio climático y buscan maneras para que sus propiedades dependan de energías renovables. Estas acciones se oponen a la destrucción del medio ambiente y al efecto negativo que esta destrucción causa en las personas más vulnerables de nuestro mundo. Así pues, la preocupación por la integridad de la creación nos mueve también hacia la compasión por quienes están en los márgenes.

El voto de pobreza no sólo nos ubica en una relación justa con las cosas de este mundo de las que dependemos para nuestro bienestar; también nos da la libertad de no aferrarnos a lo que tenemos. Cuando recuerdo que todo lo que tengo es don, que todo proviene de la generosidad de Dios, mi gratitud por estos dones me hace más humilde. También sé que no me debo acaparar, sino que lo que me ha sido dado es para que lo pueda compartir con las demás personas. De la misma manera que debo compartir estos talentos y habilidades con quienes lo necesiten, los bienes materiales que uso son míos por

---

[6] Esta frase se atribuye a Mahatma Gandhi, a la Madre Teresa de Calcuta, a Elizabeth Anne Seton y se encuentra en pegatinas por todas partes.

poco tiempo. Más aún, si no considero las cosas como mías, no tengo que perder mi tiempo y energía en protegerlas o en conservarlas para mi uso exclusivo. Quedo libre de las restricciones que impone tener demasiadas cosas, de modo que puedo estar disponible y presente para la gente. Es como viajar con maletas que no puedo cargar: si me aferro a llevar cosas porque creo que necesito tenerlas conmigo, pierdo la libertad de viajar ligera, y poder llevar lo que necesito a la espalda.

El voto de pobreza contrarresta la mercadotécnica constante que enfrentamos cada día, la cual trata de convencernos de que nuestra felicidad radica en comprar una cosa más. Aprendemos a despojarnos de las posesiones materiales y a no aferrarnos a nuestros propios deseos, de manera que Jesús pueda tomar cargo y dirigir nuestras vidas. En lugar de quedarme vacía porque todo lo que tengo carece de sentido, mi vacío se llena en relación con Dios y con los demás, y con el gran regalo del amor de Dios.

Nuestra identidad como seres humanos que comparten con Dios el cuidado de la tierra da forma e informa el voto religioso de pobreza. El voto asiste en dirigir nuestra atención a lo que de veras nos da vida – hacia nuestras relaciones con los demás y con Dios que son las que nos realizan.

Castidad célibe

El cristianismo enseña que los seres humanos están llamados a la castidad, este es el llamado a permanecer fieles a compromisos. Para las personas casadas, la castidad significa la fidelidad al cónyuge. Para las religiosas y los religiosos, el voto de castidad es en realidad un voto de celibato: nos comprometemos a Dios en fidelidad, no a ninguna persona humana. Esto contradice lo que el Génesis enseña sobre la persona humana: Dios no nos creó para ser célibes. Dios creo a la mujer y al hombre para estar juntos, para unir sus cuerpos y sus corazones para que no se sientan solos y no sientan soledad.

Las mujeres y los hombres están llamados a unirse y a traer hijos al mundo. Mi mejor amiga se casó el mismo año en que empecé a discernir la llamada a la vida religiosa. Ambas estábamos buscando algo más, un compromiso con la vida que nos sacara de nuestra vida de soltera. Mientras Christine miró hacia el futuro y vio una vida en familia con hijos, yo miré hacia el pasado hacia previas relaciones y me di cuenta que no me habían hecho sentir realizada. Elegí vivir un amor más amplio que me diera la libertad de servir a mucha gente, a muchos niños. Nuestro mundo necesita de estos dos tipos de amor, porque ambos reflejan el amor que Dios nos tiene: un amor que se regocija en cada persona tal como es creada para ser y un amor que abraza ampliamente a todo tipo de gente, a toda la humanidad, a toda la creación.[7]

El Génesis nos enseña que Dios no creó a los seres humanos para el celibato, entonces ¿por qué las religiosas y religiosos buscamos vivir vidas célibes? Desde el punto de la teología, las razones que nos dan las escrituras salen de la creencia en el Nuevo Testamento de que la segunda venida de Cristo estaba por llegar. Pablo nos dice, en síntesis, que hay que permanecer como estamos – las casadas, deben permanecer casadas, las solteras, solteras – porque Jesús ya no dilata en volver y no debemos hacer cambios radicales en nuestro estado de vida para poder estar listas en el momento de su llegada. Es como si Pablo dijera que el estado matrimonial no tiene beneficio alguno en la venida del reino de Dios, así es que no tiene caso hacer grandes cambios cuando se trata de tan poco tiempo.

Claro que la segunda venida no era tan inmediata como pensaban Pablo y los discípulos de Jesús en el primer siglo. Sin embargo, sus

---

[7] Timothy Radcliffe abordó así el amor propio de la castidad comparándolo con el amor que se da en el matrimonio, en un simposio titulado "Community Life and Mission: Toward a Future Full of Hope," celebrado en la Catholic Theological Union, Chicago, Illinois, 6 de febrero de 2016. Se puede acceder al video en http://www.ctuconsecratedlife.org/videos/, consultado el 1 de abril de 2017.

escritos y tradiciones siguen siendo nuestros. La posición paulina de que el celibato y el matrimonio eran en esencia lo mismo en términos de moralidad justificó el celibato entre los primeros seguidores de Jesús. Además de esto, en nuestra tradición sostenemos que Jesús mismo permaneció soltero a lo largo de su vida para poder dedicarse por completo a su misión de salvación. Su vida de fiel celibato nos dio un ejemplo más para nuestro esfuerzo en seguirlo más de cerca. Después de su muerte, los primeros mártires cristianos mostraron su santidad en su disposición de morir por su fe. Pero cuando el martirio dejó de ser común, los cristianos acudieron a la abnegación como expresión de santidad y se le dio al celibato un propósito más.

Aunque el celibato comenzó siendo una forma de dedicarse a una vida de oración a Dios en el contexto de vida monástica o ermitaña, se expandió a convertirse en símbolo de santidad entre aquellos llamados al servicio dentro de la iglesia. No fue hasta el siglo XII que se instituyó como ley universal para los hombres en sacerdocio. Así, en el mundo de hoy, tenemos un sacerdocio célibe tanto que los que sirven dentro de la iglesia como ministros ordenados y las religiosas y religiosos dedicados a vida de oración y al servicio, abrazan el celibato. Aunque con frecuencia se percibe como símbolo de santidad por aquellos que no lo viven, yo sé que para las religiosas y religiosos célibes significa un sendero de libertad para poder vivir completamente para Dios, abierto a realizar una diferencia más amplia en el mundo.

El celibato hoy es una opción tan radical como lo fue para Jesús o para Pablo. Nuestra cultura occidental trata de convencernos de que la sexualidad es el camino para realizarse. En el contexto del voto de castidad, el celibato desafía a esta cultura buscando el realizarse dentro de otras formas. Como seres humanos, permanecemos seres sexuales, pero colocamos la sexualidad física en proporción adecuada con otros aspectos de la intimidad humana. En lugar de buscar la plenitud sólo en el cuerpo, procuramos entereza en una vida balanceada de relaciones, oración, servicio y expresiones físicas de alegría. El ser humano es un todo físico, emocional y espiritual:

poner demasiado énfasis en cualquiera de estos nos puede hacer perder el equilibrio. El Génesis nos llama como seres humanos a co-crear con Dios en nuestro mundo. Una de las formas de hacerlo, desde luego, es a través de vida de familia, la maternidad y la paternidad. Las religiosas logran creatividad y capacidad generativa de otras formas: fomentando vida en todas sus formas y etapas, a través de la instrucción y del cuidado de la salud, a través del servicio a las personas marginadas o excluidas. Independientemente de las situaciones o del servicio que se preste, lo más importante que las religiosas donan al mundo es *quienes son*. Las religiosas están llamadas a manifestar la presencia amorosa de Dios en el mundo, no obstante lo que hagan día a día. Esto fomenta vida. Esto fomenta integridad en los demás. Esto es amor, vivido a imagen y semejanza de Dios.

Como todo mundo, las religiosas necesitan encontrar intimidad en relaciones y formas de ser creativas. Las dos cosas son necesarias para una integridad humana. En mi vida, la creatividad se manifiesta de varias maneras, y todas necesitan atenderse. Como maestra, encuentro algunos aspectos de enseñar creativos, por ejemplo crear el plan de estudio y presentaciones. En mi vida personal, me gusta hacer cosas para las demás personas, como cobijitas para bebés para mis amigas al crecer la familia y comidas deliciosas para mi comunidad.

La intimidad entre las religiosas es un tema más difícil de abordar. Somos seres humanos y necesitamos intimidad, pero al mismo tiempo prometemos por voto no tener la intimidad física propia de una vida sexual. Por suerte para nosotras, la intimidad existe de otras maneras. En primer lugar, necesitamos el contacto físico con otras personas. En mi caso, adoro los tiernos abrazos que recibo de los niños pequeños cuando visito a mis amigas o a mis sobrinos. Las expresiones de afecto de parte de mis hermanas en la comunidad y de mis amigas y amigos, junto con una práctica saludable del yoga, me recuerdan que yo también soy creatura con cuerpo. En segundo lugar, encontramos intimidad en lo estrecho de las relaciones que tenemos con otras personas. Aunque muchas de mis amistades y todos mis familiares viven lejos, con frecuencia tenemos conversaciones que conmueven en lo más profundo de mi corazón y de lo que de veras es importante. Cuando conversamos mi hermano y yo recordamos la historia de la familia y discutimos las relaciones con los otros miembros de la familia. Cuando platico con Christine, me siento a gusto compartiéndole mis dudas y podemos hablar a niveles profundos sobre el sentido de nuestras vidas y nuestras vocaciones. Regularmente puedo encontrarme o hablar por teléfono con otras hermanas jóvenes y compartimos las dificultades que tenemos con la vida religiosa y las alegrías que nos salen al encuentro ahí de un modo que no entenderían ni mi familia ni mis amistades (lo mismo que las hermanas mayores). Estas relaciones de intimidad me ayudan a permanecer profundamente ligada a las personas que amo y estas personas me ayudan a mantener mi identidad como mujer en relación con otras personas.

El voto de celibato nos ofrece libertad para amar. Nos libra del amor particular que ofrece una pareja a su familia de modo que podamos compartir el amor de forma más general con el mundo en total. Esto se refiere a la identidad relacional de todos los seres humanos. El celibato no busca negarnos las relaciones, sino dar forma y moldear las preciadas relaciones que sostenemos. Estamos llamadas a una profundidad en relaciones que no es físicamente sexual. Como tenemos compromisos diferentes a los de la mayoría de las familias, con frecuencia estamos más disponibles para intimidades que otras personas. Esas intimidades toman forma de conexión espiritual profunda, momentos compartidos durante etapas de crisis en la vida como muertes y nacimientos y amistades que brindan apoyo emocional mutuo. Estas amistades fieles proporcionan libertad a ambos lados, fomentando mutualidad y respetando a cada persona en su individualidad, con sus necesidades y deseos propios. En este contexto la amistad es saludable, sin dependencias o manipulaciones.

Conclusión

El significado y propósito de nuestras vidas como religiosas y religiosos brota de nuestra identidad como seres humanos creados a imagen y semejanza de Dios. Sobre todas las cosas, esa imagen y semejanza nos sella como miembros de toda la creación y de Dios. Todo ser humano ha sido creado de esta misma manera – sin embargo todos constantemente buscan realizarse. Como religiosas consagradas, vivimos con una conciencia más profunda de imagen y semejanza de Dios, eligiendo cada día vivir la obediencia, la pobreza y el celibato. A través de nuestros votos nos convertimos en gente de presencia amorosa, de paz y esperanza, enfocando nuestra vida en las relaciones. Es a través de estas relaciones llenas de amor y paz que las religiosas promueven lo que Dios sueña para la humanidad.

Ver por el Reino de Dios significa ver no sólo por el cuadro como conjunto, sino también ver por cada individuo en su entereza. Esto nos incluye a nosotras mismas: ¿a qué grado estamos integradas, viviendo en plenitud como Dios nos ha creado para vivir? Los votos dan dirección a nuestra vida y a nuestra energía y nos ayudan a encontrar la plenitud. Nos recuerdan que sólo en Dios podemos encontrar nuestra completa realización.

Entonces, ¿quiénes somos? Somos mujeres que escuchamos atentamente la voz de Dios en nuestro corazón, en el clamor de la tierra y en el sufrimiento de los seres humanos. Somos mujeres que sabemos que nuestra riqueza no proviene de lo material, sino del inestimable cuidado y compasión que compartimos con Dios y con los demás. Somos mujeres que nos realizamos plenamente en relaciones tiernas distinguidas por la inclusividad y el cariño hacia todos los seres humanos. Al vivir nuestros votos con pasión e intensidad, damos testimonio profético vislumbrando el Reino de Dios ante el mundo.

Los votos y la misión radical de Jesús: reclamando el poder del celibato, de la pobreza y de la obediencia para el Reino de Dios

Tracy Kemme, SC

Era un poco antes de las cinco cuando sonó mi celular. Acababa de cambiarme a una camisa, relajándome de un día completo de ministerio. Mientras luchaba por sacar el teléfono del bolso, vi que la llamada era de un amigo que trabaja para una agencia de alcance católica local, quien rara vez me llama.

No comenzó con las frases convencionales de siempre, sino que fue directo al grano.

"Tracy, tenemos en la oficina a una joven hondureña con su bebé. Viene huyendo de una situación de abuso y la estamos ayudando a resolver todo, pero la oficina va a cerrar y no hemos encontrado un lugar donde pueda pasar la noche. Los albergues están llenos. ¿Tienes alguna sugerencia, al menos por una noche?"

No me preguntaba directamente si nosotras la podíamos recibir, pero en mi corazón entendí que la invitación era para mi comunidad. El estómago me saltó con algo de resistencia. Por un momento consideré que ofrecer nuestra casa alteraría la siguiente semana, pero enseguida me inundó el propósito y se borró mi resistencia. Sonreí recordando una frase que está en la declaración de misión de mi

congregación: "Nos atrevemos a arriesgar una respuesta bondadosa."
Aun antes de consultar a mis compañeras de comunidad, de alguna
manera sabía que la respuesta sería afirmativa. Ambas respondieron:
"por supuesto," y mi corazón se inundó de gratitud por mi vocación.
Por supuesto.

Cerca de una hora después llegó el coche de mi amigo y
una hermosa adolescente descendió cargando en brazos un bebé
regordete. Traían sábanas, una bolsa de supermercado con ropa, un
bolso de bebé y un asiento para coche. Supimos entonces que María
y Jesús habían venido a pedirnos posada.

Los siguientes días fueron sagrados y agotadores. Escuchamos la
dolorosa historia de nuestra huésped y nos enamoramos de su hijito
tan cachetón. Calentamos tortillas y aprendimos cómo le gustaban
a ella los huevos revueltos. Cargamos al niño mientras ella se bañaba
y yo busqué algo de mi ropa para añadir unos cuantos conjuntos
al escaso guardarropa de ella. Unos días después, se desocupó un
espacio en uno de los albergues y este dúo adorable desapareció
de nuestras vidas con la misma rapidez con la que había llegado.
Sentimos a la vez tristeza y satisfacción en el corazón. Qué gran
privilegio haber tenido ese encuentro; pero a la vez qué tristeza
ante el futuro incierto de la joven y ante la certeza de que nunca la
volveríamos a ver.

Me senté con una de mis compañeras de comunidad en el sofá
de la sala, que se sentía extrañamente silenciosa sin el llanto y las
risas del bebé, y reflexionamos sobre la visita. Ambas confesamos que
sentíamos cierto alivio al no tener que continuar siendo la "abuela"
y la "tía" en casa, además de nuestros trabajos y compromisos
habituales.

Estuvimos de acuerdo en que "fue difícil," y agradecimos la
libertad de poder admitir esos sentimientos.

Luego, apenas un segundo después, dijimos: "Lo volveríamos a
hacer en un instante." En eso también estuvimos de acuerdo.

Atesoro ese "por supuesto" que permio toda la situación. No nos
detuvimos a pensar en los peligros, los desafíos e inconvenientes. La

misión nos llamaba. Sabíamos cuál hubiera sido la respuesta de Jesús. Nuestros votos religiosos confirmaron nuestra respuesta aún antes de que llegara la invitación.

Los votos y la misión

Como miembro joven de una congregación religiosa, siento la urgencia de los votos. Al llegar a la mayoría de edad en el siglo XXI, se abrieron ante mí muchas oportunidades. Sentí la llamada de usar mi vida para el bien, pero había muchos caminos que hubiera podido seguir. Antes de entrar a la vida religiosa hice un voluntariado de dos años en Ecuador y pensé en la posibilidad de hacer un posgrado en servicio pastoral. Tuve la experiencia de una relación romántica dadora de vida que pudo haberme conducido a un matrimonio sacramental centrado en misión. No necesitaba ser religiosa para hacer impacto.

Entonces, cuando llegué a la vida religiosa, llegué con hambre. Vine a vivir la pasión que sentía en comunidad. Mi compromiso está imbuido de un sentido que, en términos seculares contemporáneos, podría describirse como "haz algo grande o vete a casa"[1] o #SoloSeViveUnaVez.[2] En otras palabras, con tantas posibles opciones, escojo la vida religiosa porque quiero vivirla con intrepidez.

En cada etapa de evolución de la vida religiosa, los votos han tenido algo importante que ofrecer a la sociedad. Hoy también sucede lo mismo. Nuestro Dios amoroso pone en el ADN de cada hermana lo que necesita para el momento y el lugar en el que vive. Cuando contemplo al mundo tan necesitado, me convenzo de que nuestros votos, vividos en comunión por todas las religiosas alrededor del mundo, tienen un gran poder transformativo. Como insistió el Papa Francisco en su carta con motivo del Año de la Vida

---

[1] Juego de palabras en inglés: "go big or go home" (N. de la T.).
[2] Identificador de mensajes en redes sociales #YOLO (You Only Live Once).

Consagrada, podemos "despertar al mundo."[3] No hacemos los votos para nosotras mismas, sino para el Reino de Dios.[4] Los votos son misión.

Integrarse como joven adulto a una congregación compuesta en su mayoría de mujeres mayores es a la vez un privilegio y un conflicto. Mis queridas hermanas han entregado sus vidas al ministerio y ahora muchas de ellas están jubiladas o en asilos para ancianos. Mientras que yo apenas estoy viendo las posibilidades de mi vida consagrada, ellas están luchando con cuestiones de fin de vida. Dios las llama a encauzar su energía para la misión de forma diferente a como me llama a mí, que tengo treinta años. Mi corazón joven late al ritmo del llamado del Evangelio, con el ardor nuevo de compromisos recién adquiridos. El ejemplo, la sabiduría y el acompañamiento de mis hermanas mayores me inspiran a seguir ese llamado. Al mismo tiempo, el fuego que anhelo cobra forma con mayor evidencia en las reuniones con compañeras religiosas de mi edad que pertenecen a diversas congregaciones.

Cuando las religiosas jóvenes nos reunimos y reflexionamos sobre la vida religiosa, emerge con frecuencia la palabra "radical": radical significa algo contracultural, extremista e integral. Se me hace curioso que la palabra radical venga de "raíz." El diccionario la define, en primer lugar, como "fundamental" y luego como "algo que transforma los sistemas sociales y políticos."[5] Veo una

---

[3] Francisco, carta con ocasión del Año de la Vida Consagrada, 21 de noviembre 2014, consultado el 18 de abril de 2018, http://w2.vatican.va/content/francesco/es/apost_letters/documents/papa-francesco_lettera-ap_20141121_lettera-consacrati.html.

[4] A lo largo del ensayo, uso las frases "Reinado de Dios" y "Reino de Dios" para indicar el tipo de comunidad por el que Jesús trabajó. Pienso que sus connotaciones vinculadas a la realeza no ayudan mucho en el contexto actual, pero como se usan en las escrituras, parecen ser la mejor opción en términos de lenguaje.

[5] Diccionario Google, consultado el 1 de abril 2017, https://www.google.com/webhp?sourceid=chrome-instant&ion=1&espv=2&ie=UTF-8#q=google+dictionary+definition+for+radical&*

profunda conexión entre estos dos significados. Para vivir los votos de acuerdo con las necesidades actuales, debemos conocer nuestras raíces, -- aquello que es central a nuestra vida consagrada. Esta búsqueda nos conducirá a la misión con el poder de sanar y transformar de un modo indiscriminado.

Jesús es la raíz más profunda de nuestra llamada a la vida consagrada. Un hombre que recorrió la tierra hace más de dos mil años y vivió la misión con tal intensidad que todavía hoy millones de personas lo siguen. Este Jesús no es un recuerdo blando y estático que guardamos en una foto en blanco y negro sobre la repisa. Él sigue vivo, respirando y, ojalá, inquietando. Con demasiada frecuencia, el cristianismo se marchita convirtiéndose en obligaciones tibias que se pueden "chequear" en una lista. Aceptamos una religión que alaba a Jesús, pero ignora su mensaje de que la verdadera alabanza se vive. En un taller al que asistí, Jack Jezreel dijo: "Jesús pasó toda su vida apasionadamente señalando hacia el Reino de Dios y nosotros terminamos apasionadamente señalando hacia Jesús."[6] Mientras discernía la vocación, me di cuenta de que las religiosas no se casaban con un cristianismo diluido o sentimental, sino que apasionadamente señalaban hacia el Reino de Dios con Jesús. Yo tenía que ser parte de eso.

Las que somos llamadas a la vida religiosa, encontramos libertad y una deslumbrante alegría al presentar nuestras vidas a Jesús de una forma completa y definitiva, como expresa san Ignacio en su oración: "Toma, Señor y recibe toda mi libertad, mi memoria, mi entendimiento y toda mi voluntad."[7] Nuestras vidas con un solo corazón, se tratan de la misión salvadora de Jesús, quien responde a nuestra fidelidad con una lealtad más allá de todo entendimiento.

---

[6] Jack Jezreel, en la reunión y taller "On Social Mission," Cincinnati, Ohio, el 13 de agosto de 2016.

[7] Acto de entrega de sí, Oración de San Ignacio de Loyola, consultado el 18 de abril de 2018, https://www.loyolapress.com/our-catholic-faith/espanol/oracion/oraciones-de-los-santos/acto-de-entrega-de-si.

¿Podemos captar lo enorme de las responsabilidades y posibilidades que contienen nuestros votos?

El contexto en el que aporto totalmente el regalo de mi ser a la vida religiosa es complejo e inquietante. El mundo se ha forjado con una violencia indescriptible. Las estadísticas de personas desplazadas son atroces y la devastación del planeta parte el alma. Un pequeño número de gente adinerada gobierna la sociedad mientras crece la brecha entre las personas ricas y las pobres. El tráfico y el abuso convierten a los seres humanos en objetos y productos. Muchos entre nosotros padecen hambre y pena.

En los Estados Unidos persiste el racismo y nos aterrorizan los crímenes de odio; ante esto, la mayoría elige la negación y el silencio. Los inmigrantes y refugiados no son bienvenidos, más bien se enfrentan con un sentimiento de "no hay lugar en la posada." Una división ideológica arcaica impide que seamos "una nación indivisible" como expresa nuestro juramento.[8] La cultura predominante favorece la avaricia, el materialismo y la gratificación inmediata. Lo sexual no es sagrado sino un instinto vacío que se despatarra en las pantallas de cine y en las revistas. La tecnología, aun con sus asombrosos impactos, contribuye a un ruido constante y disminuye la profundidad de las relaciones.[9]

No es momento para para ser insípidos. El mundo necesita gente radical, enraizada en la misión de Jesucristo y sin dejarse intimidar para transformar la sociedad. Las religiosas deben ser de ese tipo de personas.

Los siguientes trozos indagarán cómo nuestros votos religiosos incorporan la misión de amor de Jesús específicamente en este

---

[8] Juramento de Lealtad o Juramento a la Bandera (Pledge of Allegiance), escrito por Francis Bellamy el 11 de octubre de 1892, que se suele recitar en eventos públicos en los Estados Unidos (N. de la T.).
[9] Consultar Susan Francois, "La vida religiosa en tiempo de niebla," 197-220.

momento y lugar.[10] Encontrarán algunas coincidencias, pues los votos están intrínsecamente vinculados. Espero que estas reflexiones nos lleven a conversaciones sinceras y a un discernimiento valiente sobre cómo Dios llama a las religiosas de hoy a vivir de forma radical. Todos nuestros carismas aunque enriquecidamente diferentes señalan a Jesús como la fuerza que nos impulsa.[11] Cuando nos comprometemos juntas con la misión de Jesús, es seguro convertirnos en energía transformadora y en semillas del Reino de Dios, lo cual es esencial para nuestro tiempo.

El celibato y la misión

Nunca pensé que escribiría sobre la belleza del celibato. En los años en que hice mi discernimiento, le tenía tirria al celibato. Lo veía como parte del paquete, como el sacrificio necesario que venía junto con los otros aspectos de la vida religiosa que me atraían. Cuando tenía alrededor de veinte años y veía a mis amigas caminar hacia el altar, sentía una punzada en el corazón, la añoranza de un tipo de amor que había conocido a través de varias relaciones románticas pero que nunca experimentaría en matrimonio.

Mucha gente se desconcierta ante el hecho de que hoy una mujer joven se abstenga no sólo del matrimonio, sino también de actividad sexual por el resto de su vida. Es una decisión extraña en una sociedad que promueve el sexo como la máxima realización de los deseos humanos, la sociedad de la que soy producto. Mientras crecía, los medios de comunicación inundados de sexualidades lograron dejar en mí interior ciertos residuos de ilusión. Me pasé la adolescencia buscando validarme a través de las relaciones con los

---

[10] Para una reflexión sobre la teología y antropología de los votos, consultar Juliet Mousseau, "Antropología teológica y los votos de pobreza, castidad y obediencia," 33-49.

[11] Consultar Mary Perez, "Local y global: el carisma de la vida religiosa de hoy," 73-89.

hombres. En mi subconsciente, anclaba mi propia identidad en si mi pareja me amaba o no. Sabía que a las relaciones les faltaba algo, pero suponía que lo que pasaba era que no había encontrado la persona "esperada." Imaginen mi sufrimiento cuando, con un poco más de madurez, conocí al hombre que había estado esperando, pero algo dentro de mí seguía diciéndome que aún no era suficiente. Sentí un gran dolor en mi interior cuando escuché la llamada a desprenderme de esa relación y a entrar a la vida religiosa.

Ahora sé que el celibato no es una poda sino un florecimiento. No tiene nada que ver con "renunciar" al amor, sino que se trata de vivir desde un amor mucho más abarcador, que en el matrimonio entre dos personas se sentiría restringido. El compromiso de Jesús con el celibato lo liberó para ser instrumento excepcional de Dios. Formar una familia, a la larga, habría disminuido el impulso renovador que él sabía que necesitaba completamente para la misión. Eso mismo me pasa a mí. De alguna manera, se me ha dado un corazón capaz de contener al mundo. Añoro un amor grande, profundo y universal. Por supuesto que toda la gente es impulsada por la añoranza del amor de Dios. La diferencia está en que yo, como religiosa, siento que es imperativo hacer que este tipo de amor sea el principal enfoque y fuerza de mi vida. Mi corazón palpita de admiración cuando considero el poder que tienen los grupos de mujeres dedicándose bajo votos a un mundo tan necesitado. El celibato, como todos los votos, es misión. Nuestro compromiso no parte de una distorsionada glorificación de la virginidad, sino de lo que hace posible: una encarnación más del Reino de Dios.

El celibato tiene que ver con dos cosas de las que el mundo carece: una conexión humana verdadera y madurez en relaciones. Muchas personas deambulan por la vida sin llegar a conocer una intimidad verdadera. Predomina una independencia desenfrenada; hemos olvidado cómo fiarnos entre sí y cómo trabajar juntos. Por el contrario, Jesús fue una persona que genuinamente salía al encuentro de los demás. Miraba a las personas con ternura y revelaba su persona a los demás. Transitaba en comunidad, siempre en sentido figurativo y literal caminando con la gente. Es cierto, Jesús se escapaba para tener momentos privados de oración y comunión con su Abba, lo cual es innegociable dentro de nuestras vidas para la misión, pero la mayor parte del tiempo se condujo en medio de relaciones. El tipo de relación que Jesús nos mostró es una contribución importante para nuestro mundo herido. De hecho, la comunidad intencional es imperativa para el celibato y la misión hoy día. Como en mi propio caso las mujeres que entran a la vida religiosa hoy buscan vivir un amor–en-acción en comunidad. Don Bisson dice: nadie viene para "canjear un departamento, o un carro o un cheque de sueldo por un departamento, un carro o un cheque."[12] La diferencia está en hacerlo juntas. Cuando nos comprometemos a vivir juntas como adultas bajo el mismo techo, desafiando el paradigma prevaleciente. La comunión es posible. Es más, aunque esto no siempre es de color de rosa, sabemos que negociar las diferencias y perseverar en el camino comunitario nos ayuda a crecer y nos hace mejores servidoras. Al caminar junto a la gente en la crudeza de sus vidas, necesitamos desarrollar las habilidades de compasión y relación profunda.[13] Aunque no tengamos familia propia, seremos mucho más auténticas si también nos ocupamos de ordenar nuestra casa.

También es urgentemente importante para nuestros votos hoy día la hospitalidad radical. Una comunidad intencional nos permite crear espacios de bienvenida donde el amor se puede mostrar y compartir con profundidad. A mediados del siglo XX, la fuerza de la vida religiosa radicaba en la gran cantidad de miembros que hacía posible permear las estructuras sociales y atender a mucha gente. Para las comunidades apostólicas, no importa qué tan grandes, nuestro carisma siempre incluirá el llamado de andar "allá afuera." Sin embargo, la fuerza de nuestra pequeñez consistirá en la

---

[12] Don Bisson, Disco compacto de audio "Intentional Community," Serie de Talleres #49.

[13] Consultar Amanda Carrier, "La compasión que el mundo necesita hoy," 158-171.

capacidad de enfocar en y fomentar comunidades que sean centros de misión e inmersión-- espacios donde los que andan en búsqueda sean recibidos.

El espíritu de comunidad y hospitalidad fue lo que me atrajo a la vida religiosa. Cuando estaba en proceso de discernimiento, cerca de los veinte años, fui a vivir con Carol, Janet y Peggy, tres Hermanas de la Caridad que vivían en la Casa Caridad situada en la frontera entre México y los Estados Unidos. Yo conocía a tan pocas hermanas que sentí la necesidad de tener la experiencia de cómo se sentía la vida religiosa día a día me invitaron a vivir y trabajar con ellas sin compromisos. como lo han hecho con muchas jóvenes por unos 25 años que han estado en la frontera. Verlas cocinar juntas en nuestra cocina, abrazar con ternura a un niño o pronunciarse a favor de la justicia, hizo que la pequeña chispa que había en mi corazón se convirtiera en llama. A medida que fuimos relacionándonos, creció en mí la certeza de mi vocación. El celibato, bien vivido, atrae a las demás personas a unirse a nuestra misión, ya sea como hermanas, o como personas laicas asociadas o colaboradores de todo tipo. La colaboración es clave a una misión transformadora.

Tres de mis compañeras religiosas y yo hemos fundado la Casa de la Visitación, otra comunidad intencional con habitaciones extra para gente en discernimiento o para quienes necesiten albergue. Nuestro voto compartido de amor célibe nos permite decir "sí" a la llamada telefónica que trajo a casa a nuestros jóvenes amigos de Honduras. Cada mes ofrecemos una cena y una noche de reflexión para mujeres jóvenes adultas. Estamos preparadas para recibir chicas por periodos más largos de manera que puedan captar y experimentar por sí mismas el espíritu comunitario, como lo hice yo en la Casa Caridad. Y desde luego, cuando Dios llame, seguiremos teniendo "un lugar en la posada" para gente refugiada o quienes necesiten un hogar.

El celibato nos impulsa a ser líderes en el tipo de inclusividad y construcción de puentes que desesperadamente necesita nuestro mundo. En *The Holy Longing (La sagrada añoranza)*, Ronald

Rohlheiser propone que el dolor de dormir solo fue parte importante de la solidaridad de Jesús con la gente pobre.[14] Él se identificó con las luchas de los oprimidos y vivió escandalosamente cerca de la gente que la sociedad denunciaba y descartaba. Nuestro voto de celibato nos urge hoy a acciones proféticas similares que busquen la inclusión y relación con la gente más excluida. Frente a la pobreza, el odio, la violencia, el racismo, nuestro título de "hermana" significa una conciencia profunda del parentesco entre todos. Nos impulsa a colaborar con las personas inmigrantes, refugiadas, originarias, con personas de color, prisioneras, homosexuales, transgéneradas, y aún más, en la transformación de las estructuras que las discriminan. A veces, esto puede significar estar directamente al frente de la abogacía. A veces puede significar dejar campo libre para que otros tengan lugar a la mesa y hablen por sí mismos.

El celibato requiere trabajar por relaciones justas, y esto debe comenzar en casa. Dentro de nuestras congregaciones, debemos ser honestas y reconocer dónde le fallamos a la inclusividad. ¿Trabajamos para acabar con las divisiones entre las comunidades religiosas? En la mayoría de los casos, nos atrincheramos en nuestras posturas ideológicas de la misma manera que otros grupos en la sociedad.[15] ¿Honramos y nutrimos el multiculturalismo que sabemos ser parte de nuestro futuro?[16] En muchos casos funcionamos automáticamente desde un paradigma blanco con influencia europea. Decimos que todas las personas son bienvenidas, pero nos aferramos a la forma en que siempre hemos actuado. ¿Admitimos nuestra complicidad

---

[14] Ronald Rohlheiser, *The Holy Longing: A Search for a Christian Spirituality* (Nueva York: Doubleday, 1999), 207–8.

[15] Consultar Virginia Herbers, "Comunidades en comunión: movimiento hacia una nueva vida," 1-18.

[16] Consultar Madeleine Miller, "Desarrollando una cultura de encuentro: encontrar vida en la comunidad intergeneracional e intercultural," 120-139; Christa Parra, "Los puentes que cruzo y las hermanas que los construyen," 140-157; y Thuy Tran, "Buscando la identidad a través del misterio pascual," 105-119.

en el racismo? Para que nuestra misión sea auténtica, tenemos que examinar nuestros propios prejuicios y mentes cerradas. En todas los aspectos de nuestras vidas, las religiosas debemos ser constructoras de puentes. Jesús comió con los leprosos y mostró un amor preferencial por los pobres. pero cultivó relaciones con todos. Cuando viví en la frontera entre México y los Estados Unidos aprendí esto de forma muy concreta. Varias veces a la semana cargábamos el coche y cruzábamos por la garita hacia México, donde nos encontrábamos casas con paredes de cartón y tiroteos relacionados con el tráfico de drogas en las calles polvorientas de los barrios. Regresábamos a casa después de pasar el día en el Proyecto Santo Niño, un centro de las Hermanas de la Caridad para niñas y niños con necesidades especiales. Nuestro "sin-haberlo-ganado" pasaporte era nuestro boleto de entrada al privilegiado y cómodo lado de la pared fronteriza. El contraste causaba vértigo, pero sabíamos que teníamos que estribar ambos mundos.

La llamada a construir puentes es fuerte ahora que sirvo en una parroquia de gente blanca tradicional en Cincinnati, donde comienza a florecer la población guatemalteca. El año pasado empecé a organizar comidas comunitarias para compartir resumen de vidas en la casa parroquial. Vienen personas que hablan inglés y español a compartir los alimentos y la conversación con ayuda de intérpretes en cada mesa. La Eucaristía ocurre a través de los tamales y la ensalada de papa alemana. Unas a otras se reconocen como seres humanos. Los encuentros descascaran prejuicios e ignorancia, pero tomará tiempo.

Mis votos me llaman a situarme allí donde hay tensión. Una de las co-autoras en este libro, Tere Maya,[17] me dijo que tengo un "corazón bilingüe." ¿No es esta la verdad del celibato? Tenemos corazones hechos para abarcar a todo mundo y espíritu terco en crear

---

[17] Consultar Teresa Maya, "Llamada a liderazgo: desafíos y oportunidades para miembros más jóvenes en liderazgo," 172-196.

un mundo que haga lo mismo. El celibato radical es esencial para la misión de hoy día.

La pobreza y la misión

Es una pregunta de siempre: ¿Cómo nos atrevemos a profesar un voto de pobreza cuando sabemos que estamos lejos de ser económicamente pobres? Mi primer encuentro verdadero con la pobreza ocurrió los dos años que pase como voluntaria internacional. Viví en comunidad con otros jóvenes en un barrio en las afueras de Guayaquil, Ecuador, donde las calles eran de tierra, las casas eran pequeñas y frágiles y la gente era luchona. Los voluntarios éramos recién graduados de la universidad, trabajábamos en organizaciones sociales de la localidad y, en los tiempos libres, nos acercábamos a la gente vecina del lugar. Los sábados por la mañana generalmente me iba a las cocinas llenas de humo y platicaba con las mujeres llenas de fe sobre cómo veían la realidad desde su perspectiva. Su apertura me hizo ver mi privilegio y creció mi justa indignación ante los sistemas injustos.

Una de mis vecinas ecuatorianas favoritas, Jenny, me desconcertó un día pasándome un plato de arroz. "Quiero saber algo. Tu vienes aquí por un rato, vives como nosotros en nuestra vecindad pobre, y luego te regresas. Nosotros seguimos aquí. Esto sucede año tras año." Hizo un pronunciamiento, con la cabeza alta y los ojos cuestionando "¿Y qué?"

Tragué gordo, y todavía lo hago. La pregunta nos afronta a todas las personas que hacemos voto de pobreza. A veces decimos que se trata de una orientación del corazón, una postura y una forma de ser en el mundo. Otras veces es sencillez y frugalidad. A veces platicamos de crear una economía alternativa en la que todo es don y todo se comparte. ¿Y qué? ¿Qué significa hacer esto para el mundo y para la continua manifestación del Reino?

Lucho con estas preguntas. Para ser sincera, el voto de pobreza es el que más me cuesta definir; se me dificulta ponerlo en palabras. En las congregaciones hay miles de interpretaciones diferentes y formas diversas de expresar la pobreza. Lo que veo con más claridad en este momento es que el voto se fundamenta en su relación con la misión. Lo central es la convicción de que nadie debería ser pobre. La rica tradición de la doctrina social de la Iglesia Católica afirma la dignidad de toda vida humana y que las personas no pueden realizarse sin las necesidades básicas. Al igual que Jesús, debemos cultivar, sin disculpas, un enfoque tipo rayo láser para sanar heridas y desmantelar opresiones. No sé si llegaré a contestar la pregunta de Jenny con completa integridad, pero debo dar mi vida intentándolo.

En estos tiempos de gran desigualdades, nuestro voto de pobreza nos llama, además de relacionarnos, a estar físicamente presentes "en los márgenes." ¿Los lugares que la mayoría de la gente les saca la vuelta? Esos lugares nos llaman. Cuando mis compañeras de comunidad y yo buscábamos dónde fundar la Casa de la Visitación, una de nuestras amigas nos dijo de una posible renta. Al entrar a la cochera nos fijamos que había pastos bien atendidos y casa bien cuidadas, indicando una vecindad tranquila, de clase media. Antes de hacer el tour, ya sabíamos que no era el lugar adecuado. La ubicación es fundamental para vivir la pobreza hoy día. La casa a la que Dios finalmente nos dirigió está en un vecindario de ingresos mixtos donde prevalece la diversidad y está plagado de pobreza y delincuencia. Le comenté sobre nuestra nueva casa a un primo que es oficial de la policía y frunció el ceño con incredulidad: "¿Estás bromeando? Ese lugar es peligroso." Yo le respondí: "De eso se trata."

Nuestras comunidades religiosas tienen la bendición de mujeres que inspiran y que nos han mostrado una "vocación de ubicación."[18] Permanecieron en países donde sus vidas corrían peligro porque estaban muy identificadas con las causas de la gente a quien servían. No era un riesgo por gusto o por capricho, sino por la misión.

---

[18] Kyle Kramer, *A Time to Plant: Life Lessons in Work, Prayer, and Dirt* (Notre Dame, IN: Sorin, 2010).

La expresión más pura del voto de pobreza vinculado a la misión puede ser la comprensión de que ni siquiera mi propia vida me pertenece. Desde la humildad y la sencillez, nuestro único propósito es avanzar el Reino de Dios. Ciertamente, conversaciones sobre presupuestos caseros nos ayudan a administrar de forma inteligente y a reconocer nuestra compartida falta de posesiones,[19] pero la vivencia más comprometida del voto de pobreza parece basarse en una total y absoluta claudicación.

Me atrevo a decir que las jóvenes que se acercan hoy a la vida religiosa saben mucho de claudicación, en formas diferentes de las generaciones previas. A diferencia de nuestras hermanas mayores que entraron al salir de la secundaria, las mujeres ahora llegan en distintas etapas de vida; con frecuencia, ya han iniciado una carrera y son dueñas de propiedades. Las experiencias previas de independencia financiera influyen en la transición a la "economía del don"[20] de la vida religiosa. Puede resultar difícil avenirse a un sistema de rendir cuentas y compartir recursos, después de vivir una vida autónoma. Al mismo tiempo, muchas de las que vienen han vivido el "traqueteo" de la vida moderna y lo rechazan, buscamos algo más profundo. Sabemos que nuestro acto de entrega puede evangelizar al mundo. Por esta razón, las mujeres de hoy venimos dispuestas a acampar en medio de la miseria. Sabemos que podemos perder la comodidad o la estabilidad. Aunque sea cuestión de lucha, añoramos sacrificar nuestros deseos por las necesidades de otros. Al vivir la pobreza, aflojamos apego a la seguridad y al control y nos encontramos con el eterno flujo de la fuerza del Dios interior.

Nuestro voto de pobreza pronuncia un no rotundo a la economía dominante, a la avaricia y a la explotación, a un consumismo excesivo y a un sistema que oprime a los productores. Quizá Lo más importante para el tiempo en que vivimos es denunciar la violación

---

[19] Sandra Schneiders, *Buying the Field: Religious Life in Mission to the World* (Nueva York: Paulist, 2013), 232.
[20] Ibid., 233.

de la tierra que promueve un insustentable estilo de vida fieramente egoísta en los países más ricos del mundo. Sin embargo, si queremos ser gente en misión, la proclamación y la denuncia no pueden quedar en nuestros labios. Podemos proclamar posturas congregacionales hasta perder el aliento, pero seremos hipócritas mientras nuestro voto no se encarne en nuestras inversiones y nuestras acciones.

Al vivir en comunidad y crear centros de hospitalidad, el voto de pobreza nos exige vivir cerca de la tierra, usar solo los recursos necesarios, cultivar nuestros propios alimentos, hacer compost, avanzar en energía alternativa donde vivimos, y otras cosas más. Combinamos vivir de una manera sencilla con abogacía por políticas que redistribuyen riquezas y trastornan el balance del poder. Cuando invitamos gente a nuestras casas, debemos modelar una vida ecológica y un activismo en este sentido como parte de la misión. Deberíamos encabezar el movimiento hacia cambios si queremos un futuro para "los niños que hoy están creciendo."[21]

El voto de pobreza insiste en que lo único que se nos puede exigir es cumplir la misión de Jesús. Sumamente conscientes de ser uno con y responsables por la familia humana entera y toda la creación, nuestra pobreza tiene que ser una claudicación desde el fondo del corazón. Hacemos voto de pobreza hacia un mundo en el que nadie sea pobre. Debemos hacer todo lo posible por la justicia y la paz, como lo hizo Jesús en la pobreza absoluta de la cruz.

La obediencia y la misión

Estaba sentada en una playa tranquila mi primer año en El Ecuador cuando por primera vez la noción de una llamada a la vida religiosa infiltró mi conciencia: Deberías ser monja. Fue una voz, no que la haya oído fuerte, sino dentro de mí. Al principio, traté de

---

[21] Francisco, *Laudato Si [Carta encíclica sobre el cuidado de la casa común]*, 160, consultado el 18 de abril de 2018, http://w2.vatican.va/content/francesco/es/encyclicals/documents/papa-francesco_20150524_enciclica-laudato-si.html.

sofocar ese pensamiento nuevo y alarmante, pero persistió y se hizo más intenso. Mi oración frecuente se volvió en enojo y resistencia: "¿Por qué yo?" ¡Ni siquiera conocía una sola monja joven! A lo largo de varios años, y con la ayuda de muchas amigas y consejeras logré la paz, y con el tiempo la alegría, con el hecho de que mi vida no sería como la había soñado. A medida que se profundiza mi experiencia en la vida religiosa, me encuentro susurrando a mí misma otro tipo de "¿Por qué yo?" Es una gratitud llena de asombro por haber sido llamada a participar tan profundamente en la misión de Jesús. Al hacer el voto de obediencia, sabemos que la llamada de Dios no siempre es fácil, pero vale la pena.

La obediencia absoluta de Jesús a la voluntad divina en su interior lo impulso, costara lo que costara, a crear un Reino de amor y justicia. Nuestro voto, por lo tanto, es uno de absoluta docilidad al Reino. Pat Farrell, en su discurso a la LCWR en 2016[22] sabiamente propuso que "nada es más importante" cuando se trata de la misión de Jesús y nuestra vida religiosa. La obediencia abarca una escucha profunda para esta misión tanto en nuestro propio corazón como colectivamente. Cuando prometemos obediencia, nos comprometemos de por vida a poner en serio el oído sobre el corazón de Dios para descubrir qué parte de esta inmensa tarea nos toca asumir.

Vivir la obediencia con autenticidad es implica riesgo. En estos tiempos extremosos, siento que el voto de obediencia nos llamará a lugares extremosos., Y la gracia para responder con generosidad está impresa en nosotras por el Dios que nos llama. Las religiosas más nuevas y más jóvenes venimos a la obediencia con la disponibilidad a arriesgarnos en los huesos. Discernir el llamado a la vida religiosa dentro de esta sociedad nos ha preparado para tomar caminos

---

[22] Pat Farrell, "Leading from the Allure of Holy Mystery: Contemplation and Transformation," Asamblea de líderes de congregaciones religiosas femeninas, Atlanta, Georgia, del 9 al 13 de agosto de 2016.

no-comunes y dejar ir; como he dicho antes, la escogemos por su potencial de radicalidad.

Cuando entré al mundo de la vida religiosa, teniendo veintitantos años, anhelando misión, me sorprendió el énfasis que se ponía en el salario. Es necesario decir que mi congregación, como muchas otras, ofrece subsidios para las hermanas que se sienten llamadas a trabajar en servicios gratuitos o que ofrecen poca remuneración. Pero como joven en discernimiento, mi reacción honesta fue de consternación. "Momento, momento", me dije. "¿Tienen las hermanas que adquirir permiso especial o llenar extra solicitudes o asesorías para poder trabajar con los pobres? ¿En primer lugar, no es esto para lo que entramos a la vida religiosa?"

Como se ha escrito ya muchas veces, la forma de servir de las religiosas es y será diferente a la de las previas tropas. Nuestro voto de obediencia exige que nos dejemos guiar por el Espíritu. En muchos casos, parece que Dios nos está urgiendo a servicios más flexibles que ofrezcan la libertad de responder a las necesidades y de involucrarnos en asuntos sociales apremiantes. Las contribuciones más importantes que podemos hacer las religiosas en este momento no necesariamente están vinculadas a altos salarios y buenas prestaciones laborales. ¡No debemos tenerle miedo a esto! Entiendo que hay necesidades reales y que debemos considerar cómo sostener nuestras comunidades, pero ¿en qué nos convertiríamos si el deseo de seguridad prevalece e impide nuestra respuesta profética a las necesidades? Nuestro voto de obediencia nos impulsa a mirar hacia adelante, permitiendo que la misión que nos ha sido encomendada a través de Cristo sea lo que dicte quiénes somos, adónde vamos y qué hacemos.

La misión es exigente. Reconozco que, aunque nos guiamos por la pregunta "¿Qué hubiera hecho Jesús?" no somos Jesús. Un director espiritual muy sabio me dijo una vez: "Querida, el Salvador ya vino, y no eres tú." En este sentido, el equilibrio es esencial en nuestras vidas. El agotamiento es cosa seria. En estos casos el discernimiento es indispensable; nos evita enfermedades o de estar atareadas por estar atareadas. Al mismo tiempo, no debemos dejar que la inclinación cuidarnos la salud obstruya nuestro instinto a la misión. Cuando la misión llama, tenemos que estar dispuestas a ser interrumpidas y estiradas más allá de lo que percibimos ser nuestra habilidad y recursos. Si el Espíritu nos empuja, tenemos que dar el paso y sacar la cabeza. Quizás nos pasemos de la raya, pero sería más tragedia atrincherarnos en la seguridad. Como escribe T.S. Eliot: "Sólo quienes se arriesgan a ir demasiado lejos podrán descubrir qué tan lejos puede uno ir."[23]

Con solo echar una ojeada a las raíces de nuestras congregaciones, encontramos ejemplos de compromiso radical con el voto de obediencia. Nuestras fundadoras hicieron trabajo áspero e ingrato pero valiente, a veces las 24 horas. Su plan estratégico era responder a las necesidades que Dios les ponía enfrente. Tener poca gente y finanzas inciertas no les impidió lograr impactos transformadores. Reconozco que tuvieron que usar mucha creatividad para recaudar fondos y luego mucha inteligencia y prudencia para administrarlos. Sé que no se daban abasto, y a veces tuvieron que sobrevivir situaciones peligrosas. Me estremezco al pensar en esos sacrificios, pero muy en el fondo de mí sé que, cueste lo que cueste, primero está la misión y luego la manutención. Esto es obediencia.

Nuestro compromiso con la misión por encima de todo ha causado tensiones a lo largo de la historia de la vida religiosa, particularmente con la jerarquía de la Iglesia. Estar en relación con los marginalizados, ubicarnos junto a los pobres y obedecer lo que se discierne profundamente en comunidad nos da una perspectiva que es, a la vez, desafiante y esencial para la Iglesia universal. El Papa Francisco ha afirmado este aspecto profético de nuestro carisma global diciendo que "la profecía hace ruido, alboroto, y para algunos

---

[23] T.S. Eliot, prefacio a Harry Crosby, *Transit of Venus: Poems* (París: Black Sun, 1931), ix.

revoltijo."[24] Puede que cause conflicto, pero asumimos la naturaleza profética de nuestra vida porque sabemos que lleva adelante la misión de Jesús. Amamos nuestra Iglesia y también queremos que siga evolucionando para ser mejor.

Es irónico que, aun cuando hemos sido profetas dentro de nuestra Iglesia, las comunidades religiosas tienden a acallar a las profetas en las congregaciones mismas. Somos humanos y, como tal, a veces somos culpables de replicar los comportamientos que criticamos. Esto puede ser cierto en nuestra respuesta congregacional a las jóvenes religiosas que hoy entran siendo ya adultas, con una vasta experiencia de vida, servicio y discernimiento. Algunas veces, cuando las jóvenes religiosas proponen ideas que provienen de la escucha profunda al Espíritu, encuentran resistencia y puertas cerradas. Las congregaciones deben cuidar no descontar nuestra visión o desinflar nuestro entusiasmo. Por la propia experiencia que hemos tenido con la Iglesia institucional, sabemos que se puede amar y reverenciar profundamente una tradición y, al mismo tiempo, querer cambiar cosas que ya no funcionan o añadir otras que la harían crecer.

Ser fiel al voto de obediencia requiere que todas seamos sinceras y valientes. Las jóvenes religiosas tenemos que confiar en nuestras voces.[25] No es que nuestras voces sean las únicas importantes, pero fácilmente pueden ser ahogadas por aquellas que tienen un regimiento más grande. Cuando sintamos inequívocamente el impulso del Espíritu en nosotras, sería malo quedarnos calladas, incluso si lo que dijéramos causara tensión. Los equipos de liderazgo y las directoras de formación tienen que confiar en nuestras voces también y guiarnos con un espíritu no de control o miedo, sino de

---

[24] Anthony Spadaro, "A Big Heart Open to God: An Interview with Pope Francis" *America Magazine*, 2013, consultado el 11 de mayo de 2017, http://www.americamagazine.org/faith/2013/09/30/big-heart-open-god-interview-pope-francis.

[25] Maya, "Llamada al liderazgo: desafíos y oportunidades para miembros más jóvenes en liderazgo," 172-196.

gozo y esperanza. De modo particular, hemos avanzado en programas de formación, pero todavía retrocedemos hacia modelos anticuados que sofocan la verdadera obediencia. Tenemos que escuchar a cada religiosa individualmente y colaborativamente trabajar un programa que le permita llegar a ser más verdaderamente ella misma[26] y la prepare para una vida como religiosa apostólica contemporánea. La formación debe orientarse hacia la misión. En nuestra obediencia colectiva debemos mantener en mente estas preguntas: ¿Qué ayuda a que cada mujer sea aquello a lo que Dios la llama? ¿Qué nos ayudará a construir el Reino de Dios en el mundo actual?

La fidelidad desinteresada de Jesús al Reino lo llevó a situaciones inquietantes. En su humanidad, consideró y sintió el peso de las probables consecuencias de su comportamiento profético, como se puede ver en su oración de agonía en el huerto. Sin embargo, discernió con sinceridad y optó por confiar. La obediencia para misión requiere de nosotras este mismo compromiso a una vida de discernimiento. Algunas veces, nuestra búsqueda puede indicarnos una misión que nos deja temblando dentro de un misterio tranquilo y confuso como María: "¿Cómo puede ser esto?" en la Anunciación (Lc 1, 34). En otras ocasiones, puede llenarnos de admiración y gratitud gozosa como a Isabel en la Visitación: "¿Cómo he merecido yo" (Lc 1, 43). Cualquiera que sea la situación, sabemos que la postura en lo más profundo de nuestro ser es un "sí." La fidelidad profunda de Jesús a su misión lo llevó a la resurrección. Nuestro discernimiento auténtico y nuestra vulnerable confianza conducirán a un gran bien para el mundo entero que Dios creó y al que tanto ama.

Personas sabias me han compartido que el voto de obediencia es el voto fundacional; es la entrega incondicional de nuestras vidas que nos permite vivir con integridad el celibato y la pobreza. El voto de obediencia, pues, es la fuente de misión para cada generación. Nuestra brújula es el Evangelio y nuestro mapa, el compromiso

---

[26] Consultar Desiré Findlay, "En el jardín del amor de Dios: cultivar una vocación," 90-104.

profundo de escuchar a Dios, de escucharnos las unas a las otras y de escuchar los gritos de los pobres. Si nos abrimos al Espíritu, él nos mostrará cómo vivir la vida religiosa en el presente y en el futuro.[27]

Conclusión

Unas semanas después de que nuestros huéspedes hondureños dejaran la Casa de la Visitación para irse al albergue, la encargada de su caso me "texteo" una foto de los dos en el aeropuerto. La joven había decidido regresar a su patria con el niño y así evitar más complicaciones en los Estados Unidos. Se me heló el corazón, sabiendo la inestabilidad que hay en Honduras, pero ¿Qué podía yo hacer? Sonreí entre lágrimas ante esas caras tan bellas, imágenes de Dios. Ella se había puesto mi playera y llevaba una mochila; él la abrazaba con su cabello peinado hacia atrás y sus piernitas regordetas rebozando de unos pequeños tenis nuevos. ¡Se veía tan valiente! Disfruté la foto, recé por ellos y en mi corazón los encomendé a Dios. Yo los tenía que dejar ir, pero sabía que Dios no los dejaría.

Las religiosas heredamos un don preciado y poderoso en nuestra vocación. Es un don, no para guardárnoslos sino para compartirlo para el bien de todos. Vivimos los votos lo mejor que podemos y con el tiempo, como en el caso de nuestros amigos hondureños, nos desprendemos. Lo que para mí hoy es cierto acerca de los votos en este momento particular, pueda que en diez años sea insuficiente, de acuerdo con los signos de los tiempos y la visión de los nuevos miembros que Dios continúe llamando después de mí. Sé que algún día yo seré una de las hermanas mayores y sabias aprendiendo a vivir la misión de forma diferente, quizás desde un asilo de ancianos. Se me llamará a desprenderme de los modos que he hecho las cosas y confiar que las jóvenes llevarán adelante la tarea tal como Dios las guíe.

---

[27] Consultar Deborah Warner, "'Caminante, tus huellas son el único camino, no hay más': reflexiones sobre el futuro de la vida religiosa femenina," 221-239.

Es natural que la forma de vivir los votos sea al mismo tiempo cambiante y permanente.[28] Los tiempos que corren son impredecibles y difíciles de manejar; por lo tanto, la misión tiene que adaptarse. Nuestro constante es Jesucristo. Venga lo que venga, las religiosas siempre estaremos profundamente enraizadas en Él. Aunque las expresiones concretas de nuestros votos seguramente evolucionarán de forma apropiada, estos permanecerán como canales eternos del amor divino, pues la búsqueda del Reino de Dios transciende las épocas. ¡Qué gran regalo! ¡Qué gran responsabilidad! Oro para que, individual y comunitariamente, seamos celosas en la vivencia del celibato, la pobreza y la obediencia en nuestro tiempo y lugar. Si lo hacemos, con la ayuda de Dios, continuaremos aportando a la transformación radical de nuestro mundo. La misión de Jesús y los "por supuesto" que habitan nuestro corazón nos llevarán por buen camino.

---

[28] Consultar Sarah Kohles, "Lo viejo y lo nuevo: el voto de Ana (1 Sam 1-2) y la vida de las religiosas de hoy," 19-32.

Local y global: el carisma de la vida religiosa de hoy

Mary Therese Perez, OP

Un picnic entre árboles verdes en Prouhile, Francia, continúa siendo mi almuerzo favorito del verano del 2016. Aunque el pan fresco y el queso suave se han quedado en mis recuerdos, lo que todavía me cautiva el corazón es el encuentro tan sentido con mi familia de la orden Dominica de todas partes del mundo. Yo era una entre cien religiosas y frailes jóvenes que peregrinábamos siguiendo los pasos de Santo Domingo. Todos los aspectos del viaje – los lugares, la gente, la oración, la predicación – me conmovieron de manera que se profundizó mi identidad de Dominica. Fue esa tarde de julio en Prouhile la que hizo realidad las profundas relaciones que se generan al compartir el carisma.

Sentada entre una monja de España, hermanas apostólicas de Colombia, Gambia y los Estados Unidos, y una Hermanita de la Comunidad del Cordero, compartimos en inglés y en español qué significa ser parte de la Orden Dominicana en nuestras diferentes realidades. Partiendo pan en el sitio donde Santo Domingo reunió por primera vez un grupo de mujeres en 1206, nos reconocimos como hijas de Sto. Domingo, herederas de la misión de predicar la verdad del amor de Dios. Mi corazón acogió sus historias porque en ellas escuché el mismo deseo de orar, predicar y amar que vive en mí. En nuestra diversidad, percibí la unidad, y sentí el vínculo de hermanas aunque en realidad no nos conocíamos. Este momento resuena con mis esperanzas para el futuro de las religiosas: arraigadas en nuestros carismas, vinculadas por una *sororidad*[1] global que honra la diversidad y busca la unidad, para responder a las necesidades más urgentes del mundo actual.

Sororidad global

Sabemos que la vida religiosa hoy florece en un ambiente colaborativo. Las religiosas contemporáneas cruzan las fronteras entre órdenes y congregaciones y viven una sororidad global "que surge de asociarnos --no sólo en lo que hacemos, en nuestras obras, sino también en nuestras relaciones—nuestra manera de pensar, de planear, de organizar, de aprender, de creer y de esperar."[2] Estas asociaciones se inspiran en las manifestaciones singulares de nuestro testimonio carismático y cobran vida a través de las prácticas que las comunidades han desarrollado para seguir el Evangelio y responder a las necesidades del mundo. Gracias a su trabajo en la Fundación Conrad N. Hilton, Rosemarie Nassif, SSND, ha podido atestiguar la vitalidad de esta sororidad global que está unida a través de diversas realidades. Propone que el enfoque en el desarrollo de esta sororidad global fortalecerá el trabajo del desarrollo humano global.

---

[1] Aunque el término *sororidad* no está registrado en El Diccionario de la Real Academia Española, está siendo usado cada vez más por los colectivos de mujeres que buscan nuevos significados y prácticas que validen su ser y hacer en el mundo de hoy. Lo usamos para traducir el término *sisterhood* que también podría expresarse con la palabra *hermandad*; sin embargo, esta no tiene un significado específicamente femenino en español (N. de la T.).

[2] Rosemary Nassif, "Supporting the Emergence of Global Sisterhood," presentación en la Asamblea Plenaria de la Unión Internacional de las Superioras Generales, en Roma, Italia, del 9 al 13 de mayo de 2016, consultado el 1 de marzo de 2017, http://www.internationalunionsuperiorsgeneral.org/ wp-content/uploads/2016/01/Rosemary-Nassif-CN-Hilton-Foundation. pdf, 5.

Me entusiasma vivir una vida religiosa que florece en iniciativas conjuntas que resultan de la mutualidad y la preocupación por el mundo. La experiencia que tuve en Prouhile y la peregrinación con dominicos de todo el mundo alimenta mi esperanza de que así sea el futuro. Recibí una probadita de lo que Joan Chittister, OSB, describe como "sentir un solo corazón, entereza de espíritu y la preocupación común por la gente a la que servimos."[3] A medida que fui platicando con otras de las hermanas que peregrinaban, percibí unidad en nuestro deseo de predicar a través de nuestro servicio. También percibo esta unidad cuando nos reunimos como hermanas en *Giving Voice*. Una organización de base para religiosas de menos de 50 años, Giving Voice ofrece un espacio para que las religiosas jóvenes nos encontremos en unidad de espíritu y corazón. Cuando nos reunimos formal o informalmente, en grupos grandes o pequeños, nos damos cuenta de que tenemos en común el deseo de entregarnos como seguidoras de Jesús comprometidas a la construcción del Reino de Dios. Con mis hermanas en *Giving Voice* experimento un "carisma global," un carisma animado por el discipulado y con la marca del compromiso de vivir una "vida de espiritualidad, sencillez y sacrificio de sí misma por el bien de los pobres."[4]

Al ir conociendo religiosas de una variedad de comunidades apostólicas en los Estados Unidos, me he dado cuenta de que cada una de nosotras nos identificamos profundamente con el carisma de nuestra congregación. Resonamos con la visión de nuestras fundadoras y fundadores. Esta visión da vida a nuestro llamado a seguir el Evangelio. Nuestros carismas son fuentes de vitalidad, inspiración y motivación. Nos ayudan a sintonizarnos con el Evangelio y seguir su llamada. Son una especie de lentes con los

---

[3] Joan Chittister, "The Global Sisterhood: Nowhere and Everywhere," *Global Sisters Report*, 23 de abril de 2014, consultado el 16 de febrero de 2017, http://globalsistersreport.org/column/where-i-stand/trends/global-sisterhood-nowhere-and-everywhere-381.
[4] Ibid.

que enfocamos para salir al encuentro y al servicio del mundo que nos rodea. Considero que nuestros carismas son lugares de encuentro, no de fronteras. Al relacionarnos con hermanas de distintas familias de carismas, tenemos la oportunidad de ampliar nuestra visión mundial. Podemos compartir mutuamente la visión muy rica del mundo que ofrece cada uno de nuestros carismas. En esta interacción entre los carismas específicos a cada orden y el "carisma global" de la vida religiosa, enriquecemos el significado del carisma de nuestra propia congregación.

¿Qué es carisma?

Nuestros carismas son grandes dones de Dios para la Iglesia y para el mundo. Como todos los dones de Dios, son gratuitos, vienen envueltos en Misterio y desbordan fecundidad. Son "facetas particulares de la semejanza a Dios que algunas personas o grupos reflejan de maneras específicas."[5] Al encarnar nuestro carisma, hacemos visible a Dios en nuestro mundo. Nuestros carismas no son fines en sí mismos, no los vivimos para que ellos o nuestros fundadores sean más conocidos. Los carismas siempre indican a Dios.

En el libro *Finding the Treasure: Locating Catholic Religious Life in a New Ecclesial and Cultural Context* (Encontrar el tesoro: ubicar la vida religiosa católica en un nuevo contexto eclesial y cultural), Sandra Schneiders, IHM, nos ofrece un valioso marco de referencia para entender la realidad teológica del carisma. Partiendo de su definición como "una gracia recibida no sólo para bien del recipiente

---

[5] Mary Pellegrino, "Life on the Margins: Charismatic Principles for Modern Religious," *America Magazine*, 16 de octubre de 2013, consultado el 8 de enero de 2017, http://www.americamagazine.org/issue/life-margins.

sino también y, en primer lugar, para la construcción de la Iglesia,"[6] Schneider propone cuatro expresiones intercaladas o niveles de carisma que siempre están presentes. Su explicación de estos cuatro niveles ilustra la polivalencia del término "carisma" y su uso para describir las múltiples facetas de cómo se vive la vida religiosa. Lo primero es que la vida religiosa es un regalo de Dios a la Iglesia. Aunque en las manos de la experiencia humana, la vida religiosa es de origen divino. En el segundo nivel, Schneider explica que este don se vive en distintas formas de vida que identifican una realidad carismática. Explora lo que distingue las formas contemplativas y apostólicas de vida religiosa en Norteamérica, acuñando dos términos alternos que resaltan la naturaleza del estilo de vida como "piedra de toque" de discernimiento: "vida monástica estable" y "vida ministerial itinerante."[7] El tercer nivel del carisma es el propio de la orden o congregación. En este sentido, no se refiere al "carisma de quien funda," sino a la profunda historia que se desarrolla desde la fundación y a lo largo de la historia de la comunidad. El último nivel es el del individuo. Cada individuo tiene una vocación que es carisma, un regalo de Dios para el bien de la Iglesia. Estos niveles ilustran que el carisma se vive simultáneamente como una realidad eclesial, comunitaria y personal.

Para vivir nuestra sororidad global, nos basamos en la unidad que compartimos en el carisma de la vida religiosa, el primer nivel de Schneiders. Como don de Dios a la Iglesia, la vida religiosa aporta un sendero que organiza nuestras vidas para que enfoquen en la búsqueda de Dios.[8] En pos de Dios vemos nuestro deseo compartido de manifestar a Dios en las alegrías y en las luchas de nuestras vidas y de nuestro mundo. Enfocarnos en la vida religiosa como regalo de Dios nos permite entender que vivir el carisma se trata de administrar los dones de Dios con un sentido de gratitud

---

[6] Sandra Schneiders, *Finding the Treasure: Locating Catholic Religious Life in a New Ecclesial and Cultural Context* (Nueva York: Paulist, 2000), 283.

[7] Ibid., 305–6.

[8] Ibid., 228–29.

y con intención. Así crecemos en lo sagrado de nuestra compartida intención de estar disponibles para las obras de Dios.

El esquema que ofrece Schneider también nos ayuda a entender que vivir el carisma de la vida religiosa necesariamente implica vivir las particularidades de la forma de vida religiosa que hemos elegido, con la profunda historia de nuestra comunidad y con nuestra vocación personal. El tercer nivel, que Schneider designa como "continua profunda narrativa" de nuestras comunidades, merece especial atención para darle cuerpo a nuestro entendimiento del carisma. Es a este nivel que las comunidades encuentran su identidad propia que se ha venido desarrollando desde la inspiración fundadora. El uso del término "profunda narrativa" pone el enfoque de esta identidad en el proceso histórico de desarrollo del carisma y se retira de un solo enfoque sobre el carisma del momento de la fundación:

> No se trata de una visión totalmente desarrollada en el momento inicial y que luego se ha abierto paso por sí misma dentro de la historia del grupo, sino que es a través de la narrativa profunda y continua, a lo largo de la historia de la comunidad, con sus mitos y símbolos, personas y eventos significativos, luchas y triunfos, proyectos y desafíos, que el grupo ha ido desarrollando desde sus orígenes hasta el presente, lo que se ha convertido en la profunda herencia de cada miembro a través de los años, otorgándole una identidad compartida.[9]

Con el acompañamiento del Espíritu, nuestras fundadoras y fundadores iniciaron una respuesta al mundo que ha continuado tomando forma a medida que las subsiguientes generaciones han dejado su huella en esta profunda historia. Nuestra identidad compartida no se halla solamente en la vida de nuestras fundadoras

---

[9] Ibid., 288.

sino en la profunda narrativa que se ha desarrollado a lo largo de la historia.

Bernard Lee, SM, también escribe sobre la distinción entre los momentos de fundación y la profunda historia que sigue. Su entendimiento sociológico del carisma resalta la realidad sociohistórica donde los carismas emergen. Para Lee, el carisma depende de las particularidades del tiempo y el lugar: "El carisma es la realidad social que provee el contexto para que surja una nueva orden religiosa. No sólo existe en la persona fundadora, o en los seguidores, o en las aspiraciones de la época, o en el estilo de vida que se propone, sino en la complicidad mutua de todos estos elementos a la vez."[10] Lee usa la palabra carisma de forma particular, refiriéndola solamente a la realidad histórica de tiempo y lugar. Aunque creo que esta terminología no ayuda mucho, dado el uso común de la palabra, sí la encuentro útil para hacer una distinción entre el momento de la fundación y la profunda historia.

Poner énfasis en las particularidades históricas del momento de la fundación implica que, para entender el carisma de mi comunidad, necesito entender las circunstancias en las que cobró vida. Esto también me dice que si el carisma de mi comunidad ha de estar lleno de vida ahorita, tenemos que entender con claridad nuestro contexto actual y sus necesidades. Vivir nuestro carisma hoy no es revivir el pasado sino continuar desarrollando la profunda narrativa.

Excedente de sentido

Reflexionando en la continuación de la profunda historia como la vivencia del carisma, la teoría de Paul Ricoeur sobre el excedente

---

[10] Bernard Lee, *The Beating of Great Wings: A Worldly Spirituality for Active, Apostolic Communities* (Mystic, CT: Twenty-Third Publications, 2004), 27.

de sentido puede ser beneficiosa.[11] Aunque la teoría de Ricoeur se refiere al texto escrito, ofrece algunas ideas útiles para ayudarnos a minar las profundidades del sentido de nuestros textos vividos, las profundas narrativas de nuestros carismas. Fundamental al excedente de sentido es la teoría del "sentido ideal." Ideal aquí no se refiere al mejor o óptimo sentido sino más bien al standard objetivo que nos permite juzgar la validez de la interpretación o en el caso del carisma, la validez de la actualización de vivir el carisma.[12] Los momentos de fundación de nuestras congregaciones nos ofrecen la forma del carisma. Inician una historia que continúa desarrollándose. Proporcionan el sentido ideal del carisma. Pero los momentos de fundación no tan solo deben replicarse en cada nueva etapa y lugar. Las características propias de cada nueva realidad ofrecen al carisma un sentido más profundo y más abundante.

Esta idea de sentido con posibilidades más enriquecidas y más abundantes, es lo que Ricoeur quiere decir con excedente de sentido. En la teoría de Ricoeur, el texto escrito tiene autonomía semántica de su autor y de las circunstancias en las que se originó. Aunque el autor lo haya escrito, el texto se distancia del sentido que el autor haya intentado impartir a su audiencia original.[13] Esto permite que el texto tenga más significado del que tuvo cuando fue creado.[14] De esta manera, un texto nunca tiene una sola interpretación correcta sino muchas posibilidades: "Los textos son susceptibles a infinitas nuevas interpretaciones cada vez que nuevos intérpretes, con distintas

---

[11] En la comprensión de Paul Ricoeur sigo a Sandra Schneiders, *The Revelatory Text: Interpreting the New Testament as Sacred Scripture* (Collegeville, MN: Liturgical Press, 1999). En especial, consultar el capítulo 3 sobre el significado ideal y los capítulos 4 y 5 sobre el excedente de sentido. Para profundizar más, consultar Paul Ricoeur, *Interpretation Theory: Discourse and the Surplus of Meaning* (Fort Worth: Texas Christian University Press, 1976).

[12] Schneiders, *The Revelatory Text*, 92 n.22.

[13] Ibid., 153.

[14] Ibid.

preguntas y con diversos antecedentes, los interrogan."[15] Todas estas posibilidades constituyen el excedente de sentido. El texto puede significar más de lo que significó en sus orígenes y más de lo que significó en una interpretación previa. Pero esta apertura a un sinfín de nuevas interpretaciones no significa que todo es válido. Es aquí donde cobra importancia el sentido ideal. El sentido ideal ayuda a dar forma a lo que es posible: consideramos el sentido ideal de un texto para ver si nuestra interpretación va por buen camino.

Todos nuestros carismas tienen este excedente de sentido: pueden significar más de lo que significaron en sus orígenes. Al vivir nuestros carismas, damos vida a nuevos sentidos, sentidos más ricos que los anteriores. Por ejemplo, la fundadora de mi congregación vino a enseñar a inmigrantes alemanes en San Francisco; hoy mis hermanas no sólo enseñan, sino que prestan servicios pastorales y de salud y trabajan en el ámbito de las artes y de la justicia en los Estados Unidos y en México. Cada una de nuestras comunidades puede ofrecer ejemplos abundantes de cómo se han desarrollado las expresiones ministeriales del carisma a partir de la fundación. Se da una interacción dinámica entre quienes viven el carisma y cuándo y cómo lo actualizan. El excedente de sentido nos ayuda a comprender que nuestros carismas continuarán desarrollándose y significando más de lo que hemos pensado hasta ahora.

La profunda historia

Vivir intencionalmente nuestros carismas y compartirlos decididamente unas con otras fortalecerá la sororidad global. Es importante que las religiosas jóvenes, deseosas de hacer esto bien, conozcamos las profundas historias de nuestros carismas. En términos de Ricoeur, necesitamos conocer el sentido ideal de nuestro carisma para poder vivir en su excedente de sentido.

Nuestras fundadoras no pudieron imaginar los contextos en los

---

[15] Ibid.

que hoy vivimos, y requiere una seria investigación histórica para entender la complejidad de los tiempos en los que ellas vivieron. Estamos endeudadas con las historiadoras de nuestras comunidades por el gran regalo de su trabajo. Cuando consideramos el contexto histórico hacemos estas preguntas: ¿Qué declararon con énfasis ser fundamental para el proyecto nuestras fundadoras? ¿Qué en su vivir o enseñar puede considerarse el corazón de la vida de la comunidad recién establecida?

Cuando reflexiono sobre la fundación de la familia Dominica, me encuentro con Santo Domingo y su predicación itinerante de la Palabra y de la Verdad, enraizada en una vida comunitaria de estudio y oración. Los momentos de fundación no fueron un plan formal, sino momentos de predicación y de escucha a los signos de los tiempos. Cuando reflexiono sobre cómo estoy viviendo el carisma Dominico en la actualidad, considero estas preguntas como toque de piedra esencial para las opciones que escojo: ¿Qué tan bien comprometida estoy con la vida comunitaria de oración, ministerio, y sororidad? ¿Estoy dispuesta a compartir y predicar lo que nace de mi contemplación? ¿Qué tan consciente estoy de la realidad de mi vecindario, mi ciudad, mi estado, mi país y el mundo? Mientras reflexiono esto, me doy cuenta de que mi contexto tiene particularidades históricas diferentes del contexto de Sto. Domingo. Yo predico el amor de Dios a chicas adolescentes abrumadas por expectativas implacables de excelencia y bombardeadas por contenidos en las redes sociales que atentan contra su autoestima. El fruto de mi contemplación toma forma de una clase de preparación para Confirmación para adolescentes del este de Los Ángeles, quienes tratan de vislumbrar a Dios dentro de los momentos cotidianos tan cambiantes e inciertos. También reconozco los campos de crecimiento en mi vida diaria, en mis relaciones y mis estudios. Aunque mi realidad es diferente a la que vivió Santo Domingo, la estructura de mi predicación se autentifica al contrastarla con la suya.

Sin embargo, mi predicación también difiere de la de Santo Domingo en muchos aspectos. En primer lugar, soy una predicadora, mientras en sus tiempos (y durante muchos siglos en la Orden), las mujeres no eran predicadoras itinerantes como los hombres. ¿Significa esto entonces que mi predicación no es válida porque no había predicadoras en el origen de la orden? ¡Claro que no! La profunda historia que se ha desarrollado desde tiempo de Sto. Domingo ha otorgado un significado más completo al carisma dominicano. La multitud de narrativas de congregaciones de mujeres apostólicas que se fundaron para responder a las necesidades materiales y espirituales del pueblo de Dios han contribuido a la polivalencia de sentido dentro de la profunda narrativa del carisma Domínico.

Las narrativas particulares de los inicios de mi congregación ocupan un lugar esencial en mi entendimiento de la profunda historia. La historia de tres Dominicas jóvenes y valientes, que viajaron desde Nueva York hasta el inhóspito oeste de San Francisco en 1876, es el fundamento de cómo mi congregación entiende lo que significa responder a las necesidades en lugares imprevistos. Las narraciones sobre la fe y el coraje de nuestra fundadora, la Madre María Pía Backes, se narran una y otra vez con asombro y admiración. La consiguiente profunda historia de predicación de las Hermanas Dominicas de Misión San José se ha perfilado en la educación y el servicio a los jóvenes, los pobres y los vulnerables. Narrativas como la de mi congregación enriquecen el significado de todos nuestros carismas. Todas podemos contar con nuestros carismas para ver cómo han sido enriquecidos de maneras previas e imprevistas por las hermanas que atendieron a las necesidades de sus contextos. Las historias de nuestras fundaciones nos inspiran a responder a la llamada de Dios con fe y entusiasmo.

Al conocer los relatos de estas mujeres de mi congregación quienes, llenas de fe, sirvieron a los jóvenes, a los pobres y a los vulnerables, me he ido apropiando de estas historias. El testimonio y la valentía de mis hermanas en México en tiempos de la revolución, el dedicado servicio y la humildad de mis hermanas de Alemania que pasaron su vida en Estados Unidos en cocinas y lavanderías, la devoción y la oración de mis hermanas dedicadas a la música y al arte, y la predicación incansable de mis hermanas educadoras, directoras espirituales, capellanes, activistas por la paz y la justicia, estas historias van configurando mi conversión en hermana dominica de Misión San José. El testimonio al amor de Dios en nuestras historias me configura a mí y a mi visión al contemplar las necesidades del mundo. A través de nuestra sumersión en nuestras profundas historias como joven religiosas, empezamos a percibir con la conciencia de nuestra comunidad y a darnos cuenta cómo pueden nuestras vidas contribuir a continuar narrando la historia. Necesitamos saber de dónde venimos, incluyendo las dificultades y los retos que nuestras hermanas han enfrentado. Necesitamos escuchar sobre las esperanzas y las visiones que se han sostenido en las coyunturas más críticas de nuestra historia. Igual de importante es que nuestra comunidad escuche nuestras historias. Necesitan saber dónde hemos estado y qué nos ha constituido, porque las iteraciones futuras del carisma estarán mediadas por nuestras historias, nuestras vidas, nuestros dones.

Es esencial que yo hablé con mi comunidad sobre mi deseo de servir al pueblo de Dios. Debo compartir los relatos que han configurado mi vida y me han traído a este lugar para unir mi vida a la de la congregación. Como mi vocación personal forma parte ahora del carisma de mi comunidad, tengo la responsabilidad de compartir mis dones, mi contemplación y mi profunda historia con mi comunidad. A través de este proceso, comienzo a unir mi historia a la profunda historia de mi comunidad. Al ofrecer mi historia, mi oración, mi servicio y mis dones, me uno a la tarea sagrada de dar vida al carisma de mi congregación.

Esperanza

Vivir la sororidad global requiere que vivamos nuestros carismas con esperanza y entusiasmo. Si buscas esperanza para el futuro de la vida religiosa, no necesitas ir más allá del nuevo miembro para encontrarla en abundancia. Comunidades con esperanza futura se encuentran en proceso de reclamar sus identidades, colaborando y leyendo atentamente los signos de los tiempos. Ted Dunn traza algunos elementos de refundación que ha ido extrayendo de su acompañamiento a congregaciones. En el proceso de refundación, las comunidades se comprometen a "un proceso personal y comunitario de conversión que se inicia en respuesta a la llamada de Dios a optar por la vida."[16] Aquí aplica el segundo elemento del proceso que propone Dunn: la reapropiación del carisma. Dice que las comunidades que desean refundarse necesitan "recuperar su voz interior más auténtica y actuar de acuerdo con ella."[17] Me gusta que Dunn entienda el carisma como la voz interior de la comunidad.[18] Para escuchar esta voz interior, debemos prestar atención a nuestra profunda historia a la historia que estamos redactando hoy y a las esperanzas y a la visión que entretenemos para nuestras historias de mañana. A veces, en estas conversaciones, las voces de las más nuevas y más jóvenes pueden perderse entre las voces más establecidas y autoritativas. A todas nos incumbe escuchar mutuamente nuestra visión y discernimiento. Nuestras profundas historias continuarán desarrollándose con la atención al carisma personal y a la sabiduría de todas nuestras hermanas. Para vivir en el excedente de sentido de nuestras profundas historias, debemos tomar en cuenta la llamada que nos hace Mary Pellegrino, CSJ, de ir a los márgenes de nuestros carismas.[19] En los márgenes descubriremos los dones que Dios está preparando para nuestros futuros y juntas podemos discernir cómo continuar ofreciendo nuestros carismas en la actualidad.

---

[16] Ted Dunn, "Refounding Religious Life: A Choice for Transformational Change," *Human Development* 30, No. 3 (2009), 8.

[17] Ibid., 10.

[18] Ibid., 9.

[19] Mary Pellegrino, "Life on the Margins: Charismatic Principles for Modern Religious," *America Magazine*, 16 de octubre de 2013, consultada el 8 de enero de 2017, http://www.americamagazine.org/issue/life-margins

Nuestras profundas historias continuarán configurándonos y nosotras continuaremos configurando nuestras historias. Hay gran esperanza en este crecimiento y desarrollo continuo de nuestros carismas. ¿Cómo los configuraremos juntas con gratitud y reverencia? ¿Cómo nos uniremos en nuestro carisma de la vida religiosa?

Global y local

Nuestro futuro como religiosas será una realidad global, caracterizada por asociaciones que crucen fronteras congregacionales e internacionales. Para responder a las necesidades del mundo, este futuro nos llama a vivir global y localmente. Las realidades mundiales de pobreza y sufrimiento nos imploran aportar lo que tenemos y todo lo que somos. En solidaridad con la tierra y su gente, nuestra soridad es una "fuerza dinámica global,"[20] que puede afectar la trayectoria de nuestro mundo. Juntas podemos ejercer influencia "no sólo en las obras de misericordia, sino también en las decisiones, las políticas, la distribución de auxilio, los gobiernos locales, nacionales e internacionales y en las otras religiones, de manera que cada persona se sienta amada, procurada y perdonada."[21] A través de colaboración, comunicación y comunión intencional, desarrollaremos una soridad global capaz de enfrentar las necesidades más apremiantes del mundo."[22]

A cada una se nos llama a participar en la creación de una soridad global. Tenemos que comprometernos a desarrollar redes de relaciones y proyectos colaborativos de ministerio. Nuestras hermanas en liderazgo ya están forjando lazos de interconexión que darán forma a nuestro futuro global. En familias de carismas globales y en la Unión Internacional de Superioras Generales (UISG), las líderes de las congregaciones están profundamente

---

[20] Nassif, "Emergence of a Global Sisterhood," 5.
[21] Ibid., 6.
[22] Ibid., 5.

86

comprometidas a visión y acción global. Pero esto no les corresponde sólo a ellas. Es trabajo de todas nosotras. A nivel local, en nuestras congregaciones, en familias de carismas, ministerios, y relaciones con otras mujeres religiosas, cada una de nosotras puede practicar las destrezas necesarias para funcionar a nivel global. Nuestros esfuerzos para escuchar con profundidad, dialogar en forma contemplativa, compartir desde la vulnerabilidad, soñar en grande y aceptarnos mutuamente, van configurando nuestra capacidad de involucrarnos en lo desconocido que nos espera.

El carisma juega un papel integral en el desarrollo de la sororidad global. Cuando asumimos personalmente y para el mundo el don divino de la vida religiosa, entramos en comunión con Dios y entre nosotras. En esta comunión, buscamos la unidad a través de honrar la diversidad que cada una aporta. Nuestras historias profundas y diversas ofrecen una visión profética de cómo abrirnos a la búsqueda de Dios y a la construcción del Reino de Dios. Cada profunda historia es un regalo. Recibiendo estos regalos las unas de las otras profundiza nuestra sororidad y enriquece el sentido de nuestros propios carismas. El excedente de sentido accesible en nuestros carismas nos permite recibir las profundas historias ajenas sin temor. Apreciar la profunda fe y el testimonio audaz de otros carismas ofrece posibilidades de significado más amplias para el propio. Nuestra sororidad global encontrará fuerza y vitalidad en el mutuo compartir de nuestras profundas historias, al tiempo que vamos viviendo en el excedente de sentido de nuestros carismas.

Involucrarnos en una verdadera alianza ofrece un camino importante para vivir en este excedente de sentido. En su presentación a la Asamblea Plenaria de la UISG, Carol Zinn, SSJ, expresa la postura necesaria para lograr nuestra sororidad global:

> Para lograr que el esfuerzo colaborativo ascienda,
> por así decir, a asociación, la meta misma que se
> quiere alcanzar necesita ser discernida mutuamente
> y los recursos, todos ellos, necesitan "salir a luz"

y ofrecerse sin condiciones. Y se necesita que el resultado surja, se despliegue y se desarrolle a medida que la asociación evoluciona. La necesidad de flexibilidad, error, cambio de dirección, variación en la planeación, y hasta la presencia de fracaso, exigen una libertad, valentía e intrepidez que van más allá de lo que muchas de nosotras estamos acostumbradas a ofrecer.[23]

A todas nos incumbe compartir con las demás desde una mutualidad y flexibilidad, una valentía e intrepidez. Establecemos estas alianzas para discernir mutuamente nuestras acciones y permitir que los resultados se desplieguen. Si nos involucramos en verdaderas alianzas, nos hallaremos caminando hacia los márgenes de nuestros carismas. Estas alianzas nos revelarán la libertad y la fecundidad accesibles en el excedente de sentido de nuestros carismas.

Como recién religiosa joven, mi experiencia de la vida religiosa ha sido como una rica red de relaciones. Las relaciones de apoyo en mi congregación, las amistades inspiradoras en *Giving Voice* y las conexiones esperanzadoras dentro de la familia dominicana nutren el excedente de sentido de mi vocación personal. Estas relaciones continuarán dando forma a mi profunda historia y a la profunda historia que juntas estamos creando dentro de nuestra sororidad global.

Como religiosas consagradas, conocemos el valor y la importancia de nuestros carismas congregacionales y del carisma global de la vida religiosa. Ambos son fuente de nuestra identidad, nuestra fortaleza y nuestro testimonio. Nos motivan a vivir con mayor fidelidad la

---

[23] Carol Zinn, "Crossing the Threshold: Weaving Global Solidarity for the Life of the World" ("Cruzando el umbral: tejiendo la solidaridad universal para la vida del mundo"), presentación en la Asamblea Plenaria de la Unión internacional de superiores generales, Roma, Italia, 9-13 de mayo de 2016, consultado el 18 de abril de 2018, http://www.internationalunionsuperiorsgeneral.org/wp-content/uploads/2016/04/Pl_2016_Carol-Zinn_SPA.pdf

llamada del Evangelio, a abrir nuestros corazones al pueblo de Dios con más radicalidad, y a vivir con más libertad, misericordia y aceptación. Que nuestra sororidad global nos reúna en la riqueza de nuestra diversidad a medida que nos adentremos en el excedente de sentido de nuestros carismas. Que nuestros carismas nos inspiren a responder a las necesidades más apremiantes del mundo con esperanzas y expectativas en la abundancia y vitalidad de la vida religiosa, regalo de Dios para nosotras y para el mundo.

En el jardín del amor de Dios: cultivar una vocación

Desiré Findlay, CSSF

"Descubrir la vocación no significa luchar por alcanzar un premio que está más allá de mi alcance, sino aceptar el tesoro del ser verdadero que ya poseo. La vocación no viene de una voz exterior que me llama a ser algo que no soy. Viene de una voz aquí dentro llamándome a ser la persona para que nací, a realizar el ser original que se me dio al nacer por Dios." (Thomas Merton)

La semilla

Con frecuencia he escuchado a algunas mujeres decir que, antes de entrar a la vida religiosa, se preguntaban a sí mismas: "¿Esto es todo lo que hay?" Yo también me hice esta pregunta. La hacemos porque nos cansamos de nuestras rutinas. Nos cansamos de felicidad momentánea y de tener que lograr más cada vez que alcanzamos una meta específica. "¿En serio?" preguntamos. "¿Esto es todo lo que hay?" Algunas partes de nuestra vida prometen mucho – becas o puestos en el empleo que han costado lograr – pero la pregunta persiste. Sentimos que tiene que haber un propósito más grande, una razón más poderosa que amerite trabajar tan duro y entregar tanto de nosotras mismas. Nos hacemos la pregunta y, entonces, Dios encantado se inclina hacia nosotras y nos susurra: "No, esto no es todo lo que hay."

No tenía idea qué tanto de mí andaba extraviada hasta que empezaron a salir partecitas mías. Empezaron a aparecer cuando empecé a decirle "sí" a Dios. Empecé a decir "sí" a ciertos tipos de actividades como retiros y peregrinaciones. Empecé a decir "sí" a algunas personas que fortalecieron mi vida espiritual. Dije "sí" a tiempos de adoración, "sí" a la Misa diaria y "sí" a cambiar mi estilo acelerado de vida. No sabía que estaba respondiendo a una llamada especial ni siquiera que era Dios quien me estaba llamando, para empezar. Simplemente era una energía que se agitaba en un lugar escondido dentro de mí, que me hacía moverme a su compás y guiaba mis pasos. Descubrí que esa energía era Dios. Era Dios guiándome hacia la vocación que cambiaría mi vida y configuraría mi misma identidad.

Había tenido muchas ideas de lo que quería ser de grande. Creo que mi primer plan fue ser astronauta. Me fascinaba ver las estrellas y repasar el cielo buscando las constelaciones cuyos nombres me parecían mágicos. La luna era mi luz nocturna favorita. En sexto año ya tenía telescopio para poder ver su superficie y sentirme más cerca de su belleza. Quería experimentar la ausencia de gravedad y "volar" como toda esa gente valiente que había penetrado las barreras del espacio y el tiempo. Luego mis afectos se enfocaron en nuestros amigos peludos y decidí que sería veterinaria. Quería pasar todo el tiempo rodeada de gatos, perros y todo tipo de animalitos. Tuve gatos, perros, una iguana, un loro, un conejo, jerbos, hámsteres y hasta cangrejos ermitaños. Pensaba que, al convertirme en veterinaria, nunca me faltarían los abrazos y los besos de los cachorros. Con el tiempo decidí qué era lo que iba a estudiar y escogí ser maestra. Disfruté mucho los cursos en la universidad y soñé, como casi todos los maestros principiantes, que yo iba a cambiar el mundo. Pensé en todas las posibilidades que me ofrecían las teorías, dibujé cómo sería el aula ideal y con mucha seguridad puse por escrito algunas ideas para actividades y lecciones interactivas.

Un buen día, en medio de mis múltiples planes, recibí una invitación de una amiga. Me contó que había caminado en peregrinación en el verano. Yo nunca había oído de peregrinaciones, pero la forma en que habló de la cultura y de la comunidad me hizo querer ser parte de lo que fuera eso. Acepté ir sin hacer preguntas y enseguida me apunté para caminar cien millas el verano siguiente. Esas cien millas me llevaron a otras trescientas, pues me inscribí en la peregrinación tres años seguidos. Conocí mujeres que estaban genuinamente enamoradas de Dios y que querían mantener una relación con él. En la peregrinación había adolescentes, mujeres casadas que tenían 30, 40 y 50 años y mujeres retiradas que sacrificaban sus energías por sus familias. Me inspiraron su aprecio por la Misa, sus vidas de oración tan sólida, su devoción hacia sus familias y hacia las demás participantes. Quería encontrar la forma de vivir así todos los días.

Cuando me inscribí la primera vez, no sabía que se trataba de una peregrinación para pedir por vocaciones. Rezábamos para que hubiera santas y felices vocaciones al sacerdocio, a la vida religiosa y al matrimonio. Sucedió que dos de las mujeres que iban en el grupo eran religiosas y supe que pertenecían a la Congregación de San Félix (o Hermanas Felicianas). Después de la peregrinación, empecé a pasar más tiempo con ellas. Participé en los tiempos de oración con su comunidad. intercambiamos risas y relatos, fui a retiros con ellas y ellas compartieron su sabiduría conmigo. Todo ese tiempo, Dios silenciosamente preparaba mi interior. Empecé a orar por mi cuenta y por fin me di cuenta de cuán vacía estaba mi vida. En ese tiempo participaba en un grupo de porristas de un equipo de básquetbol semi profesional, pero mi amor por el baile y la persona que yo era entonces no llegaron a la cancha. Me divertía en las presentaciones, pero no tenían mucho sentido. Al compartir con las hermanas comprendí que mis dones, mis intereses, e incluso mi propia vida, podían tener un propósito. Me cuestioné por qué había estado perdiendo el tiempo y decidí que este lugar, donde por fin había despertado, era el lugar para mí. Las mujeres que habían ayudado a agitar mi alma dormida, eran el lugar para mí.

Las raíces

Había oído hablar de la fase de "luna de miel" en alguna de las conversaciones con mis tías y tíos que admitieron que después de un año de matrimonio se habían hartado y estaban listos para volver a casa. Con el tiempo aprendí que pasa lo mismo en la vida religiosa. Estamos llenas de entusiasmo porque Dios nos ha sacado de nuestra apatía y nos ha conducido a una forma de vida en la que podemos amarlo mejor y servir a la gente pobre hasta el final de los tiempos. ¡Qué belleza! ¡Qué perfección! Comenzamos la formación inicial y no tenemos idea, ¿qué onda? Entonces nos preguntamos: "¿a esto me apunté?"; pero la gracia de Dios nos guía mientras estamos en silencio, mientras escuchamos en oración y mientras oscilamos en el gran amor que Dios nos tiene.

Crecí en Nuevo México y allí fue donde conocí a mi comunidad religiosa. Creí que una vez que me ingresara oficialmente a la congregación, permanecería en Nuevo México con las hermanas y, por lo tanto, cerca de mi familia. Me equivoqué. Así había sido antes, pero ahora que las mujeres estaban entrando una a la vez y en lugares aislados, y ahora que la comunidad se había consolidado con ocho provincias en un solo grupo, tuve que irme a Pittsburgh, Pennsylvania, para hacer mi postulantado. Tres más se unieron a mi – 2 de Michigan y una de Missouri—y juntas formamos el postulantado de la nueva Provincia Norte Americana. Como postulante, tuve que aprender a convivir con personas ajenas a mi familia y ajustarme a vivir como miembro de un grupo y no como individuo. No podía decidir cuándo ir a Misa, sino que alguien lo decidía por mí, ya que teníamos que ir a Misa en grupo. No podía pedir comida para llevar, sino que tenía que cocinar los alimentos y asegurarme que fueran adecuados a las necesidades y preferencias de las demás. Vivíamos de acuerdo con un horario en el que todo ocurría en un día determinado a una hora establecida, incluyendo el quehacer doméstico, el lavado de la ropa y las compras. También me di cuenta que estaba viviendo con mujeres de distinto origen cultural al mío, distintas tradiciones y modo de hacer las cosas. En Navidad no hubo pozole y, en lugar de bizcochitos, comimos enrollados de semilla de amapola. En Pascua cantamos himnos polacos y al almuerzo le decíamos comida y a la comida, cena. Era un mundo extraño, pero aguanté y entré al noviciado un año más tarde.

Como novicia tuve que continuar adaptándome a las rutinas y estilos de vida de una comunidad con raíces polacas. Había nuevos horarios que aprender y más tradiciones que asumir, pero creí que, no obstante, serían dos años llenos de paz y tranquilidad. En realidad, a medida que fueron apareciendo diferentes tipos de desafíos, fue uno de los períodos de mayor turbulencia interior en mi vida. No sólo sentía que mi herencia y mi estilo de vida se remplazaban, sino también mis conocimientos y mi experiencia de vida. Era adulta joven, pero sentía que esperaban que me comportara como una niña, absorbiendo toda la información sin hacer preguntas. Lo mismo sentían las otras dos jóvenes de mi grupo, dos de las cuales ya estaban en los cuarenta. Ambas habían llegado a puestos muy altos dentro de sus carreras y tenían amplios conocimientos de finanzas, tecnología y negocios. Sin embargo, cuando discutíamos en clase o cuando tomábamos decisiones sobre las cuestiones domésticas, nuestro aporte no contaba. Era frustrante tener tanto conocimiento – individual y colectivo – y sentir que ese conocimiento no venía al caso. Esto me costó mucho y también la lejanía de mi familia, ya que en toda mi vida nunca había estado tan lejos de casa. En mi cultura es muy común permanecer cerca de la familia, incluyendo abuelos, tíos y tías, por lo que estar a tantas millas de distancia se sentía como traición. Afortunadamente, muchos corazones orantes me sostuvieron y, después de dos años emocionalmente muy intensos, hice mis primeros votos.

Cuando me convertí en profesa de votos temporales, creí que no sería igual que en el postulantado o el noviciado. Pensé: "¡Se acabaron las evaluaciones! ¡No tendré que leer más libros académicos y que no vienen al caso! Eso pensé. ¡No más conversaciones incómodas y sin sentido en las sobremesas!" Pensé. Debí haberlo sabido. Además de estas cosas, todavía tuve que adaptarme a horarios, a personalidades, a tradiciones y a formas diferentes de manejar la casa; y ahora tenía nuevos retos derivados de las obligaciones comunitarias y ministeriales. No sólo tenía que cumplir con la rutina diaria de mi comunidad religiosa – oraciones matutinas y vespertinas, Misa diaria, comidas y tiempos de recreo – sino todo esto sumado a trabajar como maestra de tiempo completo. Teníamos que rezar cada mañana a las 5:45 para que yo pudiera llegar a Misa a las 6:30 antes de iniciar clases en la escuela a las 8:00. Había días que tenía que tener la comida lista a las 5:00 de la tarde, aun cuando normalmente nunca llegaba a casa antes de las 4:00. En algunas ocasiones me tenía que partir en pedazos o elegir entre las comunitarias y las ministeriales, como en el caso de la Navidad, cuando había que entregar los exámenes semestrales. No sólo tenía el compromiso de entregar un sinnúmero de calificaciones y reportes, sino que esperaban que asistiera a numerosas actividades parroquiales a las que nos invitaban durante los días festivos. Por supuesto que esto no sólo pasaba en diciembre, sólo se acentuaba en esta época. ¿Quién hubiera dicho que la formación inicial se trataría menos de moldear y más de estirar?

Junto con todos estos retos a lo largo de los años de formación inicial, también hubo muchas sorpresas: bendiciones que no sabía que serían como pequeñas flores en el cemento. Cuando tuve que ceder en cuestiones como cuándo ir a Misa, qué tipo de comida cocinar y comer, o cuándo lavar mi ropa, fui aprendiendo a pensar en las demás personas. A partir de estas pequeñas cosas, me fui dando cuenta de que todo lo que yo hacía afectaba a la gente a mi alrededor. En lugar de simplemente pensar qué era lo mejor para mí, fui aprendiendo a pensar qué era lo mejor para el grupo. También me fui dando cuenta de que existen otras tradiciones y aprendí cómo otras culturas celebran las fiestas religiosas y los días festivos. No sólo eso, como mis tradiciones siguieron siendo importantes para mí, yo también empecé a compartirlas y así ayudé a otras personas a abrirse a culturas con las que no estaban familiarizadas. Al mismo tiempo, la humildad me enseñó que mis conocimientos y experiencia no siempre eran necesarios. Aunque yo habría tenido muchas experiencias en mi vida antes de entrar al convento, la formación inicial me enseñó que aún tenía mucho por aprender. A fin de cuentas resultó que yo no lo sabía todo y no siempre tenía la solución. Sin embargo, en algunas ocasiones en las que me sentí silenciada, tomé la determinación de hablar por mí misma. Algo que nunca había necesitado hacer antes. De esta manera, la formación inicial me ayudó a encontrar mi propia voz. Extrañar a mi familia me dio la oportunidad de empatizar con quienes también extrañaban a la suya por diversas razones. Al tener que balancear mi vida en ministerio y mi vida en comunidad, encontré el ambiente propicio para desarrollar la habilidad de administrar mi tiempo. No sólo tuve que enfocarme en hacer un uso inteligente de mi tiempo, sino que, en lugar de ofrecerme de chaperón para cada baile y formar parte de cada comité, tuve que aprender cuándo y cómo decir "no." También aprendí la valiosa lección de cuándo y cómo pedir ayuda. Cuando estaba muy apurada o no me daba tiempo de tener lista la cena, tenía que pedir ayuda a mis hermanas de comunidad. Aunque al principio me incomodaba un poco, me di cuenta de que mis hermanas querían ayudar, se preocupaban por mí y no querían verme estresada o abrumada. Mi comunidad me amaba y yo empecé a aprender cómo mejor quererlas.

El florecimiento

En cada momento difícil, Jesús nos ofrece opciones: podemos arremeter en contra de lo que creemos injusto o podemos buscar la verdad y sabiduría de Dios en medio de la situación. Si escogemos la segunda opción, podemos descubrir la belleza de Dios en las profundidades de la vida religiosa. Podemos encontrar formas de hablar amor, de saborear la eternidad y de contener divinidad. No hemos recibido simplemente una vocación, sino el aliento mismo de Dios. Dios pacientemente arma nuestras piezas y luego nos trae aquí como el lugar de despliegue.

Cuando conocí a las Hermanas Felicianas, les dijeron que yo bailaba y me pidieron si podía hacer una danza litúrgica para la celebración de uno de sus jubileos. Les dije que sí y ahí fue cuando descubrí que mis dones podían tener un propósito. Sin embargo, cuando entré no supuse que tendría la oportunidad de bailar en el futuro. Como Abraham, estaba dispuesta a entregar a Dios este don tan preciado; pero Dios, viendo que estaba dispuesta a darlo todo, me devolvió el ciento por uno. No sólo me invitaron a bailar cada vez que hubo oportunidad en nuestras asambleas, sino que uno de mis primeros servicios fue ser maestra de baile. Hasta lo pude hacer un verano en Haití. Ya no soy bailarina; bailar es para mí una forma de moverme siguiendo el ritmo del aliento de Dios que fluye a través de mí, una forma de manifestar su amor, de devolverle este amor y de compartirlo con la gente.

En la vida religiosa Dios nos ofrece oportunidades que quizás nunca hubiéramos creído que estarían a nuestro alcance. No sólo nos bendice con incontables oportunidades, sino también con mujeres que se atreven a apoyarnos en nuestros proyectos más ambiciosos. Se nos llama a devolver nuestros dones al Dador y, en ocasiones, volvemos a recibir esos mismos dones con abundancia. En otras ocasiones, Dios hace surgir en nosotras otros dones que quizás ni sabíamos que teníamos. Como maestra de baile, estaba encargada del recital de baile anual de nuestra escuela. Nunca había hecho algo parecido y pensé que lo arruinaría debido a mi incapacidad de fijarme en detalles. Descubrí al contrario que en realidad era bastante buena para trabajar detalles y terminé a cargo de varios proyectos del mismo estilo. Dios suscita en nosotras ciertos dones cuándo, cómo y dónde los necesite. Como religiosas, no consideramos estos dones como propios. Por lo tanto, expresamos amor compartiendo esos dones y confiando que se desarrollarán con el paso del tiempo.

Soy una persona introvertida, por lo que la comunicación verbal no es mi fuerte. No obstante, las palabras me parecen útiles, hermosas y necesarias. Me gusta mucho escribir, pero no me hubiera considerado antes como escritora. Cuando entré al noviciado, me pidieron escribir reflexiones sobre algunos temas y libros. Muy seguido la retroalimentación que recibía era positiva y sobre mi capacidad de escritora. Poco después, la hermana encargada del departamento de tecnología me invitó a escribir un *blog*. Esto me dio espacio para desarrollar mis reflexiones sobre ciertos asuntos y para asimilar algo del trabajo interior que iba aconteciendo en mis tribulaciones.

Ya sea introvertida o extrovertida, la vida religiosa requiere reflexión. Nos pide que cada día tomemos tiempo para analizar cuidadosamente lo que hacemos, lo que pensamos y lo que decimos. Para muchas de nosotras, esto implica hacer cada noche algún tipo de examen de conciencia mientras contemplamos todo lo acontecido durante el día. Es necesario hacer esto porque nos permite enfrentar aquello que está emergiendo de nosotras. Necesitamos estar conscientes de por qué nos sentimos alegres, infelices y hasta enojadas. No podemos trabajar nuestros asuntos si los ignoramos y no podemos aportar si no estamos seguras de qué tenemos para ofrecer. Podemos dar una probadita de la eternidad zambulléndonos en las aguas del autoconocimiento, pues es Dios quien habita en nuestro centro y si no nos conocemos a nosotras mismas, no conoceremos a Dios.

Como no suelo expresarme de forma verbal, se me conoce más por mi capacidad de escuchar. Durante los pocos años que fui maestra, muchos de mis alumnos me buscaban para compartirme sus penas y dificultades. Mientras yo trabajaba en mi escritorio a la hora del almuerzo, frecuentemente entraba un estudiante y preguntaba: "¿Hermana, tiene un minutito?" Siempre se me ha facilitado escuchar, pero las interrupciones no tanto. Sin embargo, consciente de ser llamada a algo más que a las tareas del momento, pronto me disponía a dedicarle al estudiante el resto del tiempo de almuerzo.

Puede que no todas nos consideremos buenas para la escucha, pero en la vida religiosa todas estamos llamadas a escuchar. No sólo tenemos que hacer tiempo para escuchar a Dios, sino que también necesitamos pasar tiempo escuchando a otras personas. Tenemos comunidades religiosas enteras a las que hay que oír, y en nuestros ministerios tenemos colegas, alumnos, pacientes y clientes que también necesitan ser escuchados. Escuchar con intención en vez de para responder y escuchar aun cuando no se pronuncia palabra siempre son oportunidades de encontrarse con la Divinidad. Debemos mostrar reverencia a la voz de Dios dentro de cada persona. De este modo, llevamos su gozo, su dolor, sus dudas, sus pasiones y es así que se nos permite acoger a la Divinidad al regocijar con Cristo Resucitado o consolar al Jesús traspasado.

El campo

Nos hemos convertido en piezas multicolores de un grandioso y espectacular mosaico, un mosaico que cobra su vida en el aliento del Espíritu Santo de Dios. Nos mecemos al compás de sus susurros y alcanzamos su calor. Somos narradoras, artistas, hijas, líderes y sobrevivientes. Venimos de diferentes países, culturas, demografías y antecedentes. Ninguna de nosotras es igual pero somos familia. Esto es la vida religiosa.

Durante mi primer año en el noviciado, mi hermana se embarazo con su primer niño. No poder salir a estar presente con mi hermana más joven que entraba a esta nueva fase de vida fue extremadamente doloroso para nosotras dos. Percibí su decepción y enseguida sumé este dolor al peso que ya cargaba cada día en mi corazón. Nunca había fallado a no estar con mi hermanita. En medio de los cuestionamientos sobre por qué Dios me pedía estar tan distante de mi familia a nivel físico y emocional, tuve una pequeña inspiración. La encargada de las candidatas vivía en la misma ciudad que mi hermana, lo que me hizo pensar que quizá ella pudiera ir a verla al hospital. La llamé y tímidamente le hice la sugerencia, pensando que quizás diría que estaba muy ocupada o que se iba a sentir fuera de lugar. Su respuesta fue todo lo contrario: accedió a ir con una gran alegría en su voz que despostilló el muro de tristeza que yo había construido a mi alrededor. Fue a verla al día siguiente y hasta me envió una foto de mi hermana junto a las flores y la tarjeta que le había llevado en mi nombre. En ese momento comprendí cuán grande era mi familia. Después de eso, aproveché cada oportunidad para enviar tarjetas a familiares enfermos de las hermanas Felicianas o a Felicianas mismas que supe habían perdido algún ser querido. Las Felicianas asumieron mi familia como suya, ¿cómo no hacer al igual mías sus familias? El valor que damos a las relaciones familiares no pueden más que fortalecer nuestros lazos como hermanas. Al fin de cuentas, no podemos distinguir una familia de la otra porque las hemos integrado a tal grado a nuestra familia religiosa.

Además de dar importancia a la familia, las hermanas Felicianas celebran el regalo de diversidad en comunidad. Hacemos esto colectivamente y se nos anima a hacerlo individualmente. Me invitaron a participar en el Congreso Católico Nacional de personas negras en 2017; y aunque estaba muy entusiasmada con la idea, no estaba segura si iba a ser fácil obtener permiso. Resultó ser más fácil de lo que pensé. Envié un correo electrónico a la encargada de la formación y después de consultar con el consejo me respondió en menos de una semana que sí podía participar. Sólo me recordó: "Asegúrate de hacer tiempo para tu retiro anual antes de planear todo el verano." Eso fue todo. No hubo preguntas sobre por qué quería ir o cómo pensaba que me ayudaría. En lugar de ello, confiaron en que esto era parte de mi búsqueda de identidad y ellas no tenían ningún problema con eso. Quizá porque formo parte de una comunidad que considera identidad cultural un aspecto válido de quienes somos, pueden reconocer lo importante que es para cada persona. Cuando todas eran polacas, se sentían muy orgullosas de su cultura. Ahora se dan cuenta que cada hermana se siente orgullosa de su cultura, sólo que hoy día la mayoría de nosotras ya no somos polacas. Esta diversidad también me ha enseñado algo a mí. Me ha enseñado a percibir pequeñas manifestaciones de Dios en los diversos colores, formas y dimensiones. Así como las flores que Dios usa para decorar la tierra, cada persona aporta un resplandor con diferente matiz. Cada persona ofrece un aspecto diferente de Dios.

Lo mismo pasa con mis favoritas y numerosas hermanas Felicianas, algunas de ellas ya han sido llamadas a su hogar celestial. Una de ellas, la hermana Mary Claire Kehl, fue un gran ejemplo de la humildad y sencillez de Dios. El amor por sus hermanas era auténtico, y con ternura cuidaba toda clase de plantas y animales manifestando su gran espíritu de nutrir vida. Un día la hermana Claire me invitó a ayudarla a cuidar las rosas de nuestro jardín. Yo casi me niego porque no soy buena con las plantas y porque me supuse que no tendríamos mucho de qué platicar. En vez de dejarme llevar por la resistencia, fui con ella. Hasta el día de hoy no recuerdo nada de la información que me compartió sobre las rosas o cómo cuidarlas, pero sí recuerdo su manera de enseñarme y su manera al podarlas. En aquel momento, me sentí como el rosal, como que ella tiernamente ayudaba a despejar el espacio alrededor de mis hojas retoñantes para permitir que nueva vida pudiera respirar en mis espacios secos. Mujeres como estas – mujeres de diferentes edades, antecedentes y origen étnico – me enseñan cómo vivir peregrinaje todos los días. Cada una a su manera y con sus propios dones, nos ayudan a todas en este viaje hacia Dios. Como nuevos miembros, tenemos la misma responsabilidad que tienen nuestras comunidades religiosas de acoger la diversidad. Nuestro surtido tan colorido de hermanas es como las jardineras, ayudando a guiarnos hacia Alguien mayor.

El sembrador

¿Por qué permanecemos cuando otras se van? ¿Por qué seguimos diciendo "sí" a algo que nuestros amigos, familiares e incluso ginecólogos no entienden? Es porque hemos encontrado esa perla de gran valor (Mt 13, 45-46). Cada una de nosotras es la anhelada del corazón de Dios. Él nos quiere aquí, nos quiere en esta tierra y en esta forma de vida. Respondimos a este amor abrasador – esa añoranza por algo más--porque dentro de ello, encontramos al deseado de nuestros corazones.

Cuando mi mamá era una joven recién casada, añoraba tener hijos. Los doctores le dijeron muchas veces que era imposible en su caso. Pero ella, inquebrantable y llena de confianza en Dios, recurrió a la oración y pidió ayuda a todos los santos del cielo. Esta era su súplica honesta: "Señor, tú sabes que el deseo de mi corazón es tener hijos." Mi nombre de bautizo es Desiré porque yo fui la primeriza de mi mamá, el deseo de su corazón.

Los orígenes de mi nombre han desempeñado gran papel en mi jornada espiritual. Nada más porque mi mamá recibió el bebé que pidió no quiere decir que yo vine sin complicaciones. Muchas veces durante el embarazo el mismo estimado equipo de médicos le dijo que podría perder el embarazo o que nacería sin vida. Incluso después de nacida le dijeron que era posible que no sobreviviera. Luego de un parto muy doloroso, dos transfusiones de sangre y varios días de hospitalización, mi madre fue dada de alta. Por otro lado, a mí me dejaron en la incubadora por el resto de lo que me quedaba de vida, hasta que Dios me llamara a su lado. Lo bueno es que mi mamá es obstinada e insistió que, si me iba a morir, era mejor que lo hiciera en casa. Fui dada de alta y, un mes después, mi madre me llevó de nuevo al hospital donde los doctores casi no me reconocían por lo mucho que había ganado en peso.

De la misma manera, reconocemos el amor que abrasa nuestros corazones y Dios responde regalándonos todos esos deseos de la vocación a la vida religiosa. El proceso no es fácil. Los votos no son una fórmula mágica que borre nuestra condición humana y las comunidades a las que entramos no están llenas de santas. Enfrentamos luchas tanto en la formación inicial como en la formación continua. Por lo menos habrá un voto que nos mire a los ojos y nos diga: "¿Tú y yo? ¡Sí, cómo no!" Por más que quisiéramos creer que nuestra santidad inició en el vientre, no fue así. Sin embargo, a lo largo del camino, Dios nos provee con las personas y situaciones que necesitamos para prosperar. Sólo necesitamos escuchar y poner atención al movimiento de Dios alrededor y dentro de nosotras. Se nos darán amistades, personas de nuestra camada, consejeras, consejos, críticas y oportunidades, y es nuestra tarea aprender de ellos. La vida religiosa no está para despojarnos de quiénes somos. Dios no nos llama para cancelar nuestras identidades. ¡El formó esas identidades! Si esta es en verdad nuestra vocación, entonces este es el terreno fértil donde daremos la mayor plenitud de vida a esas identidades.

Puede que la historia del inicio-de-vida de todas no sea como la mía, pero sí creo que refleja la llamada de Dios a cada una. Todas luchamos en estos tiempos turbulentos, especialmente en nuestro mundo tan herido y dividido. Muchas de nosotras conocemos las complicaciones de parto de una familia quebrantada o las inseguridades y dudas productos de las confiadas mentiras de inconsiderados medios de comunicación y corporativos avaros. No nos escapamos de lo quebrantado en la vida religiosa. A veces nos sentimos solas, especialmente cuando los medios de comunicación proclaman que el amor físico es todo lo que necesitamos o cuando nos parece casi imposible relacionarnos con las mujeres con quienes vivimos. Nos sentimos incapaces; confiamos más en la voz negativa en nuestra mente que en la voz tranquila y pequeña en nuestro corazón, pensando que quizás no somos suficientes. Nos dejamos vencer por la creencia de que las cosas nunca cambiarán, de que nunca podremos vivir la vida religiosa de la manera que imaginamos que pudiera ser. Todo esto atentará en contra de nosotras, aún en esta tierra sagrada.

A pesar de todo, la voz de Dios es la misma para ti como lo es para mí: "Eres indispensable. Te estoy llamando aquí y ahora; no tengas miedo. Confía en mí y yo estaré contigo en el jardín de tu vocación, donde mi amor tiene el poder de sostenerte, deleitarte y transformarte." A veces el único mundo que necesita cambiar es el que llevamos dentro.

Buscando la identidad a través del misterio pascual

Thuy Tran, CSJ

Y mientras estaban comiendo, tomó pan, lo bendijo, lo partió y se lo dio diciendo: "Tomen, esto es mi cuerpo." Tomó luego una copa, dadas las gracias, se la dio, y bebieron todos de ella. Y les dijo: "Esto es mi sangre de la Alianza, que será derramada por una muchedumbre. Sepan que no volveré a beber el jugo de la uva hasta el día que beba vino nuevo en el Reino de Dios." (Mc 14, 22-25)[1]

Desde que nací he estado en medio de dos culturas: la vietnamita y la americana. Soy religiosa en una comunidad predominantemente blanca en los Estados Unidos. Quizás mi búsqueda de identidad se agravó un poco más porque soy la primera hija nacida en este país de una familia de refugiados vietnamitas. Nací en 1976, menos de un año después de que mis padres, cuatro hermanos mayores y otros familiares, llegaran a Camp Pendleton, California. Crecí en una colonia vietnamita, rodeada de familiares que luchaban por aprender inglés para sobrevivir mientras se aferraban a su cultura y a su fe católica. Creo que cada uno de nosotros, en un momento dado en nuestra vida (con frecuencia al inicio de la adolescencia), nos

---

[1] La traducción al español se ha hecho siguiendo el texto en inglés, con apoyo de la Biblia de Jerusalén.

hicimos estas preguntas: "¿Quién soy en verdad? ¿Pertenezco aquí? ¿Soy lo suficientemente buena para lograr este sueño?" Esta búsqueda de identidad no ocurre una sola vez sino que es un viaje continuo a lo largo de toda la vida. La búsqueda parece ser más pertinente al discernir el estilo de vida a la que Dios me está llamando y comienzo a vivir la llamada de Dios a la vida religiosa.

Los años de formación de mis abuelos y de gran parte de mi familia transcurrió en Vietnam. Cuando salieron de Vietnam en 1975, llegaron a los Estados Unidos con sus valores y tradiciones de familia, una fuerte fe católica y experiencias con el gobierno comunista. En mi discernimiento he reflexionado sobre las instituciones sociales de mi familia, de religión y de gobierno y sobre cómo mis años de formación me han configurado. Mis bisabuelos y otros antepasados fueron de los primeros vietnamitas que se convirtieron al catolicismo en el norte de Vietnam en los años 1600, gracias a los misioneros franceses. Mi abuela nos contaba historias de haber sido perseguidos por sus creencias religiosas. A principios de los años 1950, muchos de los católicos y budistas migraron del Vietnam Norte a Vietnam Sur debido a la persecución religiosa. Su fe y su religión eran un lugar de apoyo, consuelo y reconciliación.

En abril de 1975, cuando Saigón cayó en manos de los comunistas vietnamitas, mucha gente abandonó el país. En medio de tanta incertidumbre y cambios, la religión era fuente de arraigo y seguridad para la gente. Lo primero que mis familiares conocieron de los Estados Unidos fue en la Base Naval de Camp Pendleton. La experiencia de mi familia fue de sentimientos encontrados, incluyendo alivio, desorientación, impotencia, ansiedad y dolor. Agarrándose fuerte de su fe les proporcionó la estabilidad y la seguridad del Dios que habían conocido por varias generaciones en Vietnam. Mi familia y varias otras familias vietnamitas fueron patrocinadas por una familia americana. Las llevaron al desierto donde pronto comprendieron que se habían convertido en esclava mano de obra para gente que había recibido dinero del gobierno para ayudar a las familias en el proceso de establecerse.

Fue en noviembre de 1975 cuando las Hermanas de San José de Orange supieron de la situación que estaba viviendo mi familia con sus patrocinadores. Dos hermanas, Rose Marie Redding, CSJ, y Caritas Gorski, CSJ, manejaron muchas horas hasta llegar a aquel paraje remoto en el desierto de California donde tenían a nuestras familias y pudieron evaluar la situación. Regresaron a la Casa Madre y presentaron el problema a las líderes de la congregación, quienes rápidamente aceptaron sacar a todos los refugiados de aquel lugar. También acordaron ayudarles a encontrar trabajo y vivienda. Prontamente mi familia extendida de más de 30 personas fue reubicada a la Casa Madre y unos meses después, nací yo en el hospital San José al lado de la Casa Madre..

Misterio pascual

La experiencia de mis bisabuelos y otros antepasados que se convirtieron al catolicismo fue muy diferente de mi experiencia de religión. Al ser criada en una comunidad de familia cariñosa, me ha sido posible desarrollar una relación con Dios desde temprana edad. A través de esta relación, Dios me ayudó a encontrar mi vocación como religiosa. Cuando era adulta joven, me ofrecí como voluntaria con los adolescentes vietnamita americanos porque comprendía el sufrimiento y la confusión de vivir biculturalmente entre los padres y los compañeros de la misma edad. La fe de mi familia en Dios ha sido los cimientos de mi fe y mi celo apostólico.

A la luz de mi jornada de fe, encuentro un significado especial en mi búsqueda de identidad al enfocándome en el misterio pascual. Siento la necesidad de dedicarme al servicio del prójimo --de morir un poco o mucho-- para poder llegar a ser la persona que se me llama a ser para Dios, para mí misma y para el prójimo. Seguir a Dios implica sufrimiento y Jesús es el modelo de quien aprendemos cómo vivir, cómo morir y cómo ser renovados. Al conectar con Jesús, el cordero pascual, puedo creer que ir muriendo, hecho de acuerdo con la voluntad de Dios, aporta nueva vida para mí y para el prójimo, más allá de cualquier expectativa humana.

Este misterio pascual me viene claro en mi intento de hacer conexión entre mi herencia cultural y mi identidad religiosa. Los aprendizajes tradicionales del catecismo y la crianza piadosa que viví en mi familia fueron suficientes en su tiempo. Durante mi formación, mis ideas y crecimiento en aprecio de la historia de mi familia, etnicidad y cultura religiosa han aumentado y configurado quien yo soy hoy como católica fiel y mujer religiosa. Persiste en mí un miedo a que si me desprendo de las imágenes y relatos de mi infancia quedaría sin nada en qué creer o podría traicionar a ese Dios que siempre ha estado a mi lado: tan real y consolador, tan cariñoso y clemente. Sin embargo, ha crecido también mi confianza en que el conocimiento verdadero no es "el enemigo" y que sólo necesito confiar en ese Dios que siempre me ha sido fiel; sé que el Dios de mi infancia no va a abandonarme.

Una de las bendiciones que aporta el ser parte de una comunidad religiosa es la oportunidad de crecer en el conocimiento de la teología. Fue especialmente significativo para mí entender que Jesús es el signo y el centro de todo: el signo visible de Dios en la tierra, la manera de conocer la continua gracia de Dios, su perdón, su amor, su presencia en el mundo y la razón que reúne al pueblo de Dios. Las palabras de la eucaristía: "Hagan esto en memoria mía" (Lc 22, 19), me centran en la totalidad del misterio pascual, mi norma de vida, al servicio del prójimo y salgo enriquecida por quienes sirvo. He reflexionado mucho sobre la presencia de Jesús con sus discípulos en la pieza del segundo piso, antes de la pasión, cuando partieron el pan juntos; Jesús deseaba que los discípulos tuvieran la experiencia de su pasión, su muerte y su resurrección. Como religiosa y discípula de Cristo, yo también estoy llamada a entrar en el misterio pascual. A lo largo del camino rendí mi ser y llegué a comprender quién estoy llamada a ser: santa y consagrada. Aunque todavía no comprendía lo que estas dos palabras significaban y lo que Dios me estaba pidiendo, confié que con el tiempo Dios me revelaría su significado. Un día, durante mi retiro de treinta días, después del signo de paz durante la Misa, todos recitamos el "cordero de Dios." Luego el sacerdote partió la Eucaristía por la mitad. De repente, al escuchar el sonido de la hostia quebrándose, me inundaron la gracia y la presencia de Dios, me sentí totalmente consciente de que Jesús era santo y consagrado – fracturado por mí y por el mundo. Yo también estoy llamada a ser santa y consagrada, a entregar mi vida a este mundo quebrantado y herido. En la Eucaristía, Jesús me invita a ser como Él; Cristo en mí y yo en Cristo. Estas palabras son verdaderas desde el fondo de mi corazón. Dios me ha conmovido tan profundamente que estuve y estoy dispuesta a arriesgar mi vida. Vivo el misterio pascual cuando confío que el Espíritu Santo llena mi corazón y mi alma de confianza en la voz de Dios que brota de mi corazón.

Al crecer en una familia vietnamita, aprendí a atesorar a mis mayores y a mis antepasados. Como miembro de una comunidad religiosa, aporto la misma reverencia a mis hermanas mayores y a mis "hermanas antecesoras." Escuchar sus relatos me cimientan en que la presencia de Dios en mi comunidad es desde los orígenes. Quiero aprender y volver a contar sus historias de alegría, servicio, sufrimiento, muerte y resurrección a las futuras generaciones de mi comunidad. No tengo conocimiento de este mismo misterio pascual en mi propia familia en parte porque fueron refugiados y tuvieron que abandonar mucho. También admito que yo no tuve el valor de preguntarles a mis padres y abuelos sobre sus experiencias de infancia en el norte de Vietnam. Esas historias se han perdido, pues muchos de los que emigraron de allá ya han muerto.

Muchas de mis amigas religiosas vietnamitas tuvieron experiencias parecidas al crecer en un enclave cultural vietnamita, rodeadas en la vecindad y en la iglesia por familias y amistades que pensaban igual y de cultura parecida. Tan pronto nos mudamos fuera de la cultura vietnamita, nos dimos cuenta de que hay más que entender de la Iglesia, de la religión y del mundo. Para mí el misterio contenía una mayor comprensión de que somos parte del mundo, de que este es nuestro mundo, y que le pertenece a todo mundo de diferentes tradiciones religiosas, orígenes y culturas.

Me mantengo atenta de cómo el misterio de Jesús siendo Dios-con-nosotros y Dios-no-lejos-de-nosotros me afecta. Como humano y divino, Jesús también tiene dual identidad. No debe haber sido fácil cuando tanta gente le cuestionaba sobre su identidad. Siento gran consuelo en mi corazón al saber que Jesús esta en solidaridad conmigo en mi caminar. Al meditar íntimamente los relatos evangélicos del nacimiento, misión, muerte y resurrección de Jesús he aprendido que Jesús (verdadero Dios y verdadero hombre) es amor, compasión, misericordia y reconciliación para toda la humanidad, especialmente para la gente pobre, vulnerable y marginada. Además, en momentos muy significativos en mi vida, recibir la Eucaristía – tanto en forma concreta como espiritual – ha sido señal de la presencia continua de Dios y de mi alianza con Dios a través del Espíritu Santo.

Identidad cultural

La realidad del misterio pascual se profundizó en mí en el 2003 cuando visité Vietnam. Aunque había escuchado historias maravillosas y desafiantes sobre Vietnam, finalmente iba a explorar el país yo misma. Esperaba disfrutar el viaje y aprender de las experiencias. No tenía idea de qué me esperaba y mi mayor anhelo era llegar allá con el corazón abierto. La mañana siguiente de mi llegada fui a Misa temprano y, mientras rezaba, me vino a la mente este versículo: "El señor les dará pan en la adversidad y agua en la aflicción. Ya no se ocultará tu Maestro, sino que con tus propios ojos verás a tu Maestro. y tus oídos oirán detrás de ti una palabra: 'Este es el camino, vayan por él,' ya sea que pudieran ir a la derecha, o a la izquierda" (Is 30, 20-21). Recordé que quería mirar al pueblo vietnamita con los ojos de Cristo. Durante la consagración experimenté misterio, sintiendo la presencia de Jesús que me invitaba a recibir la comunión de tal manera que me permitiera abrazar a Vietnam y a su pueblo.

A medida que me adentré en el sufrimiento del pueblo vietnamita, experimenté la muerte y resurrección de Cristo. Lo que descubrí en este país fue al mismo tiempo emocionante e inspirador, así como espantoso y triste. En medio de la tremenda belleza del paisaje, me deleité con la hospitalidad de la gente que quería que yo aprendiera y disfrutara en su compañía. A lo largo de mi estancia en Vietnam, experimenté una comunidad de gente diversa y llena de vitalidad que me compartía su riqueza cultural y sus tradiciones cotidianas. Cobre una comprensión más profunda de la comunidad global al viajar con esta gente tan bella. Sin embargo, la realidad de la pobreza me sacudió. Me sentí abrumada por la multitud de personas, especialmente gente joven al igual que personas ancianas, que se me acercaban suplicando que les diera dinero o que les comprara algo. Me sentí sacudida con la pobreza de la gente desde el Norte hasta el Sur. Fue una experiencia que me abrió los ojos porque este era mi pueblo y yo me sentía impotente. Trataba de cerrar los ojos para no ver su dolor y su sufrimiento, pero no podía escapar la realidad frente a mí. Si hay tal cosa como un malestar inspirado por Dios, el sufrimiento de mi propio pueblo ha encendido en mi la pasión por liberar a la gente de la pobreza y el sufrimiento.

Me asombré cuando me di cuenta que la gente se me quedaba mirando. Llegó un momento en que algo me vino desde adentro: "no soy vietnamita." En cada esquina que miraba me veía reflejada en la gente. Sin embargo, mi estructura física y mi gran falta de dominio del idioma vietnamita les indicaba a la gente que yo no era uno de ellos. Yo era una visita, no oriunda. Heme aquí, en la patria de mis antepasados, incluso de mi madre y mi padre, pero aun así no pertenecía a este país. Fue la primera vez que cuestioné mi identidad como vietnamita. Decidí permanecer junto al sufrimiento de la gente, sintiendo esta desconexión al reconocer que no era uno de ellos.

Identidad en la vida religiosa

Como asiática americana dentro de la vida religiosa, me pregunté, ¿cómo integrar mi cultura, ritos y tradiciones a los de mi congregación? Encontré la nueva vida de la resurrección cuando, treinta años después de que las hermanas de St. Joseph le dieran asilo a mi familia refugiada, ingresé a su comunidad. Los primeros días de entrar a la vida religiosa, les dije a las hermanas con las que vivía que yo era un *twinkie*[2] (amarillo por fuera y blanco por dentro). A medida que transcurría mi vida con las hermanas, extrañaba todo lo relacionado con mi cultura vietnamita – desde mi familia y amigos hasta la comida. En estas primeras etapas la gracia de Dios me ayudó a notar las situaciones que detonaban en mí ciertos sentimientos. Muchos de estos detonadores tenían que ver con las diferencias culturales y generacionales en mi comunidad y en la congregación. Extrañaba la comida vietnamita porque en casa de mis padres comíamos arroz casi a diario y usábamos la salsa de pescado como ingrediente principal de casi todos los platos que se cocinaban en casa. Extrañaba despertarme a la voz de mis padres hablando en vietnamita a mí y a mis hermanos. Comprendí que las diferencias culturales seguían siendo un reto y una lucha para mí. Me di cuenta que soy sensible al hecho que la casa se queda oliendo por varios días de lo que yo cocino. Estoy orgullosa de mis raíces vietnamitas, de mi comida y mi cultura. Para celebrar una ocasión especial, me ofrecí a preparar un plato tradicional vietnamita. Me sentía emocionada mientras horneaba un pescado entero. Al principio, las hermanas se sorprendieron al ver un pescado entero sobre la mesa, pero recuerdo mi alegría cuando las vi esforzarse para hacer el rollo primavera envolviendo el pescado, los vegetales y los fideos. Esta "partida del pan" al estilo vietnamita americano trajo consigo la apertura de las hermanas a probar algo que era tan importante para mí y su deseo

---

[2] Pastelito esponjoso con forma de dedo, relleno de crema blanca (N. de la T.).

112

de conocer más sobre mi comida, mi cultura, mis tradiciones y mi familia. Al final del año de mi candidatura pude decirles a mis hermanas que era totalmente vietnamita y que ya no era exactamente una *twinkie.*

Ser americana vietnamita me hace sentir que estoy atrapada en medio de dos culturas, quizás un poco como Jesús, que no tenía donde reclinar la cabeza (Mt 8, 20) y que no definió su familia por los vínculos de sangre (Mc 3, 33), sino que abandonó la casa de su familia para crear un camino hacia Dios. Peter Phan, teólogo vietnamita-americano, en su "El Dragón y el Águila: hacia una teología Vietnamita-Americana," expresa: "Encontrarse intermedio y entre es no estar ni aquí ni allá, ni ser esta cosa ni aquella completamente. En términos de espacio, es habitar en la periferia o en los límites."[3] Las culturas del este asiático incorporan elementos del Taoísmo, del Budismo y del Confucionismo, tradiciones filosóficas y religiosas que invitan a las personas a vivir en armonía, a practicar la contemplación y a respetar toda forma de vida, especialmente a los ancianos y antecedentes que portan sabiduría y dan vida a sus descendientes. He llegado a mi congregación religiosa con una mezcla de la Iglesia de Asia y la del Oeste Americano. Otras mujeres vietnamitas con las que crecí eligieron entrar a comunidades más tradicionalmente contemplativas o monásticas. Yo elegí entrar a una comunidad ministerial cuyo único signo exterior es una cruz de madera. Recuerdo que, en mi infancia, las hermanas Rose Marie y Caritas participaban en todas las celebraciones culturales de mi familia, incluyendo el Tet (año nuevo lunar). Me impresionaba que no usaran hábito tradicional. Desde la perspectiva y experiencia tradicionales de mi familia, la cultura vietnamita valora y respeta a las religiosas y religiosos; una religiosa o un sacerdote se considera

---

[3] Peter Phan, "The Dragon and the Eagle: Towards a Vietnamese-American Theology," *East Asian Pastoral Review* 2–3 (2002), consultado el 1 de abril de 2017, http://www.eapi.org.ph/resources/eapr/east-asian-pastoral-review-2002/2002-2-3/the-dragon-and-the-eagle-towards-a-vietnamese-american-theology/

automáticamente una figura importante en el hogar de mi familia. El hecho de que mi familia respetara a aquellas dos religiosas que no usaban hábito me permitió ver que en nuestro mundo había otras maneras de ser religiosa. Este fue otro signo de la presencia de Cristo en este tránsito entre la cultura vietnamita y una comunidad religiosa americana.

La vida religiosa occidental me ha ofrecido gracia y crecimiento. Aprecio y amo a mi congregación y a las otras comunidades religiosas que he conocido en los Estados Unidos y en el mundo. Es interesante que en mi comunidad religiosa han habido dos culturas dominantes desde los orígenes; miembros que hablan francés y otras que hablan inglés. Quizás esta diversidad desde la fundación ha ayudado a que la congregación incorpore personas de otras tradiciones. No soy la misma persona que era cuando entré a mi comunidad religiosa, y no puedo regresar a cómo eran antes las cosas. Relaciono esto con los discípulos que se encontraron con Jesús y ya nunca volvieron a ser los mismos después de conocerlo y convivir con Él. Mi vida ha florecido gracias a la riqueza de vivir entre hermanas de diferentes culturas y orígenes y de apreciar formas diversas de expresar la espiritualidad. Es un orgullo compartir con las numerosas personas laicas en mi ministerio las tradiciones, la historia y la herencia de mi congregación contándoles las historias e invitándoles a compartir las suyas.

Mi comunidad tiene cien años de historia. En la primera mitad de nuestra existencia, luchó para construir la armonía entre las hermanas originales de habla francesa y las nuevas que se incorporaban en Kansas y California. Tratando de encontrar una base común, acuñaron la frase "es una Hermana de San José y eso debe bastar." Quizás esta frase logró vencer muchas diferencias, pero también hizo que la comunidad perdiera la riqueza de dones que proviene de abarcar distintas culturas. Como en otras congregaciones, la mía tenía una visión ideal de la hermana perfecta. La frase "de acuerdo con el modelo de la Casa Madre" se usó originalmente para describir con precisión cómo hacer los hábitos, fue pasando al lenguaje cotidiano para describir a la hermana perfecta. Todavía en la actualidad hay comportamientos externos que son vestigios de aquella cultura antigua de la vida religiosa como, por ejemplo, la forma de cortar la fruta en la mesa. Me doy cuenta de que no sólo estoy tratando de conocer la cultura vietnamita y la americana, sino también la cultura de la vida religiosa. Los cambios en la vida religiosa después del Concilio Vaticano II invitaron a las comunidades a evaluar si se habían convertido en culturas cerradas en sí mismas o si estaban abiertas al mundo. Mi comunidad optó por el proceso pascual de morir a las cosas no esenciales y resucitar a una vida más llena del Espíritu, donde podamos ver el rostro de Dios manifestado en muchas culturas.

Cuando entré a las Hermanas de San José mi madre me dijo estas palabras sabias para que las recordara: "Si no estás de acuerdo con una hermana mayor, permanece callada." Las mujeres asiáticas con frecuencia consideran que el silencio es contemplativo y utilizan el silencio para negar afirmación, para procesar lo que está pasando a su alrededor y para discernir los pasos a seguir. Significa involucrarse activamente y no es un acto de sumisión. Este es un elemento de la cultura vietnamita que me desorientó un poco cuando luchaba por encajar en una comunidad americana. En mi familia había aprendido a respetar a las personas mayores. Hasta reconocía el estatus de mi hermana mayor Trinh llamándola Chi Trinh, añadir "chi" es una forma de respeto para los mayores en la cultura vietnamita. Cuando las americanas me pidieron que no usara el título "hermana" y que sólo las llamara por su primer nombre, no supe qué hacer.

Mi más grande batalla en la vida religiosa ha sido combinar el valor del silencio con el uso de mi voz. Las hermanas animaban a que todas compartiéramos por igual nuestras opiniones, pero yo había crecido sabiendo que sería la última en hablar o no decir nada. Me di cuenta de que, cuando surgía un conflicto en un grupo, yo me quedaba callada. En conversaciones difíciles y desafiantes con mis compañeras de noviciado, yo me sentaba en silencio y observaba la dinámica. Permeancia en silencio por un tiempo aunque ya se hubiera terminado la reunión. Si me retiraba del grupo, las demás novicias se preocupaban. Cuando me lo expresaban, les compartía cómo enfrentamos los conflictos en mi cultura. Desde la perspectiva asiática, las conversaciones difíciles son comunitarias, respetuosas y con armonía y aquí era todo lo contrario. Mis amigas del noviciado pudieron salirme a medio encuentro en esto y yo voy creciendo. Ahora, frente a un conflicto, les digo a las hermanas que sólo necesito dos días de silencio en vez de catorce. Poco a poco, en situaciones difíciles, estoy aprendiendo a ser valiente para hablar respetuosa y honestamente. Aprender a participar en estas conversaciones con mis hermanas me ofrece inmolarme y resucitar a nueva vida, y se van creando nuevos entendimientos.

Durante mi transición, hubo momentos en los que me sentí estresada por las exigencias de la vida religiosa: estudiar, vivir en comunidad, balancear mi vida personal y espiritual, hablar de temas difíciles durante la formación y tener responsabilidades en el ministerio. En ocasiones mi nivel de estrés era tan elevado que quería salir corriendo o tomar un tiempo fuera de la vida religiosa. Hubo momentos en que pensé abandonar la vida religiosa. Me sentía frustrada y cuestionaba mi vocación, preguntándome si la vida religiosa era para mí. Siempre permití que Dios caminara conmigo en momentos difíciles, permitiéndome aprender, crecer y enfrentar los retos. Seguí siendo honesta con Dios, y en la oración, la soledad y el silencio, pude encontrar paz en el encuentro entre mis deseos y los deseos de Dios.

¿Por qué opté por permanecer en la vida religiosa? Dios es el centro de mi vida y creo en mi vocación. Estoy agradecida con las hermanas que continúan queriéndome y compartiendo sus vidas conmigo. Tengo muchos momentos de alegría y risas en la vida religiosa con mis hermanas. Me encanta la espontaneidad de ir al cine en medio de un día de trabajo, salir a comer y probar comidas de otras culturas, reírnos y hacer bromas y compartir momentos personales en conversaciones trasnochadoras o viajes por carretera. Agradezco haber tenido hermanas que vieron mi mayor potencial aún antes de que yo misma pudiera verlo y ellas se han convertido en mis personajes de sabiduría cuando necesité de sus fuerzas y de su cariño. Me encanta cuando me miran y se sienten orgullosas de que soy una de ellas y que soy una con ellas. La vida en comunidad me ha enseñado mucho de mí misma y ha sido una fuente de vida para crecer en la oración y profundizar mi relación con Dios y con el mundo. En resumen, mi corazón se siente en casa con mis hermanas y ¡estoy orgullosa de ser una hermana vietnamita americana! La transición es un tiempo difícil para las personas en formación inicial, y se agudiza para las que son de otras culturas. Durante este etapa es importante apoyar y amar a las mujeres que luchan por encontrar su identidad. Durante este tiempo de transición, mi deseo más profundo es que nuestras hermanas acompañen a los nuevos miembros, permitiéndoles crecer en nuestro carisma y vivirlo. He creado una sigla que ayude a comprender y a aceptar otras CULTURAS:

Cuidar con compasión

Unirse en el amor y comprender

Luchar por escuchar con la mente y con el corazón

Tenernos confianza mutua

Usar y comprender los dones y talentos individuales

Respetar tradiciones y ritos

Acoger diferencias y analogías

Saber hablar con integridad

Espero que un mayor número de mujeres de diferentes culturas sientan un espíritu de bienvenida para que juntas podamos involucrarnos en el mundo a nivel local y global con amor y respeto. Los grandes regalos al vivir entre dos culturas son profundizar la comprensión de encontrarse en los márgenes, así como la oportunidad de ser constructoras de puentes. Es importante conocer los retos a la justicia social en nuestra Iglesia y en nuestro mundo. Estar en los márgenes y conocer la pobreza localmente y a nivel mundial me sigue recordando que estoy llamada a salir al alcance y a tratar a toda persona con dignidad humana.

La vida religiosa ha sido para mí el misterio pascual de estar "entre y entremedio," y continúa siendo una de las etapas más transformativos de mi vida. Sigo maravillada de que Dios quiera ser solidario con tan diversa comunidad global. El misterio pascual es nuestra llamada a una vida eucarística, al amor de Cristo que compartimos unas con otras y que nos sostiene unidas no importa lo que pase o cuán diferentes seamos. Así como Jesús compartió comunidad y partió el pan con los discípulos, se nos llama a partir el pan y extender las manos hacia las problemáticas apremiantes del siglo XXI: los inmigrantes, los refugiados, los enfermos mentales,, la gente económicamente pobre y vulnerable, y todos los grupos marginados. Le ofrecemos a Dios los dones (pan, vino, nosotras mismas) que Él mismo nos ha regalado – he aquí nuestra pobreza; entonces todas somos transformadas y todas una en nuestra pobreza y en nuestra riqueza por. Cristo.

El camino del misterio pascual es ser parte de la familia de Dios. En el año 2015, cuando se cumplió el cuarenta aniversario de la caída de Vietnam Sur, mi familia y mi congregación se reunieron para celebrar mis votos perpetuos. Nunca olvidaré ese día en el que el este y el oeste finalmente se reunieron para celebrar. Mi ceremonia religiosa fue en dos idiomas, vietnamita e inglés, y se celebraron ambas culturas. En el ofertorio, les pedí a dos de mis hermanas religiosas que llevaran las ofrendas para expresar la gratitud de mi familia y de mucha otra gente por la presencia y el servicio de las hermanas. Representaban a las muchas religiosas en todo el mundo que han arriesgado su vida por la misión de Jesús. Es un honor para mí posarme en sus hombros. Más tarde celebramos la Eucaristía en la parroquia de mi casa con la comunidad vietnamita. Era la primera vez que la comunidad vietnamita de mi parroquia veía a una religiosa sin el hábito religioso tradicional. Mis padres se han dado a la tarea de dialogar con la comunidad para ayudarles a entender que hay otras formas de vivir la vida religiosa. Hoy comprendo que mi vida se ha enriquecido en servicio al prójimo porque tengo tres culturas en mi vida: la vietnamita, la EU americana, y la de la vida religiosa. Ir en busca de la identidad es una experiencia de pasión, muerte y resurrección, y la Eucaristía nos recuerda la resurrección. Se me llama a optar por la vida al partir mi vida por todo el mundo, y nos volvemos UNO.

Desarrollando una cultura de encuentro: encontrar vida en la comunidad intergeneracional e intercultural

Madeleine Miller, OSB

"Estamos acostumbrados a una cultura de indiferencia y debemos esforzarnos a pedir la gracia para crear una cultura de encuentro, de un encuentro fructífero, de un encuentro que le restaure a cada persona su dignidad como criatura de Dios."[1]

Introducción

En un mundo donde todo, incluso la persona humana, es tratado como objeto desechable, nosotras como religiosas estamos llamadas a proclamar un Evangelio arraigado en encuentro radical. Cuando las comunidades religiosas logran vivir con éxito esta cultura de encuentro, la propia vida de la iglesia y del mundo puede transformarse hacia un bien mayor. Para explorar esta invitación llena de gracia que se nos presenta hoy como religiosas, vamos a seguir tres senderos que nos llevarán adelante. Primero, analizaremos cómo ayudar a

---

[1] Francisco, "Vencer la indiferencia, construir una cultura del encuentro," Radio Vaticana, 13 de septiembre de 2016, consultado el 18 de abril de 2018, http://iglesia.org/noticias/item/4485-vencer-la-indiferencia-construir-la-cultura-del-encuentro.

las mujeres a encontrarse a sí mismas, a su Dios, y a sus hermanas y hermanos en Cristo con hospitalidad radical y disponibilidad. Luego, veremos cómo nosotras, siendo religiosas, estamos llamadas a vivir con apertura en comunidad intergeneracional e intercultural, buscando la verdad, la bondad y la belleza. Por último, examinaremos las experiencias vividas por religiosas que buscan soplar vida a esta cultura de encuentro hoy a pesar de nuestras limitaciones humanas. A medida que nuestra Iglesia crece en bella diversidad nosotras como religiosas estamos llamadas a dar testimonio profético al don de cada cultura, cada generación, y criatura de Dios.

Como religiosa de recién profesión perpetua me doy cuenta de que a nuestra Iglesia y a nuestro mundo les urge ver la cultura de encuentro nacer en nuestras comunidades religiosas. Viniendo de un mundo de individualismo y consumismo, permitir que Cristo transforme nuestra actitud del miedo a la gratitud nos convertirá en luces mucho más brillantes en un mundo oscuro. Aprendí esto directamente durante mi reciente tiempo de misión en Brasil. Esta experiencia me hizo pasar de completo terror a amor y gratitud profundos. Mientras que la frustración que sentía al no poder entender a mis propias hermanas o soportar el calor interminable, eran de verdad, aprendí de ello lo que significa apreciar la belleza de nuestra vida misionera y nuestra fe católica vivida con gozo. La misma oportunidad nos es posible a cada una de nosotras si nos arriesgamos a tomar este camino de transformación.

Encuentro y compromiso: discernimiento y formación

Considerar la vida religiosa como mujeres jóvenes de hoy, nos pide ponernos en el lugar de Moisés ante la zarza ardiente (Ex 3, 2). La presencia de Dios quiere transformarnos, alterando dramáticamente el curso de nuestras vidas y al mismo tiempo guiándonos hacia la integridad. Al igual que la zarza ardiente, el encuentro con Dios nos cambia, pero no nos "consume." Sabemos que el fuego no se detiene, tiene que moverse, crecer, derramar luz y dar todo lo que es. Cuando Dios nos llama a seguirlo en la vida religiosa, nos reta a seguir este mismo camino: movernos, crecer, reflejar la luz de Cristo y entregarnos de todo corazón. Frente a esta desconcertante perspectiva, es fácil sentir miedo. La buena noticia es que nunca decimos "sí" a Cristo solas. Decimos "sí" en y con nuestra comunidad, y fundamentalmente con Cristo cuyo perfecto "sí" perfecciona todos nuestros "sís."

Al avanzar en nuestro discernimiento, podemos hacernos tres preguntas clave. ¿Estoy verdaderamente dispuesta a encontrarme con Dios y a dejarme transformar? Para responder, debemos mirar dentro y más allá de nosotras. En el primer capítulo del Evangelio de Juan, cuando Jesús empieza a invitar a otros al ministerio público nos encontramos a dos discípulos que llegan gradualmente a comprender su llamado. Jesús les hace varias preguntas que los sacan de sí mismos. A medida que lo siguen físicamente, les enseña a seguirlo holísticamente. Después de preguntarle dónde vive, Jesús simplemente responde, "Vengan a ver" (Jn 1, 39). Para seguir a Jesús en una relación de encuentro, necesitamos verla con un espíritu de caridad y no de perfección. En el proceso de discernir la vocación a la vida religiosa, podemos racionalizar que es muy tarde para que cambiemos, que nos gusta nuestra zona de confort, o que no somos dignas. La caridad perfecta no se trata de esto. Como explica Edward P. Hahnenberg: "La palabra perfección implica crecimiento. Caridad significa amor. Entonces, ser santa consiste en crecer en el amor. Esta es nuestra primera y más importante vocación."[2] Dios mismo nos enseña a amar y si confiamos en el proceso, le permitimos que nos prepare para hacer grandes cosas para su gloria.

La segunda pregunta que el discernimiento nos propone es: ¿Estoy dispuesta a encontrarme con mi verdadero yo? Enseguida descubrimos que el discernimiento "no es una cacería por tesoros

---

[2] Edward P. Hahnenberg, "Theology of Vocation: Attuned to the Voice of God," *Human Development Magazine* 36 (primavera de 2016), 54-58.

espirituales. Se trata menos de mirar hacia afuera y más de escuchar adentro."[3] Para escuchar el susurro de Dios es esencial apagar el ruido, desconectarnos de las distracciones y empezar a fomentar una vida de oración disciplinada. El camino de auto-descubrimiento es difícil y con frecuencia salen a luz áreas para nuestro crecimiento interno o viejas heridas que necesitan sanar. Esto nos fuerza a mirar nuestras fallas, nuestras debilidades y deficiencias. En este encuentro también nos enfrentamos cara a cara con nuestra propia complacencia. En el Día Mundial de la Juventud del 2016, el Papa Francisco les recordó a las y los jóvenes de hoy lo fácil que es confundir la felicidad con pasarnos el día pasivamente sobre un sofá. Aunque holgazanear en el sofá pareciera ser lo que más añora la juventud, "es probablemente la parálisis más dañina e insidiosa que puede causar el daño más grande a la gente joven….Poco a poco… empezamos a cabecear y nos volvemos soñolientos y aburridos."[4] Es obvio que no podemos vivir nuestra vocación de forma mediocre. Cada nueva hermana debe entregarlo todo sin tener una hoja de ruta. Cuando las cosas se ponen difíciles durante nuestro caminar hacia auto conocimiento, nos recordamos a nosotras mismas que la identidad llena de gracia que recibimos en el bautismo permanece viva y activa.[5]

La formación nos ofrece un momento pascual de encuentro donde podemos vencer las barreras internas cada una de nosotras lleva dentro y vivir con una apertura radical. Aprender a ser vulnerables, permitir a que se nos instruya, estar dispuestas realmente a cambiar—esto es indispensable si queremos crecer en nuestra vocación que requiere un encuentro holístico (cuerpo, mente y espíritu). Jean Vanier nos recuerda: "La comunidad es un lugar maravilloso que aporta vida;

---

[3] Ibid., 59.

[4] Francisco, "Viaje a Polonia: vigilia de oración con las y los jóvenes en el Campo de la Misericordia," 30 de agosto de 2016, consultado el 11 de mayo de 2017, https://w2.vatican.va/content/francesco/en/speeches/2016/july/documents/papa-francesco_20160730_polonia-veglia-giovani.html.

[5] Para ahondar en este tema, consultar los capítulos de este libro escritos por las hermanas Amanda Carrier y Desiré Findlay, xxx–xxx y xxx–xxx.

pero también es un espacio de dolor porque es un lugar de verdad y crecimiento – la revelación de nuestro orgullo, nuestros temores y nuestra fragilidad."[6] Cuando acogemos nuestro herido ser con la ayuda de Cristo, nuestro sanador herido, podemos comprender que tan profundamente se nos ama, tal y como somos. Sabiendo esto, podemos ver claramente que la historia de nuestra comunidad imperfecta es nuestra propia historia, nuestra compartida historia de salvación. Sólo cuando nos conocemos y nos amamos de manera profunda podemos amar a Dios y al prójimo, con la capacidad de dar vida como sanadoras heridas.[7]

La tercera y última pregunta que descubrimos es esta fase de nuestro caminar es: ¿Estoy dispuesta a un profundo encuentro con las otras personas tal y como son? La formación nos ayuda a celebrar la diversidad y ver a cada hermana o hermano como parte hermosa del cuerpo de Cristo. El encuentro también debe cobrar vida en nuestra misión de servicio juntas. Allí, en los márgenes, podemos ayudar a que las personas que se sienten excluidas y silenciadas sientan ser aceptadas y amadas. Como nos explica Vanier: "Cuando acogemos a gente de este mundo de angustia, fragilidad y depresión, cuando poco a poco descubren que son amadas y deseadas tal como son, y que hay un lugar para ellas, entonces somos testigos de una transformación – incluso diría de una 'resurrección.'"[8] Como hermanas que vivimos la cultura del encuentro, estamos llamadas a asumir una postura consistente de diálogo, escucha, aprendizaje y respeto.

A medida que aprendemos a abrir nuestras alas durante la formación o después de la profesión, es esencial que sepamos que cometeremos errores. El Papa Francisco otra vez nos da un mensaje de aliento para estos momentos. Dijo a los jóvenes en Polonia: "Si

---

[6] Jean Vanier, *From Brokenness to Community* (Nueva York: Paulist, 1992), 10–11.

[7] Para profundizar la discusión sobre este tema, consultar el capítulo de este libro escrito por la hermana Amanda Carrier, xxx–xxx.

[8] Vanier, *From Brokenness to Community*, 15.

son débiles, si fallan, levanten un poco la mirada porque allí están los brazos abiertos de Jesús que les dice: 'levántate, ven conmigo.' '¿Y si vuelvo a caer?' Levántate otra vez."[9] Cualquier compromiso con Dios es un don que inicia en Él y que Él sostiene a diario. La profesión religiosa es un compromiso que hacemos en la Iglesia y para la Iglesia, nunca para nosotras mismas ni basado en nuestro poder humano.

Vidas de encuentro radical: vida comunitaria intergeneracional e intercultural

El tiempo de oración que pasé en la casa de retiro de mi congregación me ha llevado a reflexionar un poco más en los dones de diversidad y encuentro. Amo hacer lectio divina sentada en la terracita de la cabaña desde la que se aprecia un arroyo, escuchando el agua vertiendo sobre las rocas y siguiendo hacia el recodo que la lleva hacia el puente río abajo. De muchos modos, este arroyo sagrado representa la hermosa diversidad de la vida religiosa actual. El arroyo en que nos encontramos tiene su fuente en Dios, y nos conduce de vuelta a Dios quien nos lleva a lo largo del camino con la misma ternura y amor, sin tomar en cuenta nuestra cultura o generación.

En nuestras comunidades actuales, encontramos miembros adultas jóvenes, maduras, y mayores. Como nos dice Erik Erikson, cada etapa del desarrollo puede expresarse de manera sana y enfermiza.[10] La labor de la joven adulta es formar relaciones cercanas y adquirir la capacidad de amar íntimamente, en tensión con aislamiento y el dolor de rechazo. Entretanto la labor de la adulta madura es generar: contribuir al mundo. Las adultas maduras desean

---

[9] Francisco, "Viaje a Polonia."

[10] Saul McLeod. "Erik Erikson," *Simply Psychology* 20 de octubre de 2016, consultado el 8 de mayo de 2017, https://www.simplypsychology.org/Erik-Erikson.html.

dar vida pero pueden desviarse en fatalismo y retracción. Por último, las adultas mayores reflexionando sobre la vida y preparándose para dejar su legado; aman ser generosas, pero frecuentemente luchan contra sentimientos de inutilidad. Estas y otras tendencias propias del desarrollo, buenas y malas, son parte de las tensiones que se dan hoy en la vida comunitaria intergeneracional. A medida que cada hermana crece en conciencia de sí misma a lo largo de su vida religiosa, puede crecer de manera que le ayuda a expresar intimidad, capacidad generativa e integridad en vez de aislamiento, estancamiento y desolación.

Para descubrir concretamente como vivir bien en una comunidad intergeneracional, podemos aprender a través de algunas tendencias esperanzadoras. Por ejemplo, en el 2015 *The Atlantic*[11] publicó un importante artículo sobre numerosos asilos donde los estudiantes universitarios viven con las personas mayores, ofrecen tiempo como voluntarios, forman relaciones significativas y solventan sus gastos de hospedaje. La investigación citada en el artículo declara que "para los residentes, los estudiantes representan una conexión con el mundo exterior."[12] Los estudiantes les comparten su energía, sus nuevas ideas, su conversación y hasta habilidades tecnológicas como el uso de Skype (video llamadas). Mientras "las investigaciones vinculan la soledad con la disminución mental y el incremento de la mortalidad ... se ha demostrado que la interacción regular con amigos y familiares mejora la salud"[13] de las personas mayores. Con el tiempo, los residentes y los estudiantes se animan y se apoyan mutuamente en espíritu de comunión. En una casa para jubilados en Cleveland, Ohio, se ha implementado una práctica similar en colaboración con una escuela de música de la localidad.[14] Allí, los

---

[11] Revista literaria y cultural fundada en Boston en 1857 (N. de la T.).

[12] Tiffany Jansen, "To Save on Rent, Some Dutch College Students Are Living in Nursing Homes," *The Atlantic*, 5 de octubre de 2015.

[13] Ibid.

[14] Heather Hansman, "College Students are Living Rent-Free in a Cleveland Retirement Home," *Smithsonian*, 16 de octubre de 2015.

estudiantes comparten sus talentos musicales a través de conciertos y sesiones de arte terapia, aportando alegría y belleza a los mayores. A pesar de la gran brecha generacional entre ambos grupos, los participantes pueden acompañarse mutuamente en los alti-bajos de la vida humana en forma positiva.

Para vivir eficazmente en una comunidad intergeneracional ya sea en el mundo o en la vida religiosa, nosotras las jóvenes necesitamos ciertas habilidades prácticas. Primero, tenemos que ver y recibir a Cristo presente en nosotras y las otras. Cristo, nuestro maestro y señor, siempre quiere hablarnos a través de los demás, Consecuentemente necesitamos abrirnos a aprender de nuestras hermanas mayores. El Papa Francisco nos ha dado un consejo claro: "Pregúntenles muchas cosas, escúchenlas; tienen la memoria de la historia, la experiencia de la vida, lo que para ustedes será un gran regalo que les ayudará en su caminar."[15] Si escuchamos con el oído del corazón, aprenderemos cómo nuestras hermanas han vivido fielmente nuestro carisma y misión durante muchas décadas de vida en comunidad. Sus relatos nos pueden decir mucho más que lo aprendido en cualquier clase de formación o artículo.

Así como recibimos de nuestras hermanas mayores, así necesitamos estar dispuestas a reversar mentoras para compartir con ellas nuestros talentos y habilidades propios de nuestra juventud. A través de conversaciones profundas podemos compartirles qué tal es el proceso de discernimiento vocacional de hoy. Podemos compartirles nuestras alegrías y nuestras luchas para crecer en medio de la cultura actual y lo difícil que es encontrar nuestro camino en la vida cuando tenemos tantas opciones por delante. Nos puede consolar ver que nuestras mayores no tienen resuelto todo lo relacionado con la vida religiosa y que es normal vivir con incertidumbres. Esto abre la puerta a la acción del Espíritu. Al formar relaciones, nosotras

---

[15] Francisco, "Palabras a los jóvenes de la Acción Católica italiana," 20 de diciembre de 2016, consultado el 18 de abril de 2018, https://w2.vatican.va/content/francesco/es/speeches/2013/december/documents/papa-francesco_20131220_azione-cattolica-italiana.html

como hermanas jóvenes podemos arraigarnos más en nuestras comunidades, afinar nuestra escucha, crecer en compasión para quienes son diferentes a nosotras y ver y servir a Cristo en nuevas situaciones. Nuestras hermanas mayores nos dan ejemplos valiosos de cómo envejecer bien. Esta espiritualidad nos ayuda a profundizar más, a interiorizarnos y a entregarnos totalmente al Dios, quien nos llama y sostiene nuestro "sí" como religiosas.[16] Las mayores nos enseñan a perdonarnos a nosotras mismas, a encontrar nuestra identidad en lo que somos en vez de en lo que hacemos y a agradecer quiénes somos juntas como comunidad. Como la hermana Janet Malone lo explicó elocuentemente: "La gratitud implica satisfacción con la vida, con nosotras mismas, con nuestra congregación y con el mundo. Soy suficiente. Soy suficientemente buena. Tengo lo suficiente."[17]

En un artículo muy convincente, la hermana Teresa Maya, escribió hace poco una carta a las hermanas de la "Gran generación." Acredita a estas hermanas haber sido un catecismo viviente a través del cual aprendió sobre la Iglesia y la vida religiosa.[18] Les dice, "Quizás no sepan esto, pero sus vidas fueron el primer catecismo de mi generación – ¡sí, sus vidas! Sus intentos, su búsqueda de sentido y propósito… su teología, su poesía, su arte. Sus vidas fueron, en efecto, nuestra primera teología."[19] En lugar de tratar de escribir solas nuestra propia historias, necesitamos aprovechar las aguas vivificantes que nuestras hermanas mayores sostienen en sus sagradas manos y sumergirnos en nuestra historia compartida. La hermana Teresa invita a las mayores a no darnos por perdidas: "Mi generación necesita su sabiduría; las necesitamos como mentoras, para aconsejarnos, para

---

[16] Janet Malone, "A Spirituality of Aging in Religious Congregations," *Human Development*, 34, No.2 (verano de 2013), 8–17.

[17] Ibid., 14.

[18] Teresa Maya, "An Open Letter to the Great Generation," *Global Sisters Report*, 4 de diciembre de 2016, consultado el 8 de mayo de 2017, http:// globalsistersreport.org/column/trends/open-letter-great-generation-16171.

[19] Ibid.

contar las historias, para pasarnos su pasión, para estar a nuestro lado y asegurarnos que no le hace cometer, errores, hay que volver a intentar, para inspirarnos a continuar su legado."[20] Hacer esto, tomar estos riesgos, producirá abundantes frutos. Al tiempo que nosotras las hermanas jóvenes necesitamos arriesgar confiar en otras, nuestras mayores necesitan arriesgar confiar su legado en nuestras manos.[21]

Después de considerar el don de la comunidad intergeneracional, demos un vistazo a la comunidad intercultural. Para nuestras antecesoras, el reto central durante los 1900 consistió en navegar e implementar las directivas del Concilio del Vaticano II. *Nostra aetate* (Declaración sobre las relaciones de la Iglesia con las religiones no cristianas) pidió a los católicos encontrar verdad en todas las fes.[22] *Perfectae caritatis* (Decreto sobre la adaptación y renovación de la vida religiosa)[23] también fue reto para las religiosas y los religiosos a redescubrir sus raíces y reorientarse para responder a las necesidades actuales de la Iglesia y el mundo a través de los lentes de la visión fundadora de su congregación. El caminar de nuestras hermanas, frecuentemente doloroso, es parte de la cultura de su generación. Yo creo que nuestra generación de religiosas jóvenes también tiene su propia cultura. Algunos de los elementos principales de nuestra cultura son el amor a la Iglesia, la esperanza en el futuro de la vida religiosa, el deseo de que todas las personas se sientan bienvenidas en la familia de Dios y la creencia de que nuestra postura profética como religiosas es un don singular para el mundo. El reto que enfrentamos es descubrir lo que es verdad, bondad y belleza en cada generación y cultura, tanto dentro como fuera de las paredes de nuestros monasterios.

Al igual que cada generación, cada cultura también tiene su dignidad y valor. Ya sea que una hermana venga de una aldea

---

[20] Ibid.

[21] Consultar el capítulo sobre este tema escrito por Teresa Maya, xxx–xxx.

[22] Consultar los documentos del consilio Vaticano II, http://www.vatican.va/ archive/hist_councils/ii_vatican_council/index_sp.htm

[23] Ibid.

pobre de Tanzania o de una ciudad rica de Europa, todas nos encontramos en comunidad juntas en busca de Dios en y a través de la diversidad de nuestras culturas. La riqueza de nuestra diversidad está fundamentalmente vinculada al evento de Pentecostés. Como discípulas de Jesús, podemos permanecer escondidas y llenas de miedo, preguntándonos de dónde vendrá la próxima amenaza, o permitir que el Espíritu sople sobre nosotras, llamándonos a manifestarnos en nuestra unidad diversa. Por ejemplo, cuando el año pasado llegó a mi comunidad una nueva hermana proveniente de Asia, tuve la gracia de oportunidad de recibirla como mi hermana. Cuando cada una de nosotras responde al llamado de hospitalidad radical, podemos ipso facto (en el acto) darle vida a nuestro carisma y no permitir que quede estancado. En esta acogida radical nos encontramos con nuestro Dios quien, al igual que nuestro carisma, anhela la vida y siempre quiere salir a nuestro encuentro en el momento presente.

En mi vida como hermana joven, la experiencia de aprendizaje más profunda que he tenido ocurrió durante mis tres meses de asignatura como misionera en el priorato de Olinda, Brasil, en preparación para mis votos perpetuos en el 2015. Después de superar el susto inicial y las preocupaciones por la seguridad en Latinoamérica, el calor, mis dificultades con el portugués brasileño y la experiencia de estar fuera de mi zona de confort, recibí el mayor y más valioso don: el encuentro. Mientras estuve en Brasil, me sumergí en la vitalidad, riqueza y profundidad de la cultura histórica de la Iglesia ahí. La participación en la representación viviente de la pasión cerca de Barbalha, trabajar en nuestro preescolar en una favela cercana, y ver la devoción profunda de la gente que venía a la Misa en nuestra capilla, me conmovieron más allá de poder describirlo. Antes de viajar a Brasil, una de mis hermanas mayores me dijo que lo más importante que hay que hacer en la misión es escuchar. Me contó sobre su experiencia de misión en Namibia: "Los dos primeros años los pasé escuchando, sólo entonces empecé a hablar." Esto me ayudó a absorber y apreciar la variedad de culturas y generaciones de forma adecuada, sin escuchar las voces críticas de los miedos que muchas veces nublan mi pensamiento. Como vivía desde una postura contemplativa, las hermanas sintieron la libertad de instruirme sobre sus vidas, sus luchas, sus alegrías y las formas en que dan vida a nuestro carisma dentro de su cultura y generación. Entonces pudo florecer el verdadero encuentro.

A pesar de las muchas diferencias aparentes y sutiles entre mi cultura norteamericana y la cultura brasileña, poco a poco pude ver los hilos que nos unen. Cada hermana en cada generación ha sido llamada por el mismo Dios, alimentada por la misma vida sacramental en la Iglesia y sostenida en su caminar por su Dios y su comunidad. En Brasil pude aprender de nuestras hermanas mayores, de origen alemán, que fueron enviadas allí como misioneras hace varias décadas y pude valorar cómo encontraron un equilibrio sagrado entre ser ellas mismas y ser también brasileñas. Siendo mayores pero floreciendo en comunión con las hermanas jóvenes brasileñas llenas de energía, vi a nuestras hermanas mayores crear una cultura de encuentro llena de vida y dando vida. Su testimonio personifica aquello que creo estamos llamadas a vivificar hoy en nuestras propias comunidades interculturales e intergeneracionales.

Luchamos por formar comunidades saludables, vivificantes, intergeneracionales e interculturales, pero no podemos esperar perfección. Cometeremos errores en el camino, por muy buenas que sean nuestras intenciones. Esta certeza me trae a la mente una experiencia al inicio de mi formación, cuando una hermana de otro continente me dio clases de órgano. En su cultura, las clases eran formales y estructuradas. No era tiempo para conversar como amigas. Después de las primeras lecciones, yo estaba convencida de que esta hermana no quería tener nada que ver conmigo. Mi sabia maestra de novicias me ayudó a entender que esta hermana provenía de una cultura diferente a la mía. Mi tarea como su hermana de comunidad no era juzgarla, ni huir en dirección contraria, ni tratar de cambiarla. En lugar de ello, necesitaba entender su punto de partida y adaptar mi postura interior a una de respeto y aprendizaje.[24] Este pequeño ejemplo da vida al gama en que habita la gente en términos de competencia intercultural y la invitación a crecer hacia una vida de comunidad diversa. En lugar de permanecer en disimulo, en polarización, en rechazo o en minimización, podemos avanzar hacia las tierras fructíferas de aceptación y adaptación y aún más allá: hacia la celebración. Al reflexionar sobre su propia experiencia de vivir en una comunidad intercultural, la hermana Melinda Pellerin, afroamericana de la congregación de San José, escribió: "Las otras hermanas tratan de acoger mis experiencias culturales, lo que como o cómo celebro. A veces funciona y a veces no. Todas estamos aprendiendo."[25] Cuando nos mantenemos aprendiendo unas de otras, continuamos siendo buenas estudiantes en lo que San Benito llamó "la escuela del servicio al Señor," donde cada día traemos a la mesa todo aquello que somos.

Habitando en el encuentro: experiencias vividas en comunión

Ante nosotras permanecen dos preguntas esenciales en el afán de encarnar la cultura del encuentro. La primera es: ¿Cómo se vive y se comparte esto en la misión? La segunda pregunta es: ¿Hacia dónde vamos hoy como religiosas a partir de esto? Para ahondar más en la primera pregunta sobre cómo vivir la cultura del encuentro, compartí el tema con las hermanas de mi comunidad a través de un cuestionario sobre la comunidad intergeneracional e intercultural junto con la cultura del encuentro propuesta por el Papa Francisco.

---

[24] *The Rule of Saint Benedict 1980*, ed. Timothy Frye (Collegeville, MN: Liturgical Press, 1981).

[25] Elizabeth Evans, "Q&A With Sr. Melinda Pellerin, on Having Two Callings," *Global Sisters Report*, 14 de octubre de 2016, consultado el 11 de mayo de 2017, http://globalsistersreport.org/blog/q/ trends/q-sr-melinda-pellerin-having-two-callings-40041.

Reflexioné sobre sus profundas respuestas y en la oración tomé en cuenta su sabiduría junto con la de los santos, especialmente Santa Teresa de Calcuta. A continuación, comparto algunos de los frutos de mi reflexión.

Después de años de vivir en nuestra comunidad intergeneracional e internacional, nuestra priora actual, hermana Pía Portmann, OSB, contó lo siguiente: "Cada cultura tiene una forma propia y singular para expresar su identidad. Nuestra congregación tiene su propia monástica/misionera cultura que nos une... aprendí a escuchar y observar antes de pronunciar o juzgar... he aprendido a soltar, a ajustar, a ser flexible y a amar."[26] Soltar y hacerme flexible fueron esenciales también para mí durante mis años de votos temporales. La hermana Pía que es suiza pero sirvió como misionera en Tanzania y en Italia antes de venir a los Estados Unidos, fue nuestra directora durante ese tiempo., Escuchar sus historias y verla como ejemplo vivo de la cultura del encuentro fue un gran regalo y también un reto. Recuerdo que en muchos momentos, llegue a decirme: "Puede que sea mayor y de otra cultura, pero su ejemplo de fiel y alegre vida de Benedictina misionera es algo de lo tengo que aprender y que no puedo descartarlo como que no viene al caso." Ser formada por la hermana Pía me ayudó a llegar a soltar mis ídolos de eficiencia al aprender a apreciar el regalo del trayecto, el don de Dios que cada persona es en nuestras vidas.

Ante la pregunta sobre cómo vivir con hermanas de otras generaciones y culturas, nuestra priora anterior, la hermana Kevin Hermsen, OSB, nos dijo que llegó a aprender "que cada persona es importante, ¡incluso aquellas que te vuelven loca!... puedes vivir con personas que Dios ha traído a la comunidad, aunque tú nunca las hubieras elegido."[27] En sus escritos, Santa Teresa de Calcuta con frecuencia nos recuerda que nuestra vocación se basa en Jesús, no

---

[26] Pia Portmann, entrevistada por la autora. Cuestionario para el proyecto de libro sobre la vida religiosa. Norfolk, NE, diciembre de 2016.

[27] Kevin Hermsen, respuestas al Cuestionario para el proyecto de libro sobre la vida religiosa, diciembre de 2016.

en ninguna persona o servicio que encontramos en la comunidad. Hacemos nuestros votos a Él y lo único que nos sostiene es su fidelidad. Al hablar sobre el servicio misionero, la Madre Teresa les explicaba a sus hermanas: "¿Cómo podemos amar a Dios y a sus pobres si no nos amamos las unas a las otras con quienes vivimos y compartimos el Pan de Vida cada día?... ¿Reconozco la belleza de mis hermanas, las esposas de Cristo, al partir el pan en la Eucaristía—en la Misa diaria que vivimos juntas?"[28] Al amar a Dios en nuestras hermanas, nos preparamos para recibirlo en el disfraz angustioso de la gente pobre a la que servimos en la misión.

La Iglesia nos enseña que Dios siempre busca la unidad y la comunión, mientras que Satanás promueve la división y la desunión. Para lograr la unión, Dios nos llama a utilizar prácticas como el diálogo, la oración, el compartir, el perdón y la misericordia. Con esto la transformación ocurre de forma radical. Como novicia, Sarah comparte: "Las hermanas de otras culturas y generaciones definitivamente me han ampliado la mente. He encontrado de todo, desde mejor comprensión de la Gran Depresión y la Segunda Guerra Mundial, hasta abrir la mente y el corazón a la música y a los bailes propios de otras culturas. Las generaciones mayores y la variedad de culturas definitivamente me han permitido ver mejor mis prejuicios y defectos, por lo que me ha permitido luchar tanto más hacia la santidad a través de un autoconocimiento mejor."[29] A pesar de la tentación de estereotipar a los demás necesitamos abrirnos a la diferencia como algo hermoso e impredecible. Por ejemplo, las mayores necesitan ver que las jóvenes que desean formas tradicionales de devoción no necesariamente quieren retornar a todos los elementos de la Iglesia pre Vaticano II. Nuestros liderazgos y hermanas mayores están llamadas hoy a entender que podemos tener diferencias relativo a los ritos que nos parecen significativos

---

[28] Teresa de Calcuta, *Where There is Love, There is God*, ed. Timothy Fry,- (Collegeville, MN: Liturgical Press, 2010), 57.

[29] Sarah McMahon, entrevistada por la autora. Cuestionario para el proyecto de libro sobre la vida religiosa. Norfolk, NE, diciembre de 2016.

para nuestra vida, pero esto no es una amenaza existencial sino una oportunidad de apertura.

Después del camino sinuoso hacia el autoconocimiento durante el tiempo de formación, las hermanas jóvenes siempre encontraremos en la comunidad oportunidades para crecer en santidad. La hermana Constance Tescan, OSB, de Las Filipinas, también compartió que los retos de vida en comunidad diversa nos ayudan a adaptarnos a las debilidades de las unas a las otras y a crecer en compasión.[30] Al preguntarle cuál es el don que su generación aporta a la comunidad, respondió: "flexibilidad, sencillez y agilidad."[31] Aún con nuestras muchas diferencias, con la ayuda de Dios podemos ver lo que nos hace uno. La hermana Constance afirma que manteniendo su fuerte y auténtico ser "me hizo buscar formas creativas de mirar a las demás como parte de mí, del priorato y de la congregación. Veo que cada persona, como yo, está tratando y luchando por ser una verdadera Benedictina a los ojos de Dios."[32] Ver con los ojos de Dios es el don que más necesita nuestro mundo actual y el don que más se nos llama a vivificar.

Las experiencias anteriores nos ayudan a pensar cómo podemos encarnar la cultura del encuentro en el futuro. Cuando preguntamos cómo nuestra comunidad puede ser más acogedora hacia nuevos miembros, la hermana Deana Case, OSB, compartió: "Ser abiertas, evitar actitudes que juzgan, ofrecer amabilidad y calor… aprender a, reír y a actuar como si el mismo Cristo viniera y tocara a nuestra puerta."[33] Necesitamos acoger todas las culturas y generaciones que buscan vivir el Evangelio a través de la vida religiosa. Celebrar la identidad es intrínsecamente parte del espíritu de comunión, el cual se fortalece cuando nuestras hermanas africanas danzan el

---

[30] Constance Tescon, entrevistada por la autora. Cuestionario para el proyecto de libro sobre la vida religiosa. Norfolk, NE, diciembre de 2016.

[31] Ibid.

[32] Ibid.

[33] Deana Case, entrevistada por la autora. Cuestionario para el proyecto de libro sobre la vida religiosa. Norfolk, NE, diciembre de 2016.

ofertorio hacia la mesa de la Misa. Vanier explica: "De hecho, la comunión da libertad para crecer. No es posesividad. Conlleva una profunda escucha a los demás, ayudándoles a llegar a ser más a lleno ellos mismos."[34] Para crecer hacia el futuro, necesitamos abrazar la escucha profunda de la comunión, permitiendo que cada persona tenga la libertad de crecer en su propia cultura y generación.

En un artículo que escribió mirando en retrospectiva su vida religiosa y pensando en generaciones futuras, la hermana Ann Marie Paul, SCC, propuso una serie de actitudes prácticas que incluyen estas tres que nos ayudan a fomentar la libertad entre nuestras hermanas diversas.[35] En primer lugar, recomienda ser agradecidas de manera que podamos ver la diversidad como un don. Con un toque de humor, la hermana Ann Marie comenta: "Estoy agradecida por la acogida que recibí de las hermanas y todas las orientaciones que me dieron – desde dónde encontrar más papel sanitario hasta cómo perseverar en la vivencia de los votos."[36] En la primera comunidad que visité siendo recién convertida al catolicismo, una hermana tuvo que explicarme que un rosario era una forma de oración y no un conjunto de rosas. El tiempo que se tomó y la forma tan agraciada en la que me explicó me infundió valor durante mis vulnerables años de discernimiento. Cualquier pequeño gesto de amabilidad, así como los momentos de encuentro, nos pueden llevar de la muerte a la vida.

La segunda actitud que nos ofrece la hermana Ann Marie en relación con el futuro de la vida religiosa es "ser la comunidad que quieres ver," vivir una vida íntegra con un "sí" dado con todo el corazón.[37] Si como hermanas jóvenes queremos ver la cultura del encuentro instaurada en nuestras comunidades, necesitamos vivirla. De la misma manera, tenemos que vivir nuestros carismas con autenticidad. Estamos llamadas a ser fieles a los elementos

---

[34] Vanier, *From Brokenness to Community*, 17.

[35] Ann Marie Paul, "Gleanings from My First Ten Years," *Review for Religious* 69, No.1 (2010), 63–70.

[36] Ibid., 64.

[37] Ibid., 65.

fundacionales de nuestra vida: oración, comunidad, servicio, sencillez, sacramentos y un compromiso por vida en el corazón de la Iglesia.[38] Como joven novicia, me conmovía ver a nuestra priora cada mañana en la capilla, antes de Laudes, orando con las Escrituras. Este modelo de autenticidad me enseñó algo invaluable y me retó a ofrecer lo mismo a las que entran ahora. La juventud actual se enfrenta constantemente con íconos culturales superficiales y figuras públicas hipócritas. Buscan algo radical, auténtico y transformador. Como religiosas completamente comprometidas de nosotras depende ser audaces al vivir nuestra vocación.

Por último, la hermana Ann Marie nos llama a asumir una actitud solidaria. No estamos solas en este caminar y no podemos permitirnos el lujo de centrarnos en nosotras mismas. Cuando nos encontramos en medio de una tormenta, Cristo es nuestra ancla, y nuestro carisma el mapa que nos llevará a puerto sanas y salvas. Enraizarnos en la vida sacramental de la Iglesia, especialmente frecuentar los sacramentos de la Eucaristía y la Reconciliación, nos mantendrá en el camino de la vida y comunidad sana. Cuando entré, el monasterio estaba en medio de una renovación. Un día, cuando la capilla estaba casi terminada, fui a visitarla junto con mi maestra de novicias, quien me explicó por qué nuestras hermanas habían decidido poner una gran imagen de nuestra cruz misionera Benedictina directamente sobre el altar. Esto me impresionó profundamente. Me dijo que este era nuestro llamado: llevar a Cristo a quien recibimos en la Eucaristía al mundo en servicio misionero. Estaríamos perdidas sin la adhesión a la Eucaristía recibida en este momento de encuentro sacramental. De la misma manera, nos apoya el poder de la misericordia que nos transforma en la Reconciliación. Ahora que he hecho mis votos perpetuos, aprecio esto más que nunca. Vivimos tan ocupadas que casi nunca nos detenemos para permitir ser sanadas y amadas en

---

[38] Paul Michalenko y Dominic Perri, "Authentic Responses to the Future of Religious Life," *Human Development* 33, No. 4 (invierno de 2012), 3–9.

nuestra fragilidad. En la vulnerabilidad de este sacramento podemos recibir el amor sanador de Cristo. También encontramos este arraigo en nuestras hermanas. Cuando llegué a Brasil me sentía como pez fuera del agua; pero una de las principales fuentes que me sostuvieron fue el grupo de nueve juniores alegres y generosas que conocí allí y que me acogieron con los brazos abiertos. Con ellas, nunca estuve sola en el caminar. Pase lo que pase, la hermana Ann Marie aconsejaba: "Eviten perder el tiempo preguntándose cómo a Dios se le ocurrió que este grupo tan variopinto pudiera hacer algo en común, menos aún, que pudiera vivir en comunidad y dar testimonio del amor de Dios. En vez de eso, alaben y den gracias a Dios por la maravillosa diversidad en la que tienen el privilegio de participar."[39] Juntas en nuestra hermosa y vivificante diversidad, podemos recibir sin miedo el regalo del momento presente. Los conflictos son inevitables, pero si practicamos apertura, podemos liberarnos de la prisión que pueden crear.

Conclusión

Como religiosas de hoy encarnamos la cultura del encuentro para una Iglesia y un mundo hambrientos de relaciones y esperanza. Estamos llamadas a ayudar a las mujeres a encontrarse a sí mismas, a Dios, y a los demás durante el discernimiento y la formación. Nuestras comunidades necesitan abrazar encuentro, tanto en la teología como en la práctica dentro de una vida comunitaria intergeneracional e intercultural. Las experiencias vividas por las hermanas comprometidas a la cultura del encuentro en diversos contextos comunitarios nos ofrecen luces clave y fructíferas Cada cultura y generación tiene sus propios relatos y dones. Narrar nuestras historias, recibir las de las demás, y celebrar cómo Dios se mueve en la iglesia hoy día, viviremos en una sola historia --la historia del amor redentor de Dios.

---

[39] Ibid., 69.

En palabras de Jean Vanier, Cristo nos invita a entrar en esta única historia: "Ven a vivir con estas hermanas y hermanos, quienes quizás se pelean por tonterías como mis primeros discípulos, pero este es el lugar a donde te estoy llamando hoy. Puede que sea difícil, pero será para ti un lugar de crecimiento en amor. Es ahí donde te revelaré mi amor."[40]

---

[40] Vanier, *From Brokenness to Community*, 42.

Los puentes que cruzo y las hermanas que los construyen

Christa Parra, IBVM

Hay tantísimas fronteras
que dividen a la gente,
pero por cada frontera
existe un puente.

There are so many borders
that divide people
but for every border
a bridge exists.[1]
(Gina Valdés)

"Ojalá tuviera una chaqueta más calientita," pienso mientras trato de caminar tan rápido como la hermana Rita para cruzar el inmenso puente que conecta El Paso, Texas, con Ciudad Juárez, Chihuahua. Esta hermana irlandesa, de casi ochenta años, cruza cada semana hacia el otro lado para trabajar con las mujeres en el

---

[1] Gloria Anzaldua, *La Frontera/ Borderlands: The New Mestiza*, 4ta edición, (San Francisco: Aunt Lute, 2012), 107.

Centro de Santa Catalina,[2] una cooperativa de costura y centro de espiritualidad ubicado en una vecindad indigente. Nos apuramos a cruzar el puente para alcanzar el autobús. Ella me da su bufanda y rápidamente me envuelvo la cara congelada. Al llegar a la parada, me doy cuenta de que no tengo ni un peso. La hermana le pregunta al señor al lado de nosotras si le sobran algunos pesos para mi pasaje y este accede amablemente. Al subir al autobús viejo y destartalado, la hermana me recuerda que cuide mi bolsa. Entramos al destartalado autobús verde y nos sentamos en una banca larga a la derecha. Me fijo en lo tranquila que se ve esta hermana, sonriendo y conversando con la gente que la rodea. Vamos botando sobre el camino mal pavimentado, lleno de baches. Miro por la ventana y observo la ciudad que está despertando.

Me llama la atención un cartel enorme. Proclama: "¡Juárez es Amor!" con una foto del Papa Francisco sonriendo. El mensaje de que "Juárez es Amor" me parece irónico, considerando que yo sé que cientos de mujeres han sido secuestradas, asesinadas, y encontradas en fosas comunes en Juárez. Los feminicidios, asesinato de mujeres de aquí, ocurrieron desde a mediados de 1990 hasta principios del 2000. Estas mujeres, hijas de Dios, trabajaban en las maquiladoras y vivían en extrema pobreza.

Por fin llegamos al fondo de una colina polvorienta donde se alza el Centro Santa Catalina como un oasis en medio del desierto. La comunidad de mujeres en la lucha por una vida mejor nos recibe con abrazos y besos. En la cooperativa, las mujeres trabajan diligentemente en sus máquinas de coser. Algunas mujeres planchan telas mientras que otras doblan y empacan tortilleras para tortillas, bufandas y manteles.

Todas dejan de trabajar para celebrar el Día de Reyes con la hermana Rita y conmigo. Nos ofrecen un lugar a la mesa junto con

[2] "Centro Santa Catalina—The Spiritual, Education and Economic Empowerment of Women" (El empoderamiento económico, educativo y espiritual de las mujeres), consultado el 4 de marzo de 2017, http://centrosantacatalina.org/

un cafecito y una rebanada de pastel. Escucho historias conmovedoras de cómo el Centro Santa Catalina ha transformado sus vidas llevándolas de la oscuridad a la luz. Contaron cómo dos hermanas dominicas de Adrian del medio-oeste cruzaron la frontera, pasaron un tiempo en la colonia que antes era un basurero, escucharon a las mujeres y construyeron algo nuevo junto con ellas y sus hijos. Estas mujeres de fe y esperanza se comprometen a vivir en solidaridad con todas las mujeres que luchan por salir de la pobreza, la violencia y los sistemas opresivos que les impiden lograrse plena y libremente. Ese día la hermana Rita fue un puente que me ayudó a entender que "Juárez es amor."

Pocos días antes del viaje a Juárez fui en auto a una montaña en El Paso desde donde se divisan las ciudades de la frontera. Pude admirar la escena de dos ciudades acariciadas por el mismo sol. No pude distinguir dónde terminaba una ciudad y dónde comenzaba la otra. Sin embargo, la división es una realidad vivida por la gente de la frontera. Aunque la violencia ha disminuido en los últimos años, las diferencias entre las dos ciudades son enormes en cuanto a las oportunidades de economía, de salud, de educación y de empleo. Cuando visité El Paso, la esperanza impaciente por la llegada del Papa contagiaba a ambos lados de la frontera. Parecía que el Papa se convertiría en otro puente uniendo ambos lados y enviando el mensaje al mundo que debemos preferir optar por nuestros hermanos en la frontera. La prensa lo entrevistó en su vuelo de regreso de Juárez a casa. El Papa les dijo: "Quien sólo piensa en construir muros, donde sea que los ponga, y no en construir puentes, no es una persona cristiana. Eso no está en el Evangelio."[3]

Hoy tenemos la extraordinaria oportunidad de cruzar fronteras con valentía y no sólo construir puentes, sino convertirnos en puentes. En este capítulo reflexionaré sobre mis experiencias como

[3] "Pope Francis Questions Donald Trump's Christianity, Says Border Wall Not from Gospel," *National Catholic Reporter*, consultado el 11 de mayo de 2017, https://www.ncronline.org/news/pope-francis-questions-donald-trumps-christianity-says-border-wall-not-gospel.

hermana joven mexicoamericana en una comunidad religiosa predominantemente irlandesa y blanca en los Estados Unidos. Por edad y antecedentes étnicos, soy minoría; sin embargo, como latina pertenezco a una demografía que se encuentra entre las poblaciones de crecimiento más rápido en los Estados Unidos y constituye casi la mitad de la Iglesia Católica en este país. Me ayuda mi contexto como mujer mexicoamericana originaria de la frontera EU/México porque la frontera representa la posibilidad de construir puentes. Los puentes tienen la potencia de acoger, de incluir y de unir a la gente porque ofrecen un medio para cruzar fácilmente de un lado al otro. Puentes pueden ser lugares de hospitalidad y de la vida nueva. Considero que mi vocación es un viaje en el que cruzo fronteras a través de los puentes construidos por mis hermanas religiosas.

Entré a la vida religiosas en los Estados Unidos hace casi diez años. Entre más comunidades religiosas conozco, más me pregunto por qué habrá tan poca gente de color, particularmente en las comunidades femeninas. Nuestras hermanas han vivido y prestado servicio a comunidades hispanas/latinas/afroamericanas/originarias/asiana-americanas en los Estados Unidos por décadas. Sin embargo, la mayoría de las hermanas religiosas son blancas y de edad avanzada. Hoy día veo oportunidades para sanar puentes rotos reflexionando sobre nuestra propia diversidad o falta de ella, y juntas soñar nuevas formas de construir puentes. De esta manera, nuestras comunidades religiosas reflejarán no sólo la diversidad de comunidades a las que servimos, sino que también inspirarán a más mujeres de color a discernir, venir y permanecer en la vida religiosa.

El comienzo

Si viajas cuatro horas hacia el noroeste de El Paso, bordeando la frontera, te encuentras con mi tierra, Bisbee, Arizona. Soy la tercera generación mexicana americana criada en una familia católica grande. La frontera es hogar para mí. Cuando era niña, mi papá, mis hermanos y yo cruzábamos con facilidad a Naco, Sonora, con frecuencia para ir a la farmacia y a la panadería a comprar tortillas frescas y pan dulce. En el verano íbamos al otro lado a ver a mi hermano jugar béisbol en la liga mexicana. Como mi papá hablaba en español o espanglish con sus amigos, yo intentaba escuchar, queriendo entender un idioma que desafortunadamente se pierde en la tercera generación. Aunque no pude hablar el español con fluidez hasta que lo estudié en la universidad, conocía mis raíces mexicanas. El mariachi, la cumbia y la ranchera corren por mis venas. Cuando escucho estos ritmos, mis caderas, iguales a las de mi nana, no pueden resistir bailar. Cada año, el rito de preparar los tamales indica que el niño Jesús está por llegar para la Navidad. Tenemos fiestas para cada acontecimiento de la vida, desde el bautismo hasta las graduaciones o el regreso a casa después de un largo viaje.

Al mismo tiempo, crecí en la cultura americana. Siendo niña, la música de *Motown*, los *Golden Oldies*, el country y el hip-hop también fueron parte de mi experiencia. Jugué fútbol con mis tres hermanos, que son mis mejores amigos. El 4 de julio es una de mis fiestas favoritas porque mi familia hace una gran reunión en Bisbee. Amamos nuestro país y nunca pasamos por alto que nuestra libertad es un don y una responsabilidad. Uno de mis hermanos menores prestó servicio en el ejército con gran valentía durante dos misiones en Iraq, siguiendo los pasos de mi papá, de mis dos abuelos y muchos tíos, tías y primos que también fueron parte del ejército de este país. Me siento bendecida por ser mexicana y americana a la vez.

Tampoco es fácil ser bicultural. La película *Selena* presenta muy bien esta realidad. El padre de Selena menciona las tensiones que conlleva el hecho de ser mexicano americano:

> Escucha, es difícil ser mexicano-americano. Los anglos se te vienen encima si no hablas inglés a la perfección. Los mexicanos se te vienen encima si no hablas español a la perfección. Tenemos que ser el doble de perfectos que cualquier otra persona.

Nuestra familia lleva cuatro siglos aquí, pero nos tratan como si acabáramos de cruzar a nado el Río Grande. Es decir tenemos que saber de John Wayne y de Pedro Infante… tenemos que conocer a Oprah y a Cristina… Tenemos que comprobarles a los mexicanos que somos muy mexicanos; Tenemos que comprobarles a los americanos, que somos muy americanos. ¡Es agotador![4]

Vivir en la frontera me enseñó que cuando abrazamos las dos culturas hay paz, alegría y esperanza. De este espacio proviene el uso de espanglish como forma válida de comunicación. La fusión que hacemos de los dos idiomas, como se usan en la vida cotidiana, indica que estamos a gusto en nuestra realidad bicultural. He escogido compartir mi historia en espanglish, siguiendo a la teóloga latina Carmen Nanko-Fernández.[5]

Cruzando fronteras hacia la vida religiosa

Mi camino en la vida religiosa ha sido cruzar una frontera tras otra. Al decir esto, no tomo a la ligera lo que han vivido las personas que han muerto o sufrido ser violadas y otros tipos de violencia al cruzar el desierto o el océano para llegar a este país. Las fronteras que yo cruzo son metafóricas y literales, pero son diferentes de los peligros enormes que alguien pudiera enfrentar al migrar o escapar de su país de origen con la esperanza de encontrar una vida diferente en los Estados Unidos.

Mi primer trayecto en la vida religiosa fue el más difícil. Cuando empecé a discernir sobre la vida religiosa, era para mí tierra extranjera. En nuestra numerosa familia no habíamos tenido ninguna monja,

---

[4] Gregory Nava, *Selena,* Universal Pictures, 1997.
[5] Carmen Nanko-Fernández, *Theologizing En Espanglish: Context, Community, and Ministry* (Maryknoll, NY: Orbis, 2010), xvi.

por lo que la única vocación que conocía era el matrimonio. De niña, soñaba con casarme algún día en una boda grande y hermosa como lo habían hecho muchas de mis primas. Imaginaba a mi papá y a mi mamá entregándome por el pasillo de la Iglesia a mi guapo esposo. La misa sería muy alegre y la recepción una fiesta encantadora. También soñaba con la maternidad y con criar a mis hijos en Arizona junto a mi familia. Mi mamá, una de las mujeres más fuertes y valientes que he conocido, me inspiraba el deseo de ser madre. Cuando yo era niña, ella tenía dos trabajos y, en una ocasión tres, incluyendo limpiar casas, para poder mantenernos a mis hermanos y a mí. Igual que para ella, siempre pensé que mi camino sería tener familia.

Cuando crecí y empecé a pensar qué dirección tomaría mi vida, la idea de la vida religiosa no estaba en mi radar. Sin embargo, aunque no me daba cuenta en ese tiempo, mi vocación no fue necesariamente una sorpresa para las demás personas. En el último año de secundaria la mayoría votó que probablemente yo sería monja. Me pareció gracioso entonces, pues no sabía nada de monjas a no ser por las películas *Sister Act* y *Sound of Music*. Pero un encuentro a los veintiún años lo cambió todo.

Me encontraba en mi vida en una encrucijada. Un día fui a rezar a la Iglesia católica a la que iba a misa con mi nana todos los domingos. Me senté en la banca de la iglesia y le pregunté a Dios: ¿Qué quieres que haga de mi vida? En ese momento, me di cuenta de que estaba hablándole a Dios, pero no estaba escuchándolo. Me puse tranquila. Al hacer esto, se me vino a la mente que quizás no estaba escuchando porque temía lo que pudiera oír. Decidí permanecer tranquila un rato más.

En ese preciso momento, una mujer entró a la iglesia y se me acercó. Después supe que era la hermana Gabby y que ese día había ido a la iglesia a rezar por vocaciones. Ella me encontró. Sin siquiera presentarse, me preguntó: "¿Alguna vez has pensado en ser monja?" Yo le respondí enseguida: "No, quiero casarme y formar una familia." La hermana Gabby no perdió un instante y, por alguna razón, me invitó: "¡Ven, vamos al convento!" Titubeé, pero por alguna razón, fui.

La razón fue el Espíritu Santo. No más crucé la puerta, percibí un movimiento en mi alma. Me sentí en casa en un lugar en el que nunca había estado. Al conocer a las hermanas, me sorprendió que fueran tan sencillas, tan reales y alegres. La hermana Gabby fue para mí un puente hacia la vida religiosa. Empecé a encontrarme con ella cada semana y nos hicimos amigas. Me conoció, escuchó mis historias y me invitó varias veces a comer y a rezar. Conoció a mi familia y estuvo acompañándome durante seis años, aun cuando yo seguía aferrada a mi sueño de casarme. Hasta me comprometí por un tiempo pero luego terminé la relación.

Cuando por fin estuve lista para discernir la vida religiosa, hice un retiro de ocho días. Hasta ese momento, había tenido miedo a lo desconocido en el otro lado. Recé pidiendo valor. En el retiro descubrí que en el centro de mi ser está el amar y ser amada. Al repasar mi historia de gracia, la historia de lo que Dios ha hecho en mi vida, caí en cuenta que había sido amada desde el vientre materno. Mi mamá me contó que, cuando estaba embarazada de mí, yo respondía a la voz de mi papá. Me hablaba y yo me movía hacia el lado en que él estaba. Desde entonces y hasta hoy sé que su amor por mí es incondicional. Este recuerdo hermoso me ayudó a comprender que el discernimiento no es otra cosa más que una simple escucha a la voz amorosa de Dios y de igual manera movernos a responder. Dios me invitó a confiar y yo encontré una paz que me impulsó a continuar en el camino. Después de discernir con diferentes comunidades religiosas, decidí entrar al Instituto de la Bienaventurada Virgen María (IBVM), también conocido como las Hermanas de Loreto, la comunidad de la hermana Gabby.

Así comenzó mi trayecto de descubrir puentes en mi congregación. La hermana Christine, mi maestra de candidatas, fue uno de esos puentes. Me parece bastante fascinante que ella también haya sido la hermana que me preparó para la primera comunión cuando era niña. Como experta en la vida de nuestra fundadora, la venerable

Mary Ward, la hermana Christine me enseñó sobre las raíces de nuestra comunidad vinculadas a la espiritualidad y tradición jesuitas y sobre esta mujer tan valiente. La venerable Mary Ward no quería que nuestras hermanas usaran hábito, pues deseaba que estuviéramos entre el pueblo y que nuestro vestir reflejara las comunidades que servíamos. Le apasionaba educar a mujeres y muchachas que no tenían las mismas oportunidades que los hombres y los muchachos. Hoy nos encontramos en 5 continentes y en 22 países incluyendo India, Kenia y Perú. Nuestros valores centrales son libertad, justicia, sinceridad, alegría y verdad -- los cuales vivimos a través de diversos ministerios. Somos una congregación de puentes.

Abrazando la diversidad en la vida religiosa

Después de candidatura, entré a la vida religiosa. El día de mi entrada, mi mamá y yo fuimos a misa y luego en auto hasta el convento. Empecé a llorar nada más se abrió la puerta y las hermanas me recibieron con abrazos y sonrisas. Lloraba mientras desempacaba mis cosas y las hermanas entraban para decirme que recordaban sus lágrimas cuando entraron. Cuando encaminaba a mi mamá a la puerta para despedirnos, me sorprendió una hermana que vino corriendo detrás de nosotras por el pasillo para invitar a mi mamá y a mis hermanos a regresar por la noche para mi ceremonia de bienvenida y a cenar. Me enjugué los ojos y entré a la experiencia de instalarme en mi nuevo hogar. En la oración comunitaria de esa noche cada hermana compartió su versículo favorito de la Biblia para darme ánimos. Mi mamá y mi hermano mayor y el menor, rezaron más tarde con nosotras y se quedaron a los hot dogs y las cervezas frías, pues era la víspera del Super Bowl. Mis hermanos nunca habían estado en un convento y estaban preocupados pensando que yo estaría triste; pero, en lugar de eso, se toparon con una comunidad acogedora y cariñosa. Este fue un puente importante para una cultura que valora profundamente la familia. Sus corazones sintieron paz, y también el mío.

Entrando a comunidad, asumí nuevas cosas. Disfrutaba del ritmo cotidiano de misa, vísperas, juntas para la comida y los ratos en la sala de comunidad. Incorporé frases como "qué bello," "eso es grandioso," "primero Dios," y mi favorita: "céad míle fáilte," que en irlandés gaélico quiere decir cien mil bienvenidas. Aprendí a ponerle leche a la taza de té y que ¡una buena taza de té caliente cura todo!

Entré en el año 2008, sólo cinco años después de que la Región Irlandesa localizada en Arizona, se uniera a la Rama de Norteamérica (Canadá y los Estados Unidos). Antes de la unión, las novicias viajaban a Irlanda para parte de su formación si habían entrado en Phoenix. Pero con la unión, yo fui la primera novicia que dejé el suroeste y fui a Chicago para formación. Hice un viaje de 2,000 millas de mi tierra en el suroeste a Chicago para formación. Las llanuras y los inviernos de fríos agudos y nevosos fueron un shock para esta chamaca del desierto. Los únicos "blizzards" que yo conocía antes de mudarme a Chicago eran los de Dairy Queen.[6] También el ritmo de oración y vida comunitaria era diferente a los de Phoenix, pero comprendí que cada convento tiene su propio ritmo. Las hermanas en este convento eran blancas, por lo general irlandesas-americanas, con profundas raíces en Chicago. Todas no encontraban que más hacerme para hacerme sentir en casa.

En los años venideros las hermanas recibirían a mi familia con los brazos abiertos cada vez que me visitarían. El año que me mude a Illinois, mi hermano mayor, que trabaja para el ferrocarril, fue enviado a Chicago por primera vez. Durante los nueve años que estuve allí, quiso Dios que lo enviaran a trabajar a Chicago varias veces, coincidiendo con momentos significativos en mi trayecto incluyendo cuando corrí un maratón, cuando renové mis votos y

---

[6] La autora se refiere a un producto de la heladería *Dairy Queen* llamado *Blizzard* (ventisca o tempestad de nieve) que consiste en chocolate líquido, caramelo y trocitos de *waffle* mezclados con helado de vainilla.

cuando cumplí treinta años. Dios me dio la fuerza y el ánimo que necesitaba para seguir adelante.

En este nuevo ambiente hubo regalos y desafíos. Un reto para mí fue vivir con ciertos privilegios que no había tenido antes. Al decir esto hago conciencia de que las hermanas en la Casa Madre, como en muchas casas madre, son mayores y necesitan ayuda. Tuve que adaptarme a vivir en un lugar donde se contratan personas para cocinar, limpiar y cuidar los jardines. Se me hacía difícil no ayudar a cocinar y a limpiar después; cuando trataba de hacerlo, algunas hermanas me recordaban que no.

Las únicas personas con mi mismo color de piel eran las mujeres mexicanas que trabajaban en la cocina y en la limpieza del convento. Se alegraba mi corazón cada día al entrar a la cocina y saludar en español a mis nuevas amistades escuchando de fondo la radio con música mexicana. A veces me iba con ellas a la cocina a la hora de su almuerzo, que incluía tortillas y salsa, y luego comía algo ligero junto con las hermanas. Me sentía en casa en presencia de las latinas que compartían mi cultura y entendían lo que significa echar de menos a la tierra natal, pues ellas también habían emigrado a Illinois.

Cuando estamos en territorios desconocidos, se fortalecen nuestras identidades, pero cuesta trabajo. Mis hermanas y yo nos subimos con gusto al puente de culturas compartidas. Soy una latina afectuosa y muestro mi cariño saludando con abrazos y besos en la mejilla, algo a lo que algunas hermanas tuvieron que adaptarse. Las hermanas estuvieron dispuestas a conocer las tradiciones mexicanas. Para el día de la independencia mexicana hicimos una fiestecita en la sala de la comunidad. Prepare empanadas y les enseñé algunos pasos de cumbia. Para mis treinta años, mis hermanas religiosas me sorprendieron ¡con una quinceañera multiplicada por dos! La quinceañera es una celebración tradicional para los quince años de edad. Al mismo tiempo, aprendí sobre las tradiciones del día de San Patricio y la importancia de llevar algo verde, de comer carne en conserva con col, pan de soda irlandés y de saber canciones irlandesas.

Aun en las comunidades más abiertas, este proceso de crear puentes culturales es más reto para la minoría que para la mayoría. Todo era nuevo ya que estaba en continua transición aprendiendo la cultura de la vida religiosa y la cultura del medio oeste, todo ello al mismo tiempo de ser evaluada como novicia. Me sentía vulnerable casi todo el tiempo y a veces me sentía sola, especialmente cuando había malentendidos.

Junto con la diversidad intercultural, somos una comunidad intergeneracional. La brecha de edad entre la mayoría de las hermanas y yo le es evidente a todo mundo y raro a muchos. Sin embargo, cuando has crecido latina, la multigeneracionalidad es estilo de vida. Toda reunión familiar incluye a la generación mayor. Las respetamos, comemos con ellas, disfrutamos sus historias, escuchamos su música, rezamos sus novenas y las amamos. Este es un don que las latinas ofrecen a la vida religiosa. Yo pasé casi todos los fines de semana con mis abuelos cuando era niña. Su casa era nuestra casa. Para mis primeros votos, mi maestra de novicias dijo que sólo familia inmediata podría asistir a los votos. Yo acepté pensando que se refería a mis padres, hermanos, abuelos, padrinos, tíos, tías y primos. Pero no era eso lo que ella quiso decir. Por suerte, después de que ella habló con el equipo de liderazgo, permitió que asistieran mis abuelos y un tío.

Para mí, vivir con las hermanas que son mucho mayor que yo es una bendición. Mis hermanas han entregado fielmente todo su ser a Dios y eso me inspira. Ellas me dicen que mi vitalidad, energía y alegría les da esperanza para el futuro. Yo veo que nuestras vidas en comunidad dan testimonio al mundo de que las relaciones intergeneracionales, con sus alegrías y retos, dan vida. Lo más duro de esta diversidad generacional es el dolor que sentimos cuando mueren nuestras hermanas. Las increíbles mujeres, con quienes hemos compartido experiencias cotidianas, comidas, risas, lágrimas y oraciones, dejan huellas de sus historias y presencia en nuestros corazones. He asistido a más funerales que la mayoría de la gente de mi edad. Así pues emerge otro puente. Con regularidad se me recuerda de nuestra esperanza en la resurrección, en la nueva vida, diciéndonos que lo óptimo todavía está por llegar. Jesús es nuestro puente a la vida eterna.

¿Quiénes están a la mesa?

En el tiempo que estuve en Chicago, el Noviciado Intercomunidad fue otra experiencia vivificante de cruzar puentes (ICN).[7] Mi maestra de novicias y yo nos reuníamos cada semana con cerca de treinta y cinco novicias de diferentes comunidades religiosas. Había novicias de Las Filipinas, Haití, Vietnam, Portugal y varias zonas de los Estados Unidos. En nuestro ICN múltiples fronteras se unieron en esta única experiencia escuchándonos mutuamente y animándonos. Un atardecer después de salir de un taller, juntas miramos un momento histórico nacer cuando el recién elegido presidente de Estados Unidos Barack Obama, otro puente, pronunció en Chicago un discurso de aceptación muy impactante. A medida que hablaba, usaba una y otra vez el eslogan de su campaña "¡Sí se puede!" Este grito de "Yes, we can!" resonaría con cualquiera que hubiera estado enterado de Cesar Chavez y Dolores Huerta, activistas por los derechos civiles. Obama habló de inclusividad, perseverancia y esperanza. Al escuchar su mensaje, supimos que este era un momento muy emocionante para nuestro país. Como mexicana americana, me identifico como una mujer de color. Me siento inspirada cada vez que veo a un líder que usa su poder para servir y unir a todo el pueblo, especialmente a las personas oprimidas y marginadas. Cuando el líder es una persona de color, me siento invitada a soñar grande y a actuar. En la vida religiosa debemos recordar esto.

Cuanto más tiempo estoy en la vida religiosa, más me pregunto "¿Dónde están las minorías en la vida religiosa?" Como dije antes, nuestro grupo ICN era muy diverso. La mayoría de los novicios eran

---

[7] Intercommunity Novitiate (ICN), (N. de la T.).

de otros países. Sin embargo, de las once mujeres en nuestro grupo, sólo tres éramos mujeres de color. De las cuarenta hermanas IBVM en el medio-oeste, también soy una de tres mujeres de color. Las otras dos están en liderazgo, una en el equipo general de liderazgo y la otra en el equipo provincial de liderazgo. Para mí, ellas son puentes; su presencia me dice que pertenezco a la vida religiosa. No obstante, en cualquier reunión de religiosas en nuestro país, soy minoría, tanto por edad como por raza. Cuando veo un grupo homogéneo de mujeres que han servido a comunidades diversas por años, y aun la membrecía no refleja esta realidad, no puedo dejar de preguntar, "¿Por qué?"

La respuesta a esta pregunta es complicada. Las invito a que tengamos el valor de reflexionar sobre nuestras propias historias y conversar sobre por qué nuestros rostros no reflejan las comunidades a quien hemos servido. También estoy consciente de que las demografías están cambiando, como lo indicó la hermana Teresa Maya, CCVI, presidenta de la Asamblea de líderes de congregaciones religiosas femeninas (LCWR), cuando se dirigió a nosotras en un Encuentro Nacional organizado por *Giving Voice*: "La Iglesia Católica se está volviendo cada vez más y más morena." Para comprobarlo, preguntó cuántas de las hermanas que estaban en la sala habían nacido fuera de los Estados Unidos. Cerca de la mitad alzaron la mano y Maya las animó a no tener miedo de hablar su verdad a las hermanas mayores, a las que llamó la "Gran Generación."[8] Ella es un puente que me invita a usar mi voz y compartir mi verdad. Necesitamos ver más gente de color en nuestras comunidades y en los puestos de liderazgo.

Esto tiene otra capa. Cuando hablamos de que la diversidad en nuestras comunidades está aumentando, con frecuencia la conversación se enfoca en hermanas que vienen de otros países. Es una bendición que nuestra internacionalidad esté creciendo. Al

[8] Dawn Araujo-Hawkins, "Younger Sisters Preparing to Be the Change in Religious Life," *Global Sisters Report*, consultado el 11 de mayo de 2017, http://globalsistersreport.org/blog/gsr-today/younger-sisters-preparing-be-change-religious-life-29156.

mismo tiempo, no debemos pasar por alto el tesoro que tenemos en la rica internacionalidad de Asiano americanos, afroamericanos/negros, americanos originarios, y las mujeres latinas en los Estado Unidos. Debemos apreciar también la enorme diversidad que existe dentro de cada grupo. ¿Hemos explorado suficientemente la posibilidad de invitar a más gente de color a discernir la vocación a la vida religiosa?

Empecé a pensar de forma más crítica sobre quiénes son excluidas de nuestras comunidades religiosas, después de leer a Carmen Nanko-Fernández, mi profesora en el CTU[9] en Chicago. Ella fue para mí un puente hacia el mundo de la teología latina, La teología latina tiene influencias de la teología latinoamericana, pero tiene la diferencia de que surge de la vida cotidiana de las comunidades hispanas en los Estados Unidos y valora los contextos particulares de la gente de aquí. Sus métodos resuenan con todas las fibras de mi ser. Nanko-Fernandez me animó a usar mi voz y me enseñó cómo hacer teología en conjunto, latinamente. El compromiso de teologizar en conjunto es ecuménico interdisciplinario y para la liberación de todas las mujeres y todos los hombres.

En sus obras, Nanko-Fernandez cuestiona la desigualdad entre el numero católicos latinos en Estados Unidos y el número de latinos representados en el liderazgo de la Iglesia. De forma profética, ella llama a la Iglesia Católica de los Estados Unidos a despertar a la realidad, escuchar al pueblo de Dios, analizar con mirada crítica las experiencias vividas día a día, y a actuar.[10] Sugiero que nuestras comunidades hagan lo mismo. Tenemos que prestar atención a quien falta a nuestra mesa y por qué. La clave para construir puentes y ser puentes es aprender del modelo en conjunto y escucharnos unas a otras, compartir historias, disfrutar convivencia y colaborar en nuestros proyectos y en nuestros servicios.

Aunque es difícil reflexionar sobre este tema, el racismo es una parte trágica de nuestra historia como país, como Iglesia y dentro de

---

[9] *Catholic Theological Union* (Unión Teológica Católica).
[10] Nanko-Fernandez, *Theologizing En Espanglish*.

la vida religiosa. Me horroricé cuando supe que en el pasado varias comunidades rechazaban a las mujeres por el color de su piel. Algunas que eran aceptadas sufrían maltrato y racismo. En su próximo libro *Hábitos subversivos: las monjas negras y su larga lucha para acabar con la segregación en la Iglesia Católica de los Estados Unidos,*[11] Shannon Dee Williams escribe sobre esta historia dolorosa, incluyendo el racismo que enfrentaban las hermanas de raza negra dentro de la vida religiosa.[12]

Roberto Treviño escribió sobre las hermanas mexicanas americanas en Texas que sufrieron el dolor de exclusión y discriminación dentro de su comunidad:

> [La hermana María Luisa] Valez reportó que a inicios del siglo veinte estas tejanas con frecuencia sentían el ardor de insultos raciales y cotidianamente se les asignaba tareas domésticas y se les excluía de las oportunidades de estudiar... Estos y otros ejemplos de animosidad étnica y discriminación entre algunas religiosas, explica en gran medida por qué a lo largo de la historia hubo tan pocas monjas mexicana americanas.[13]

Las hermanas presentes en la asamblea de la LCWR en 2016 reconocieron la necesidad de sanar y reconciliarnos con nuestro

---

[11] *Subversive Habits: Black Nuns and the Long Struggle to Desegregate Catholic America.*

[12] Consultar Dan Stockman, "Forthcoming Book Documents History of Black Sisters in the U.S.," *Global Sisters Report,* 14 de mayo de 2015, consultado el 8 de mayo de 2017, http://globalsistersreport.org/news/trends/forthcoming-book-documents-history-black-sisters-us-25501. Williams habló de este tema en la asamblea de la LCWR en 2016.

[13] Roberto R. Treviño, "Facing Jim Crow: Catholic Sisters and the 'Mexican Problem' in Texas," *Western Historical Quarterly* 34, no. 2, 1 de mayo de 2003, p. 144, 146, doi:10.2307/25047254.

pasado.[14] Algunas comunidades religiosas en los Estados Unidos han sido lo bastante valientes como para asistir a talleres antirracistas para analizar a fondo sus privilegios blancos. Creo que hoy estamos llamadas a derribar los muros que han sido construidos con ladrillos de miedo e inseguridad y construir puentes de amor, misericordia, solidaridad e inclusividad.

Una vida religiosa de colores

Cuando se construyen puentes de amor e inclusividad ¡debemos celebrar con una fiesta! El día de mi profesión perpetua, sonidos festivos de las trompetas, los violines y las guitarras inundaron hasta todos los rincones de la Iglesia de Nuestra Señora de Guadalupe. Para los mexicano americanos, Nuestra Señora de Guadalupe evoca un sentido de amor, de inclusividad y de justicia. Pedí que esta misa encarnara todos estos valores mientras los presentes empezaron a cantar "De Colores."[15] Mi mamá, de pie junto a mí al fondo de la iglesia, me tomó de la mano y me dijo que me quería. Mi papá me dijo: "M'ija, estoy muy orgulloso de ti." Se inclinó y me dio su brazo para que yo lo tomara.

Así caminamos juntos por el pasillo central de la iglesia que estaba repleta de gente. Mi guapo hermanito llevaba la Biblia pues iba a ser uno de los lectores. Me sentía hermosa con mi vestido hasta las rodillas, de color blanco estampado con flores y mis zapatos de tacón color fucsia. Mi alegría se reflejaba en las flores tropicales color fucsia, naranja y amarillo brillante de este vestido que elegí con mucho cuidado. Estos colores complementaban la sonrisa permanente en mi rostro. Mi cabello largo, castaño oscuro iba recogido hacia atrás

---

[14] Margaret Alandt y Pat McCluskey, "LCWR Assembly Confronts Racism and Religious Life | LCWR," otoño de 2016, https://lcwr.org/publications/lcwr-assembly-confronts-racism-and-religious-life.

[15] "De Colores," canción tradicional en el mundo de habla hispana, asociada al folklore mexicano, aunque no se sabe su origen exacto (N. de la T.).

en chongo en lo alto de la cabeza, rodeado de rizos cuidadosamente acomodados. Los aretes de oro con forma de mariposa de mi nana hacían juego perfecto con las mariposas que sentía en el estómago. La cruz de plata, con las iniciales IBVM, colgaba al cuello aún brillante después de nueve años de formación. Estaba admiraba por la cantidad de familiares, amigos y religiosas que vinieron de cerca y de lejos, hasta el sur de Chicago para celebrar mis votos perpetuos. Mis padres y yo nos detuvimos ante el altar, hicimos una reverencia y nos sentamos en la primera fila, mientras cantábamos los muchos colores de la bella diversidad en la creación de Dios. Detrás de mí estaban tres filas con mis hermanas religiosas, quienes me sonreían cada vez que volteaba a verlas. Con esta Eucaristía iniciamos la celebración de acción de gracias a Dios por los muchos dones recibidos. Le dimos gracias por el regalo de una vocación a la vida religiosa y por el pueblo de Dios que la hizo posible. Continuamos nuestra celebración bilingüe con una cena para los trescientos invitados, amenizada por el mariachi juvenil de la Iglesia de Nuestra Señora de Guadalupe. Después de comer pollo con papas y tomar agua fresca de jamaica y de horchata, empezó el baile.

El día de mi profesión perpetua celebramos cruzando fronteras y compartiendo culturas. Junto con las alegrías y penas del camino, nuestra fiesta proclamó que somos una familia de Dios. Cada vez que cruzamos una nueva frontera y nos aventuramos a lo desconocido sentimos miedo al comenzar. Pero si nos mantenemos dispuestas, Dios nos da el valor y la gracia para arriesgarnos y construir relaciones que nunca imaginamos. Para convertirnos en puentes, necesitamos identificar los muros que no nos permiten ser más inclusivas y derribarlos. Mi anhelo es que escuchemos atentamente las historias de las mujeres de color y aprendamos a ser mejores compañeras. Mi sueño es construir y convertirnos en puentes que reciban más mujeres de color que vengan y se queden con nosotras. Pido a Dios que lleguemos a hacer la vida religiosa de colores una realidad para mayor gloria de Dios. ¡Que viva la vida religiosa!

La compasión que el mundo necesita hoy

Amanda Carrier, RSM

Un día, durante ministerio, una voluntaria me llamó aparte para contarme su experiencia de haber sobrevivido cáncer. Me sorprendió que quisiera compartir ese profundo cambio de vida con alguien que era por lo menos una década más joven que ella, especialmente cuando no nos conocíamos bien. Luego más tarde ese día, su esposo también me llamó aparte para contarme su experiencia de cómo la enfermedad la había cambiado y cómo esto había afectado adversamente el matrimonio. No estaba preparada para ser invitada a participar en algo tan personal, pero hice mi mayor esfuerzo por escuchar atentamente, sin aparecer asustada o incómoda. Esta historia no es más que una de las tantas ocasiones en que la gente me ha confiado momentos muy personales y dolorosos de su vida. He escuchado relatos de abusos, adicciones, problemas matrimoniales y más. Quizás esto les haga pensar que soy terapeuta o trabajadora social, pero en realidad soy chef en una cocina de beneficencia, sin entrenamiento profesional para terapia. Sin embargo, cuando la gente se entera de que soy religiosa, las historias comienzan a fluir.

La gente toma por hecho que las religiosas somos modelos de compasión y creo que como mujeres religiosas estamos especialmente capacitadas para responder a esta carencia de nuestro tiempo. Definiendo la compasión como presencia y sacramentalidad, vemos un modelo singularmente adecuado a la vida de las religiosas.

Aceptando esta definición, exploraremos cómo desarrollar la compasión por medio de nuestra vulnerabilidad y nuestro ser-bienamadas, y la adopción de prácticas específicas dentro del contexto de nuestra vida como religiosas profesas.

Compasión: presencia y sacramentalidad

Compasión significa acompañar a otra persona en la profundidad de su experiencia. Esto implica más que sentir lástima o entrar en el sufrimiento de la otra persona; es ser a la vez tierna y fuerte en respuesta tanto al sufrimiento como al gozo. Es la "fuerza que construye un puente desde la isla de un individuo a la isla del otro. Es la capacidad de salir de tu propia perspectiva, tus limitaciones y tu ego y volverte atenta de una manera vulnerable, alentadora, crítica, y creativa con el mundo oculto de la otra persona."[1] Es importante saber que la compasión no busca resolver problemas; más bien se trata de una profunda conexión interpersonal. Esta profunda conexión se desarrolla a través de dos elementos clave a la compasión: presencia y sacramentalidad.

La presencia en el momento es la práctica de estar plenamente consciente de la otra persona. Aunque presencia pueda parecer simple, su práctica requiere esfuerzo. Estar en el momento se vuelve difícil en nuestra cultura que valora la velocidad, la gratificación inmediata y el hacer varias cosas a la misma vez. Sin embargo, sabemos cuándo hemos recibido la plena atención de alguien. Mi maestra de novicias era muy buena para prestarme plenamente su atención en nuestros encuentros. Creaba un ambiente seguro en el que yo podía mostrar mi verdadero yo por el regalo de su presencia. Tras una conversación difícil en medio de una situación retante con otra hermana, entré a su oficina a punto de llorar. Mi maestra dejó

---

[1] Mary NurrieStearns, "The Presence of Compassion: An Interview with John O'Donohue," *Personal Transformation*, consultado el 8 de mayo de 2017, http://www.personaltransformation.com/john_odonohue.html.

lo que estaba haciendo, encendió una vela y se sentó conmigo. Es difícil describir lo que se siente saber que alguien te está totalmente presente. Percibo estos encuentros de presencia y compasión como momentos palpables de calor, seguridad y aceptación. Cuando mi maestra se sentó conmigo fue ese tipo de encuentro; sentí su espíritu de cariño y escucha en su atención hacia mí. Me encantaría poder expresar exactamente cómo se logra esto, pero yo misma apenas estoy empezando a entenderlo. Puedo decir con certeza que mi maestra de novicias tenía una sólida comprensión de sí misma y de su relación con Dios. Era valiente al compartir su propia experiencia, lo que me hizo saber que cualquier cosa que compartiera con ella iba a ser confidencial y sería bien recibida. También era muy buena para establecer sus propios límites – los límites sanos son indispensables para una vida radiante en la vida religiosa, pero ese tema requiere un libro aparte.[2] He admirado estos dones que vi en ella, y trato de desarrollarlos en mí; aunque adquirirlos es un proceso lento no pierdo las esperanzas. Ella vio en mí la luz de Dios en los momentos en los que yo la había perdido de vista. El regalo de su presencia me recordó mi verdad sagrada de ser bienamada por Dios y la hizo brotar una y otra vez desde lo hondo de mí. Ahora, al practicar el don de la presencia que vi en ella, espero hacer lo mismo por otras personas.

Mientras que presencia es elemento fundamental en mostrar compasión, al igual es la capacidad de reconocer la sacramentalidad del mundo y de la gente que nos rodea. A medida que practico presencia en mis encuentros, trato de descubrir cómo Dios infiltra estos momentos. Esto es la sacramentalidad. En la espiritualidad celta, el "lugar tenue" es aquel donde se tocan lo terrenal y lo divino. Si en cada encuentro vemos a la otra persona como ese lugar tenue, vemos en cada una la presencia sacramental de Dios. Cada una de nosotras llevamos lo divino dentro como el tradicional saludo hindú

---

[2] Para profundizar en este tema recomiendo a Henry Cloud and John Townsend, *Boundaries: When to Say Yes, How to Say No To Take Control of Your Life* (Grand Rapids, MI: Zondervan, 1992).

"Namasté" lo realza. Este saludo literalmente quiere decir "que la Divinidad en mí honre la Divinidad en ti." Al reflexionar en esta frase, la he adaptado a mis propósitos y ahora rezo así: "Que pueda reconocer la Divinidad en mí y la Divinidad en ti." No es fácil pensar que tengo la capacidad de crear un lugar tenue en el que se pueda encontrar a Dios. Después de todo, soy quien soy y conozco todas mis flaquezas, mis asperezas y fracasos. Sin embargo, nos reclama Dios como a Jesús en su bautismo como hijas bienamadas sobre quienes descansa el favor de Dios (Lc 3, 21-22).[3]

Las religiosas responden a la necesidad de compasión que tiene el mundo de singular manera. Las hermanas tienen muchos dones, incluyendo la larga historia de la vida religiosa con sus muchos ejemplos de religiosas compasivas. Como mujeres religiosas contamos con estos ejemplos para guiar nuestras vidas. También somos guiadas por las múltiples hermanas que nos forman mientras estamos en formación inicial y aquellas que continúan formándonos a través de las experiencias cotidianas de comunidad. Las religiosas responden a esta necesidad de tener modelos de compasión no sólo gracias al don de nuestra educación profesional, sino también por el énfasis que ponemos en seguir los pasos de Jesús. El ejemplo de Jesús como presencia compasiva no sólo nos marca el camino a seguir como religiosas en lo individual sino que su vida nos llama a dar un testimonio profético que sólo podemos lograr como una forma de vida corporativa.

Seguir el ejemplo de la compasión de Jesús

Jesús se conmovió con compasión. Aunque estamos familiarizadas con los relatos del Evangelio, rara vez prestamos atención a cómo su compasión llevó a Jesús a situaciones inesperadas. Como era un hombre compasivo, se encontraba e interactuaba con leprosos,

---

[3] Henri J.M. Nouwen, *Life of the Beloved: Spiritual Living in a Secular World* (Nueva York: Crossroad, 1992), 30.

marginados, gente afligida por enfermedades y con todo tipo de sufrimientos, por quienes a menudo cambiaba sus planes. No le hace que otras tareas le llamaban, Él permanecía presente para quienes le buscaban. Como religiosas, tomamos a Jesús como ejemplo en nuestras vidas y buscamos cultivar una postura como la suya, caracterizada por la apertura a las necesidades del momento presente.

Los voluntarios con quienes trabajo y las personas a las que doy de comer, con frecuencia me retan a ver más allá de mi servicio básico de dar de comer al que tiene hambre, y responder a la predominante hambre de compasión. Mis experiencias en ministerio me recuerdan la escena previa a dar de comer a los cinco mil. Jesús se fue para estar solo y poder llorar la ejecución de Juan Bautista. "En cuanto lo supo la gente, salió tras él viniendo a pie desde las ciudades. Al desembarcar, vio mucha gente, sintió compasión de ella y curó a sus enfermos" (Mt 14, 13-14). Dejó lo que estaba haciendo, dejó a un lado sus quehaceres y se hizo presente a la gente. Habitualmente, Jesús respondía de esta manera cuando lo detenían multitudes de gente, cuando lo desviaban de su camino, cuando le pedían que curara o que predicara. Como religiosa, me identifico con estas mismas expectativas; la gente presupone que poseo palabras sabias o de consuelo, que tengo una paciencia inagotable o unas profundas luces teológicas. Puede ser muy difícil cumplir todas mis responsabilidades como chef y como religiosa durante mi día de trabajo. Jesús es mi modelo para responder a estas demandas.

Un día, una madre trajo a su familia para preparar una comida en honor de su hija que acababa de fallecer. Teníamos mucho que hacer, pero todo pasó a segundo lugar cuando la madre empezó a llorar mientras contaba su lucha de llorar por su hija y a la vez intentar reconciliar la pérdida con su fe en Dios. Muchos miembros de la familia conmovidos derramaron lágrimas al rendir homenaje a su pariente fallecida en aquel día en el que hubiera cumplido treinta y tres años. Esto es lo que me pasa durante el día: estoy preparando una comida y uno de los voluntarios necesita hablar sobre una amiga que le preocupa, un pariente que ha fallecido, o una esposa que sufre de cáncer. Escuchar y responder con ternura a la vulnerabilidad de las demás personas es tan importante en mi ministerio como dar de comer a quienes tienen hambre.

Como religiosas que buscamos seguir a Jesús, nosotras, como Jesús, estamos llamadas a dar un testimonio profético ante el mundo. Nos salen al encuentro muchas situaciones en comunidad y en el ministerio que piden compasión. Es evidente que vivir la compasión y tener una postura orante ante la vida ya no son parte de las normas sociales. Sin embargo, cuando alguien actúa y vive de forma compasiva, se vuelve un signo profético, porque simplemente muestra al mundo una forma diferente de ser. Además, como las religiosas viven y actúan como un solo organismo, el testimonio profético de esta forma de vida orgánica se amplifica. Nuestros votos públicos y nuestra vida compartida en comunidad se convierten en un testimonio público y visible del amor de Dios que destella en el mundo.[4] Así como Jesús fue profeta en su vida y ministerio así pues las religiosas son llamadas a ser profetas hoy día.[5]

Cuando las religiosas respondemos al llamado de llevar el amor de Dios al mundo, frecuentemente nuestra compasión profética encuentra resistencia. Existen historias de religiosas que han sido rechazadas, silenciadas, atacadas e incluso martirizadas por sus hechos y sus acciones, especialmente en casos en que la religiosa se une a quienes sufren. Se requiere este tipo de riesgo si queremos ser profetas. Hermanas, por nuestro compromiso unas con otras y con Dios, encuentren la libertad para arriesgar más. Nos arriesgamos cuando hablamos con la verdad ante los potentes, cuando revelamos

---

[4] Sandra Schneiders, "Tasks of Those who Choose the Prophetic Life Style," *National Catholic Reporter*, 7 de enero de 2010, consultado el 11 de mayo de 2017, 0://www.ncronline.org/news/women-religious/tasks-of-those-who-choose-prophetic-life-style.

[5] Sandra Schneiders, "Call, Response and Task of Prophetic Action," *National Catholic Reporter*, 4 de enero de 2010, consultado el 11 de mayo de 2017, http://www.ncronline.org/news/women-religious/call-response-and-task-of-prophetic-action.

nuestro auténtico ser a los demás y cuando rompemos con nuestras normas históricas para entrar en nuevas áreas que exigen nuestra voz profética.

Aprender a ser presencia de compasión en el mundo

La compasión necesita practicarse. A veces sentimos que no estamos dando o haciendo lo suficiente, pero lo cierto es que la capacidad de ser compasivas crece con el tiempo. Lo que me ayuda a profundizar mi compasión hacia las demás personas es sentirme cómoda con mi propia vulnerabilidad y reconocer la verdad profunda de que soy bienamada de Dios. Además de estas dos experiencias, hay numerosas oraciones y prácticas que pueden ayudar a cultivar una postura compasiva, entre las que se encuentra la práctica de auto compasión.

Una vez me arriesgué a salir de la cocina y de mi zona de confort para sentarme en el comedor junto a uno de los comensales. Me contó su historia y los momentos de su vida que lo llevaron de una situación difícil a vivir en la calle y a las adicciones. Me sentí agradecida de haberle estado presente y recibir su valiente vulnerabilidad. Detenerme y darle un momento de mi atención me permitió honrar su historia y su valor como hijo de Dios – algo que él ya no podía reconocer en sí mismo.

La mayoría de nosotros nos sentimos como que no somos "suficiente" y muchas conocemos la experiencia de esconder lo que sentimos que de veras somos por miedo al rechazo. ¿Suena conocido? Lo que sea en la vida que te diga que "no eres suficiente," está mintiendo. Quizás lo creemos cuando esa voz nos susurra al oído, y a veces levantamos muros para protegernos. Podemos reconocer la vulnerabilidad como el sentimiento de que esos muros no son efectivos. Esa emoción que sentimos cuando alguien ve quiénes somos en verdad – no quienes decimos que somos, no todas esas cosas negativas que hemos llegado a creer de nosotras, sino el verdadero ser debajo de todas esas capas.

La vulnerabilidad no siempre es ese sentimiento incómodo de sentirse descubierta; más bien tiene el potencial de convertirse en un sentimiento extraordinario de libertad que nace al ser verdaderamente mirada. De vez en cuando encontramos gente que nos sorprende y capta un poco de lo más real y maravilloso que hay en nosotras. Sin embargo, la mayoría de la gente no verá más allá de nuestros muros, por lo que nos toca a cada una hacer el sagrado trabajo de derribar nuestros muros, ladrillo por ladrillo, y soltar lo que nos ha detenido. La vulnerabilidad es una capacidad especialmente importante para las religiosas porque debemos ser mujeres auténticas si queremos que nuestras voces y nuestras vidas impacten positivamente en el mundo. Sin la autenticidad que proviene de la vulnerabilidad, la gente que encontremos en el ministerio no tendrá razón para confiarnos, y quienes oigan nuestros gritos en favor de la justicia no tendrán razón para escucharnos.

Los muros que nos protegen adormecen el dolor y el miedo, pero también reducen la alegría, el crecimiento, la conexión y la vida espiritual. Brené Brown, psicólogo e investigador, nos recuerda que "la vulnerabilidad… no es tan peligrosa, temible o espantosa como lo es llegar al final de la vida y decir: '¿Qué si hubiera hecho acto de presencia?'"[6] Como religiosas se nos reta a estar presentes y dar ejemplo al mundo de lo que es vivir completamente despiertas en lugar de andar sonámbulas por la vida. De hecho, ver estas cualidades en las hermanas que conocí fue lo que me atrajo a la vida religiosa y he comenzado a hacerlas crecer en mí a medida que aprendo a integrar la vulnerabilidad y la autenticidad. Las hermanas que se sienten cómodas con su ser auténtico son ejemplos de cómo se

---

[6] Brené Brown, "Why Dr. Brené Brown Says It Takes Courage to Be Vulnerable," video de Oprah's Life Class, 2:53, consultado el 11 de mayo de 2017, http://oprah.com/oprahs-lifeclass/why-dr-brene-brown-says-it-takes-courage-to-be-vulnerable-video

vive la compasión. Me enseñan los dones que vienen cuando aprendo a soltar los muros de mi ego y a vivir desde mi verdadero ser.

A través de la vulnerabilidad llegamos a conocer la verdad de que somos dignas de ser bienamadas. No se trata de un gran secreto que cada una de nosotras ha "sido soñada por Dios desde toda la eternidad y soñada como única, especial, un ser preciado."[7] Vivir en e integrar esta realidad tomará toda una vida, o quizás más; pero una vez iniciado, una vez que se nos recuerde quiénes somos desde el principio de los tiempos, ya nunca podremos completamente retroceder a vivir cómodamente dentro de la concha de nuestro ego. Aquí nos encontramos un riesgo: seguir adelante implica nunca volver a ser la misma, pero regresar significa vivir nuestras vidas sin explorar las posibilidades de nuestra vida interior.

Estos riesgos son evidentes en nuestro caminar como religiosas. Apenas voy comenzando a explorar mi vida interior y ya me he enfrentado a muchos momentos de encrucijada. En cada opción decisiva en la historia de mi vocación he tenido que recordar que soy bienamada y que la llamada que Dios me hace me guía hacia mi yo más auténtico. Esto me ayuda a decir "sí" aun frente a riesgos y pérdidas. No obstante, los momentos en los que asumimos la autenticidad no están exentos de miedo. Conforme voy cambiando, me pregunto, "¿Podrán mis seres queridos mantenerse profundamente conectados conmigo, aun cuando va cambiando mi vida interior?" No he conservado todas las relaciones estrechas que tenía. Me he alejado de algunas personas, como lo esperaba. Sin duda la alternativa era renunciar a lo más auténtico en lo más profundo en mí misma, al corazón de mi corazón. Es ahí donde Dios habita y donde busco residir más que todo. Comprender mi verdadero yo es lo mismo que comprender que soy bienamada de Dios.

Una vez que hemos atisbado un poco nuestra condición de bienamadas, necesita "encarnarse en todo lo que pensamos, decimos

---

[7] Nouwen, *Life of the Beloved*, 53.

o hacemos."[8] Como tal, las religiosas pueden ser modelo de ello ante los demás. Nos mantenemos unidas en nuestra vida contracultural no sólo como una voz profética que predica amor ante el mundo sino también amor entre las unas a las otras. En su libro *Becoming the Beloved (Convertirse en bienamado)*, Henri Nouwen enfatiza la importancia de encontrar gente que nos mantenga arraigadas y nos confirme que hemos sido elegidas.[9] He encontrado esto en mi comunidad, las Hermanas de la Misericordia, y en Giving Voice (Dando Voz). Cada uno de estos grupos me atrajo inicialmente porque vi cómo las hermanas se relacionaban entre ellas. He sido testigo de que viven realmente como mujeres que han integrado la experiencia de ser bienamadas. Inicialmente no hubiera podido nombrarlo, pero ahora comprendo que mientras más reconozco mi ser bienamada, más deseo compartir esta realidad con todas las personas con las que me encuentro. El miedo y el juicio se disipan. Deseo que todo individuo sepa que es fuertemente amado por Dios y que lleva en sí la divinidad.

No existe curso, práctica o rutina que logre el trabajo que requiere nuestro propio proceso espiritual, ni mantenernos despiertas y listas para responder a la llamada de Dios. Cada una encontramos pequeñas acciones que nos facilitan la conexión con la verdad profunda del amor de Dios y con el hecho de haber sido elegidas, pero es el permanecer atentas a esa verdad interior y no las acciones las que nos alimentan. Andar buscando la próxima gran novedad, ya sea un libro, una conferencia o un retiro, sólo nos desgastará.[10] Es importante saber cuáles son las prácticas que nos alimentan el alma, qué es lo que verdaderamente fomenta nuestra relación íntima con Dios y cuáles son las amistades que, cuando nos sintamos perdidas, no tendrán problema recordarnos quiénes de veras somos.

Es importante saber que ninguna persona nace siendo

---

[8] Ibid., 45.
[9] Ibid., 59.
[10] Ibid., 36.

completamente compasiva, pero todas estamos llamadas a crecer en compasión a lo largo de la vida. Trato de no preocuparme por estar apenas al inicio, ya que este es un viaje que no tiene fin. En la formación inicial he encontrado muchas formas para aprender y practicar la compasión. La oración *Metta* de la tradición budista, a veces llamada la oración de tierna-bondad, me ayuda a encontrar la compasión orando por mí, por las demás personas, por mis enemigos y por el mundo.[11] También rezo y le pido a Dios que me deje ver el verdadero ser de la otra persona, ya sea un ser querido o un enemigo, y le pido ver con los ojos de Dios y empezar a amar a estas personas como Dios las ama.[12]

Cuando me di cuenta de que no podía evitar el conflicto en una de mis relaciones, reconocí que tenía que confrontar los sentimientos que se agitaban dentro de mí y enfrentar a esta persona para tratar de arreglar las cosas. Una hermana me recordó lo importante que es, en momentos como estos, poner firmes los pies en nuestro ser interior. Así que empecé por hacer oración y recordé lo mucho que me ama Dios, lo que me hizo pensar que Él también ama a esta persona de la misma manera. Cuando le pedí a Dios que me ayudara a verlo a Él en esa persona, no hubo grandes luces ni revelaciones, pero cuando inicié la conversación con ella después, sentí una paz increíble. Me di cuenta de que no me sentía agresiva, defensiva o como si tuviera rencor. Los frutos de esa oración han profundizado mi relación con Dios y también mis relaciones humanas.

Una vida personal profunda es fundamental para crecer en compasión. Guardar silencio y prestar escucha al susurro de Dios (1 Re 19, 12) fomenta una relación íntima con Dios y desarrolla el don de la presencia. No hay por qué tener miedo de lo que

---

[11] Céntrate en ti y ora: Que me llene de bondad, que esté tranquila y serena, que sea feliz, que pueda ser sanada. Luego repite estos mantras despacio pensando en otras personas, en alguien que sea tu enemigo o a quien hayas lastimado, y termina orando por el mundo y/o por la creación.

[12] Julie A. Collins, "Celibate Love as Contemplation," *Review for Religious* (ene-feb 2000), 84.

vayamos a encontrar cuando nos adentremos profundamente en nuestras almas.[13] Cuando he tenido mal día y me encuentro luchando con algo desagradable, me doy cuenta qué tan difícil me es estar presente en oración. Con frecuencia, estos son los momentos cuando lleno el silencio de palabras y planes. Cuando logro tener el coraje de parar y escuchar a Dios, no escucho maldiciones sino la afirmación de que soy amada[14] a pesar de mi fragilidad.

En estos momentos en que Dios afirma mi ser bienamada, es clave voltear hacia Dios agradecidamente. Practicar la gratitud es otra forma de fomentar el don de la presencia, pues la presencia en sí misma es "estar atenta a las bendiciones."[15] Hay muchas maneras de practicar la gratitud, desde el examen tradicional, hasta las listas, las anotaciones, los diarios, los mantras y un sinnúmero de ejercicios que proponen tomar en cuenta las bendiciones. Se me dificulta permanecer atenta a todas estas cosas en mi vida cotidiana que, como muchas otras, está a punto de estallar de tanta actividad. He usado la meditación de la campana[16] de Thich Nhat Hanh[17] mientras estoy en mi ministerio para regresarme a la presencia consciente cada vez que suena el timbre de la puerta. Tomar tiempo y detenerme en medio de mi ajetreo es difícil, pero esencial. El timbre de la puerta solía ser una distracción que me molestaba, pero entonces lo elegí como un momento intencionado para practicar la compasión. Ahora, en vez de suspirar con frustración cada vez que suena, me detengo, respiro y trato de hacerme lo más presente posible a lo que sea que esté ocurriendo. Esto me ha ayudado a profundizar mi atención, a

---

[13] Nouwen, *Life of the Beloved*, 76.
[14] Ibid.
[15] Ibid., 79.
[16] Nancy Corcoran, *Secrets of Prayer a Multifaith Guide to Creating Personal Prayer in Your Life* (Woodstock, VT: SkyLight Paths, 2007), 65.
[17] Thich Nhat Hanh es un maestro zen nacido en la región de Vietnam Central, quien promueve la meditación de atención plena (mindfulness) (N. de la T.).

mantenerme conectada con la llamada de Dios en medio del caos y a responder con amor a los inesperados encuentros con Dios presente en las demás personas.

En el noviciado viví un momento difícil en una semana en la que había hecho un trabajo interior intenso, compartiendo una a una, y me estaba preparando para compartir fe en comunidad. Me detuve y fui con mi directora por ayuda pues sentía crudeza en mi interior. Me sentía agotada, como si me hubieran lijado por dentro. Aunque el trabajo realizado era bueno e importante, no podía pensar en hacer ya nada más esa semana. La autocompasión es tan importante como todo lo demás que hacemos en comunidad y en ministerio. Hacer nuestro propio trabajo interior, participar activamente en la comunidad y responder a las exigencias del ministerio pueden dejarnos sintiéndonos agotadas – aun cuando hemos sido llamadas a esta vida y nos sentimos realizadas en ella. Encontrar gente en nuestra vida que nos recuerde ser bienamadas y permitirles que su presencia nos alimente con su compasión es parte importante para poder practicar compasión uno mismo. No podemos dar lo que no hemos recibido primero. De esta manera, la vida comunitaria nos mantiene alertas, renovadas y preparadas para responder a nuestro Dios que nos llama a través de las demás personas.

En resumen

Nuestro llamado a ser modelos de compasión queda claro. Como dijo Frederick Buechner: "Dios te llama al lugar donde tu más profunda alegría se encuentra con el hambre más profunda de nuestro mundo."[18] Las religiosas de hoy estamos particularmente llamadas a responder al hambre profunda de compasión que tiene nuestro mundo, a través de ser modelos de vulnerabilidad, autenticidad

---

[18] Frederick Buechner. *Wishful Thinking: A Seeker's ABC's* (Nueva York: HarperCollins, 1993).

y apertura al encuentro, en medio de nuestro esfuerzo por seguir a Jesús. Unidas por los votos, nos convertimos en un testimonio profético de la compasión de Jesús y en una presencia sacramental en medio de un mundo herido.

Llamado al liderazgo: desafíos y oportunidades para miembros más jóvenes en el liderazgo

Teresa Maya, CCVI

"La Sabiduría es más móvil que cualquier movimiento,
y, en virtud de su pureza, lo atraviesa y lo penetra todo…
aun siendo una sola, todo lo puede; sin cambiar en nada,
renueva el universo, y entrando en las almas buenas de cada
generación, va haciendo amigos de Dios y profetas."
(Sabiduría 7, 24, 27)

"No hay más cera que la que arde." Esto fue lo único que la Hermana María de Lourdes me compartió cuando busqué su consejo después de ser llamada a discernir el liderazgo en la congregación. Con estas palabras, me hizo consciente del hecho evidente de que ya hay menos hermanas jóvenes para cualquier posición de liderazgo en nuestra comunidad y que no debería tomarme demasiado en serio en este proceso a pesar de la intensidad de cualquier tiempo de elecciones. Aprendí una lección difícil ese día. Estén listas o no nuestras comunidades, estén abiertas o no al liderazgo las hermanas más jóvenes, la transición de la autoridad formal a la siguiente generación ya comenzó. Un nuevo momento en nuestra forma de entender y asumir el liderazgo y, más importante aún, la autoridad,

ha comenzado lentamente a pesar de nosotras mismas y de nuestras inquietudes.

Algunas preguntas permanecen en mi corazón al considerar esta nueva realidad: ¿Confiamos que la Sabiduría de Dios está en movimiento, entrando a las almas de la próxima generación, haciendo nuevas amigas y profetas, llamándolas al liderazgo? Hemos estado tan ocupadas en el luto por la pérdida de uno de los más grandes momentos de la historia de la vida religiosa que no hemos notado que la Sabiduría de Dios está comenzando a renovar todo en el liderazgo de las pocas hermanas jóvenes y valientes. Es tiempo de acoger, alentar y apreciar este regalo. Las nuevas líderes son muy diferentes a lo que nuestras comunidades religiosas están acostumbradas: estamos en casa con una vida religiosa más pequeña que nunca formó parte de los grandes grupos de las generaciones que nos anteceden, y fuimos formadas en colaboración desde nuestros primeros años, forjando amistades entre las pocas hermanas de nuestros grupos de edad de diferentes congregaciones. Nuestro ADN tiene una composición diferente; nuestro estilo de liderazgo también será diferente. En esta coyuntura única y crítica de nuestra historia, tenemos el privilegio de servir cerca de muchas mentoras, hermanas con experiencia de liderazgo de casi cada generación, que han navegado otras transiciones y han sido sabias compañeras de camino. Este momento nunca volverá a suceder, la edad promedio de estas hermanas mentoras-pioneras de los cambios del Concilio Vaticano II que abrieron la vida religiosa hacia el futuro-avanza rápidamente. ¿Cómo recibimos las oportunidades que este momento único en la historia nos ofrece con mayor intencionalidad?

En los últimos diez años, las comunidades religiosas en los Estados Unidos comenzaron a elegir líderes que ingresaron a fines de la década de los 80s y en la de los 90s. No somos parte de esa valiente generación que vivió los primeros cambios del Concilio, aunque tenemos una gran deuda con ellas. La mayoría de nosotras pertenecemos a la Generación X, el grupo demográfico más pequeño no solo en la vida religiosa, sino en los lugares donde servimos. Somos una generación puente que puede contribuir significativamente a la vida religiosa, a nuestra Iglesia y a las sociedades a las que servimos. Las mujeres convocadas hoy son apenas jubilares de plata, y algunas apenas han sido elegibles recientemente. También somos líderes vacilantes. Esta es nuestra primera experiencia en liderazgo. Estamos profundamente conscientes de que carecemos de las competencias de las líderes más experimentadas con quienes servimos. Muchas aceptamos el liderazgo temerosas de que dejar un ministerio apreciado nos desconectará de la gente y la misión. Algunas líderes más jóvenes expresan que se han resignado a "cumplir su sentencia" en la administración congregacional o en los ministerios institucionales por el bien de la comunidad. Como líderes más jóvenes, nos estremecemos al escuchar a las líderes actuales hablar sobre el sacrificio y el precio que el servicio a sus hermanas les ha cobrado en su salud y energía. Con más frecuencia de lo que muchas de nosotras nos atreveríamos a reconocer, nos hemos asegurado mutuamente que nunca aceptaremos el liderazgo, o que todavía no lo aceptaremos, y, aún más doloroso, que no nos sentimos capaces o llamadas a cuidar a las hermanas mayores. Este no es un ministerio atractivo para las hermanas que anhelan servir a las personas en los márgenes.

Pero con total transparencia, nuestras congregaciones también deben aceptar que nuestras generaciones mayores tampoco se sienten necesariamente atraídas por la idea de tener miembros más jóvenes en el liderazgo. Algunas comunidades tienen dudas al considerar la elección de hermanas más jóvenes. Las líderes más jóvenes comparten historias sobre haber sido las últimas en la boleta, o sentirse como la "joven" que necesitaba la planilla. Las hermanas mayores a veces dicen cosas como "no nos quieren" o "no están dispuestas a sacrificar nada". Afirmaciones más fuertes aparecen alrededor de las mesas y las salas de juntas como "no podemos esperar mucho de las hermanas más jóvenes". La brecha generacional y los desafíos que representa a las hermanas más jóvenes en el liderazgo se abordan de manera torpe y a veces dolorosa. Si bien estas actitudes le pueden haber sucedido a cada generación antes que a nosotras, todas tenían a sus iguales generacionales para apoyarlas. Hoy en día, las líderes más jóvenes son una de las pocas o la única en su grupo de edad.

Como hermana más joven, sin experiencia en el liderazgo, me di cuenta de que las expectativas de la comunidad son muy desafiantes. No solo carecía de experiencia, sino que también no contaba con conocimiento de los antecedentes y la historia detrás de muchas situaciones y problemas. No estoy segura de cuándo comenzó a afectarme escuchar expresiones como "no puedo creer que no sepas eso" o "tú no lo sabrías porque no habías entrado a la congregación", haciéndome sentir incompetente en mi rol. Caigo en la cuenta de que mi experiencia en la comunidad comenzó después de los grandes logros de las generaciones anteriores. Sin ningún recuerdo del Vaticano II, sé que no puedo llenar estas expectativas. Pero también tuve que enfrentar el sentirme excluida de las conversaciones de sobremesa por qué no tenía recuerdos compartidos.

Con otras líderes más jóvenes, he llegado a comprender que nuestra experiencia de la vida religiosa y nuestros dones traerán un estilo de liderazgo propio de las nuevas generaciones que no siempre es bienvenido en nuestras culturas congregacionales. Después de todo, nuestras hermanas más jóvenes son nativas de la tecnología y se sienten a gusto en la diversidad, por nombrar algunas características particulares de este estilo. Sin embargo aquí estamos, en la encrucijada de nuestra forma de vida, llamadas al liderazgo. Este es el momento de nuestra generación para asumir la responsabilidad del todo de nuestra vida. Seremos líderes a través de la incertidumbre con una esperanza enraizada en el llamado que nos trajo a amar ésta, nuestra vida, desde un principio.

Los desafíos

> *"¡Ay, Señor! nunca he sido hombre de fácil palabra,*
> *ni antes, ni desde que tú hablas a tu siervo; porque soy*
> *tardo en el habla y torpe de lengua."* (Éxodo 4,10)

Como religiosas más jóvenes llamadas al liderazgo, enfrentamos desafíos aparentemente insuperables. Ninguna clase de planeación o tablas actuariales de *Mercer* nos han equipado para enfrentar el presente. Solo la fe contiene la resiliencia que es necesaria para permanecer en este llamado hoy. Hay días, incluso meses, cuando nada más que la esperanza nos saca de la cama: ¡para enfrentar otro funeral, cerrar un querido hospital o reunirnos con el comité de finanzas!

La confianza es quizás el desafío más importante. Las congregaciones deben reconocer que aunque eligen mujeres más jóvenes al liderazgo, su confianza en estas líderes a menudo es limitada o incluso algo tibia. La congregación o el instituto percibe que aún no hemos sido probadas, que no hemos tenido que luchar por nada, que no cargamos los ladrillos para construir esa escuela ni servimos tres turnos en el hospital sin descanso. Muchas de ellas creen, y comparten abiertamente, que llegamos a la vida religiosa y nos sirvieron con una cuchara de plata durante toda nuestra formación inicial. Creen que se nos permitió avanzar con deficiencias que nos hubieran enviado de regreso a casa en los viejos tiempos. En lo que se refiere a la vida religiosa, llegamos al liderazgo beneficiadas por el sacrificio y arduo trabajo de nuestras mayores y que aún estamos por demostrar ser merecedoras de su legado. Algunas hermanas nos ven como herederas indignas que derrocharemos lo que no podríamos apreciar. Peor aún, algunas mayores a menudo temen que no las amamos lo suficiente como para cuidarlas cuando ingresan a las etapas más vulnerables del envejecimiento. El dolor que provoca esta desconfianza es agudo para nosotras y requiere de armarse de valor de una forma particular.

Los equipos de liderazgo a los cuales las hermanas más jóvenes son elegidas o designadas, a menudo pueden representar otro desafío significativo. Muchas integrantes de estos equipos tienen experiencia previa del liderazgo donde conocieron la humanidad de nuestras hermanas, por lo que entienden de antemano las obligaciones del ministerio. Por el contrario, comenzamos el liderazgo sin esa misma historia. La curva de aprendizaje para las integrantes más jóvenes es más pronunciada cuando sus contrapartes asumen las responsabilidades con habilidades experimentadas y redes amplias tanto en los ministerios como en otras congregaciones religiosas. Si bien están dispuestas a guiarnos al inicio, su paciencia se agota cuando tenemos preguntas sobre las estructuras corporativas, las obligaciones canónicas o la historia de ciertas personas. Las líderes más jóvenes necesitan mantenerse al día, mantenerse alertas y aprender más rápido y de manera más efectiva de lo que sus equivalentes en equipos de liderazgo alguna vez tuvieron que hacerlo. Hay muchas costumbres y tradiciones no escritas de las cuales las miembros más jóvenes ni siquiera están conscientes. Todavía recuerdo mi primera experiencia de la muerte de una hermana en mis primeros años de liderazgo. Sor Clarita, la encargada de hermanas mayores, me llamó a la habitación del centro de retiro donde una hermana había fallecido de un ataque al corazón. Aturdida, le pregunté qué se suponía que yo debía hacer, sin haber recibido entrenamiento al respecto todavía: "¿Debo rezar algo, hay una fórmula o un pronunciamiento que se deba leer?" Con una mirada perpleja, Sor Clarita me pidió que avisara a las hermanas. Apresuradamente, corrí de una hermana a otra en la casa de retiro, avisando y, claro, arriesgando más infartos cada vez que irrumpía con la noticia de que Sor Isabel había fallecido. Una vez realizada la tarea, regresé con Sor Clarita quien me preguntó si el resto del equipo de liderazgo había sido informado. Atónita, le reporté que solo les había avisado a las hermanas en la casa. Aunque medio sonriente, me miró incrédula y me explicó que cuando una hermana fallece, las primeras en ser notificadas tenían que ser las hermanas del equipo de liderazgo. ¡Pobre Sor Isabel, ex secretaria provincial, custodia de las costumbres congregacionales! Todo me salió mal el día que falleció.

Otro desafío es la diferencia de edad. En su mayor parte, las líderes más jóvenes sirven en equipos que son espejos de la comunidad, colaborando con hermanas por lo menos veinte años mayores que ellas. Esta diferencia de una o dos generaciones crea una diferencia cultural que aparece en lugares inesperados, como referencias compartidas que van desde la música y las artes hasta su experiencia del Vaticano II. Además, la energía y el ritmo al que las líderes más jóvenes pueden trabajar, así como el uso de la tecnología, a menudo no está sincronizado con el resto de su equipo. Esta soledad se ve exacerbada porque el liderazgo mismo aísla de los pocos miembros más jóvenes de nuestras comunidades. Nuestro rol nos hace sospechosas entre ellas. Estamos atrapadas en el espacio intermedio, por un lado, vivimos fuera de las historias congregacionales compartidas de nuestro equipo de liderazgo-incluyendo su experiencia previa en liderazgo, y, al mismo tiempo estamos fuera de nuestro grupo de edad dentro de la comunidad por estar en liderazgo. Es cierto que todas tenemos mentoras en nuestra comunidad dispuestas a escuchar y siempre atentas, pero eso no es lo mismo que tener compañeras de la misma edad. Encontrar compañeras de camino-- otras hermanas jóvenes en el liderazgo-- se convierte en una tarea espiritual y de supervivencia de suma importancia.

Desafíos desgarradores surgen cuando navegamos en nuestro rol como líderes en el cuidado pastoral de las hermanas mayores de nuestras comunidades. Cuando asistí a uno de mis primeros talleres de liderazgo, una hermana compartió que había aceptado la elección solo después de haber explicado claramente a su comunidad que no iba a ser la coordinadora de jubilación. Todavía no puedo olvidar cómo me sentí ese día, empoderada, valiente, para tomar la misma postura: no soy responsable de nuestros problemas de envejecimiento, es por eso que hemos nombrado coordinadoras en nuestros centros de retiro. Me seguía repitiendo a mí misma, mi tarea es enfocar mi energía en la visión y en dar a luz el futuro. Pero a medida que mi relación con estas queridas hermanas mayores se profundizaba, mi convicción menguaba. Las hermanas mayores me enviaban tarjetas, todo tipo de tarjetas: tarjetas de agradecimiento, cumpleaños, de acción de gracias y más significativamente tarjetas de "ánimo". Se preocuparon por nuestra comunidad, por mí, por el futuro. Gradualmente, un entendimiento de que somos un "nosotras" comenzó a estremecerme. Es cierto que yo no era la coordinadora de retiro, pero también era igual de cierto que yo era una más en comunidad con mis hermosas hermanas en edad de la sabiduría. El rol propio de una líder ya no me parecía tan claro porque ahora también tenía que prestar atención a las emociones que experimentaba a medida que estas mujeres declinaban. ¿Cómo te sientas a la orilla de la cama de una hermana agonizante y asistes a un funeral tras otro sin agotar tu espíritu en el proceso? Cuántas veces más iré a la capilla y me sentaré con esas lágrimas silenciosas de miedo, reconociendo que ya no puedo seguir haciendo esto, que tengo miedo del día en que todas se hayan ido, que extraño terriblemente sus palabras, sus tarjetas, su presencia. La comunión de los santos ha llegado a significar algo tan profundo a medida que mis hermanas mayores se alejan silenciosamente de nuestras vidas.

El liderazgo de hoy es un llamado a acompañar y gestionar el duelo. No hay manera de evitarlo. Me atrevo a creer que aunque lo que está pasando afecta a la vida religiosa como cuerpo y, de hecho, a toda la iglesia y a las personas a quienes servimos, tiene un efecto único en las hermanas más jóvenes en el liderazgo. Lo que está llegando a su fin, no es solo la vida religiosa con la que crecimos-- las hermanas que encontramos en parroquias o escuelas católicas, o quienes nos inspiraron para el trabajo de justicia social-- sino nuestras mentoras, asesoras y consejeras. ¿Qué vamos a hacer cuando el legado, las historias, y la sabiduría que ellas representan no esté entre nosotras? ¿A quién podremos acudir? La invitación a vivir esta experiencia de Sábado Santo para todas las religiosas y especialmente para nosotras como hermanas más jóvenes en el liderazgo requiere una profunda conversión. Este momento histórico es apocalíptico y requiere de más que optimismo. Requiere fe absoluta y confianza en la promesa Pascual.[1] ¿Estamos listas para eso?

Otro desafío para las líderes más jóvenes tiene que ver con la contracción de la institucionalización de la vida religiosa. Particularmente en América del Norte, en el transcurso del siglo XX, las comunidades religiosas crearon las estructuras ministeriales y congregacionales más complejas del mundo.[2] La disminución es una parte tan importante de nuestro liderazgo, consciente e inconscientemente, precisamente porque la contracción es mucho más dramática en esta región del mundo. Enfrentarse a la abrumadora tarea de la transición de estos ministerios y a reducir el tamaño de nuestras estructuras congregacionales puede hacer que cualquier hermana con experiencia huya del liderazgo. ¡Ahora imagínense ser una hermana joven y tratar de aprender sobre el patrocinio canónico, las fusiones y las Personas Jurídicas Públicas (PJP) sin el trasfondo de la historia institucional y el proceso que los creó!

Ciertamente, la gran transición al liderazgo laico y el deslinde comenzó hace más de veinte años en la mayoría de nuestras comunidades religiosas. La nuestra es la simple tarea de terminar el esfuerzo, tal como me recordó una hermana experimentada en asuntos de patrocinio. Después de todo, nuestros ministerios ya están siendo dirigidos por líderes laicos visionarios y competentes. Sencillo; sin embargo; las escuelas, los hospitales y los ministerios de servicio directo a los pobres todavía tienen hermanas al frente o que forman parte de sus juntas directivas. Nuestras comunidades

---

[1] Simón Pedro Arnold, OSB, habla del simbolismo apocalíptico: "Por este motivo me inclino a caracterizar este momento histórico desde la simbólica apocalíptica: tiempo de confusión, de dolor enorme, de amenaza grave para la esperanza, pero, por eso mismo, tiempo de desafío y de utopía renovadora, tiempo de gracia, en definitiva." *A Dónde Vamos* (Lima: Ediciones Paulinas, 2012), 52.

[2] Patricia Wittberg, SC, ver el capítulo "Institutionalized Ministries and Religious Life" en *Creating a Future for Religious Life* (Nueva York: Paulist Press, 1991), 115-135.

están entrelazadas con ellos en todos los niveles, desde lo emocional hasta lo legal. Todos los años, revisamos la planilla de las juntas directivas tratando de encontrar hermanas preparadas, incluso para aquellos ministerios que ahora son Personas Jurídicas Públicas (PJP) independientes que supuestamente no están bajo nuestro ámbito. Las hermanas más jóvenes a menudo llegan a esta tarea sin preparación, tanto porque no venimos de las filas del ministerio, como porque no hemos servido en los ministerios patrocinados que se convirtieron en instituciones complejas, o, porque simplemente no experimentamos un llamado a la vida religiosa a través de nuestros ministerios. No entramos a la vida religiosa porque queríamos ser maestras o enfermeras. Muchas de nosotras hacíamos eso inclusive antes de ingresar. Nuestro llamado no está arraigado en las obras apostólicas de nuestras hermanas en el pasado.[3] El hecho es que simplemente no compartimos el mismo vínculo emocional con nuestras obras apostólicas por grandes o pequeñas que sean, sea cual sea el espectro de patrocinio bajo el que operan. ¡Debemos estar agradecidas por eso de muchas maneras! También debemos reconocer que estamos construyendo sobre los hombros de las gigantes que sentaron las bases para las estructuras futuras de nuestros ministerios patrocinados.

El desafío de despojar a nuestras comunidades de las investiduras del ministerio se ha vuelto crítico para el liderazgo en este momento y es abrumador para las líderes más jóvenes. Tenemos el desafío de empatizar con la pérdida y el duelo que esto significa para la mayoría de nuestras hermanas, y nunca nos imaginamos liderando con las complejidades corporativas que implican nuestras organizaciones. Comienzo a escuchar términos como "gestión de la gran de-comisión" o de la "desinstitucionalización" a la que estamos llamadas

---

[3] "Los carismas de las comunidades eran más notables: un sabor étnico particular, unas pocas costumbres únicas y sobre todo, un enfoque ministerial en un conjunto específico de instituciones," [traducción mia], en Patricia Wittberg, SC, *Pathways to Re-Creating Religious Communities* (Nueva York: Paulist, 1996), 73.

en este momento.[4] Llamada a acompañar el dolor de retirarse de esta parroquia después de al menos un siglo de servicio, o a cerrar esa escuela donde nuestras alumnas están consternados porque no pudimos encontrar hermanas para servir allí, o mudarnos de nuestra majestuosa casa madre, requiere una fortaleza espiritual que las líderes más jóvenes necesitarán una y otra vez en las próximas dos décadas. Esto no significa que no confiemos o incluso no aceptemos el potencial de nuestros colaboradores o co-ministros laicos, pero con respecto a nuestra relación e influencia en las obras apostólicas como congregación, aquellas de nosotras llamadas al liderazgo hoy seremos custodias mientras el otoño se convierte en invierno, cuando finalmente todas las hojas caigan de nuestros árboles. Entonces seremos llamadas al tiempo de la mayor poda de la vida religiosa norteamericana, un tiempo de profunda fe en la promesa de la Resurrección.

Los dones

"Y ellos dijeron: 'No tenemos aquí sino cinco panes y dos peces'.
Él les dijo: 'tráiganmelos.' (Mateo 14:17-18)

Las comunidades religiosas han comenzado a confiar tímidamente en que la Sabiduría de Dios está haciendo nuevas todas las cosas al llamar a las miembros más jóvenes a todo tipo de liderazgos. Algunas de nosotras somos las primeras líderes elegidas de nuestra generación, y otras están siendo designadas para puestos internos o ministeriales. Un mundo nuevo y valiente nos espera y estamos arriesgando todo lo que tenemos en estas pocas hermanas.

---

[4] Susan Francois, CSJP, en su capítulo de este libro explica que una de las tareas para este momento de vida religiosa es acoger la gran de-comisión, Sor Mary Pellegrino, CSJ, compartió con la Asamblea LCWR en agosto de 2016 que uno de los mayores desafíos del liderazgo fue la "desinstitucionalización" de la vida religiosa.

¿Quiénes somos y qué dones traemos a este llamado? Necesitamos asumir y apreciar los dones únicos que nuestra generación aporta al liderazgo en este momento, dones que pueden no parecer ser tales al principio, como no tener una larga historia con la congregación o con sus redes relacionales.

Hablando de la falta de recuerdos compartidos con la congregación como un don, recuerdo una conversación reciente en una reunión social en mi comunidad donde una de mis hermanas me dijo: "Te perdiste de todo". Yo no había ingresado a la congregación cuando celebraban a la Madre General por tres días con regalos hechos a mano para los benefactores y tres días completos de recreación. "Te perdiste todo" ha estado sonando en mi corazón durante años. Incluso hace veinte años, sabía que me había perdido todo: los mejores momentos de nuestra historia congregacional, cuando nuestras escuelas tenían veinte hermanas, cuando las hermanas iban a Perú, cuando teníamos hermanas valientes que vivían entre los pobres y éramos pioneras en enfermería y educación. Me perdí de todo. Mi lamentación finalmente se convirtió en revelación el día en que Nancy Schreck, OSF, repitió apasionadamente en el Taller para Nuevas Líderes que ofrece LCWR: "¿Qué pasaría, si la contribución más importante de la vida religiosa aún no ha sucedido? ¿Qué pasaría...?"[5] Finalmente, vi mi falta de recuerdos como una bendición y me di cuenta de que las miembros más jóvenes traen este don tan especial al liderazgo en este momento. No tenemos una experiencia vivida de los buenos viejos tiempos, ningún apego emocional a esta escuela o esa misión. Nunca hemos conocido otra cosa que comunidades pequeñas y frágiles. No nos enamoramos de esta vida porque era grande, grandiosa o porque estaba en modo

---

[5] Nancy Schreck, OSF, LCWR Taller Nuevo Liderazgo, Febrero de 2015.

de "conquista misionera";[6] lo que nos llamó a la vida religiosa fue la energía vital del carisma. Me atrevo a creer que como líderes más jóvenes somos más capaces de guiar a nuestras comunidades a través de la pérdida de todo lo que nos dio identidad: instituciones, influencia, prestigio, números, ¡porque no tenemos memoria de ello! Y nos alienta en esta dolorosa tarea el testimonio de la generación de líderes que nos precedieron. Dieron los primeros pasos valientes de confiar los valiosos ministerios de nuestra congregación a manos de colaboradores laicos calificados y comprometidos.

También crecimos en una iglesia diferente, que nos bendice con una comprensión muy diferente de esta vida: la iglesia hecha así por nuestras propias hermanas. Somos lo suficientemente mayores como para haber sido testigos de la gran transición de la vida religiosa desde los recintos monásticos hasta la vida encarnada que ha caracterizado a nuestras comunidades. Estas religiosas modelaron y nos hicieron enamorarnos de la vida de inserción, compromiso, comunidad y contemplación en acción, que adoptaron de forma tan completa y auténtica después del Vaticano II. Conocemos a la iglesia como Pueblo de Dios no a través de nuestra lectura de *Lumen Gentium* recién salida de la imprenta, sino a través de las primeras clases de catecismo a las que asistimos. Allí, nuestra iglesia como Pueblo de Dios no fue un nuevo descubrimiento. Fue un hecho. La nueva música, la nueva liturgia, las imágenes frescas de Dios y la iglesia y la misión fueron parte de nuestra infancia. Incluso la diversidad que la iglesia intentaba acoger sonó en nuestros cancioneros de la escuela primaria: "¿De qué color es la piel de Dios?" Este legado, esta semilla, plantada por hombres y mujeres entusiastas que dan a luz una iglesia con ventanas abiertas es el aire fresco que respiramos al crecer. Ahora es el momento en que dará sus frutos. Las hermanas

---

[6] "Quizás el cambio más importante de todos es el de trascender la metáfora del héroe que ha sustentado tanto de nuestra dominación patriarcal y la religiosidad de la construcción del imperio," [traducción mia] Diarmund O'Murchu, *Religious Life in the 21ˢᵗ Century* (Nueva York: Orbis Books, 2016), 3.

antes de nosotros plantaron; debemos tender a la cosecha. Hemos recibido en nuestras manos el corazón de la renovación que dio forma a nuestras comunidades religiosas.

Nuestra nueva generación de líderes también aporta una experiencia diferente de formación inicial. Algunas de nosotras somos la primera generación que ha pasado por los recién formados programas de formación después de los primeros años de experimentación. Nos formamos en el carisma y la herencia de la congregación desde el principio, leyendo las historias recién impresas y aprendiendo de las primeras hermanas a trabajar en el legado de los fundadores. Nos introdujeron a la herencia congregacional mucho antes que cualquiera de las generaciones anteriores en la vida religiosa de hoy. Además, gran parte de nuestra formación inicial tuvo lugar en medio de experiencias de inserción entre los pobres. Muchas de nosotras formamos parte de los primeros grupos en mudarnos de nuestras casas matrices a barrios del centro de la ciudad o áreas rurales. Durante nuestra formación inicial, muchas congregaciones internacionales incluyeron un período prolongado de experiencia misionera en el sur global. Vivir entre las personas en situación de pobreza tan pronto en la formación implica un compromiso con los marginados del mundo que como líderes, nunca podríamos olvidar a pesar de los ministerios y lugares a los que fuimos llamadas más adelante en nuestro caminar. Además, muchas de nosotras nunca fuimos parte de grandes grupos o bandos de hermanas. En cambio, estamos entre las primeras ex alumnas de los programas de formación inter-congregacional rediseñados después del Concilio. Y una vez más, hago una distinción con la primera generación de hermanas después del Concilio, ahora ya entradas en sus sesentas, quienes experimentaron los cambios de la renovación; y, al mismo tiempo, veo una distinción con la experiencia de la Conferencia de Formación de Hermanas que formó a la generación anterior. Si bien, es cierto que ambas lanzaron una energía increíble que permitió intensos esfuerzos de colaboración, la experiencia de formación inter-congregacional de las nuevas generaciones es cualitativamente diferente. Quizás más significativo es el hecho de que estos programas a menudo se convirtieron en el único espacio sagrado vital para formar relaciones entre compañeras de la misma edad. La colaboración y el aprecio por la diversidad de carismas que experimentamos nos preparó para la apertura a la colaboración en niveles que aún no hemos visto en la vida religiosa.

Con la generación que nos precedió, no hemos conocido más que la experimentación de nuevos modelos de gobierno, así como la evolución de nuestra comprensión del liderazgo y la toma de decisiones. La resiliencia que hemos desarrollado como resultado de la profundización de nuestro compromiso con la vida religiosa precisamente en un momento de constante experimentación y cambio, nos ha dado dones únicos para la movilidad y la flexibilidad. Desde el principio, hemos sabido que las estructuras son temporales y por lo tanto, hemos desarrollado una gran tolerancia a la ambigüedad provocada por los rápidos cambios que ocurren hoy en la vida religiosa. A diferencia de las hermanas más grandes en nuestras comunidades, es más probable que hayamos vivido en entornos internacionales, intergeneracionales e interculturales desde el comienzo de nuestro caminar en la vida religiosa. Nos identificamos fácilmente con hermanas misioneras que comprenden de primera mano los muchos desafíos y ajustes que nos exige la vida intercultural. Los dones de resiliencia y apertura que hemos desarrollado nos serán útiles ya que estamos obligadas a ejercer un liderazgo audaz y arriesgado. Entendemos que las estructuras, las fronteras geográficas de las congregaciones y los ministerios pueden estar en constante cambio, siempre y cuando nosotras permanezcamos enraizadas en el llamado esencial de nuestros carismas.

Las generaciones más nuevas también tienen una comprensión arraigada de la conexión de toda la vida. Crecimos en un tiempo de descubrimientos increíbles, donde la ciencia comenzó a revelar los misterios profundos del universo tanto a nivel macro como a nivel micro. Nuestras clases de ciencias ya hablaban de universos en expansión y fuimos la primera generación de niños que vieron a

Carl Sagan en *Cosmos*. No es un descubrimiento para nosotras saber que los seres humanos son solo una pequeña parte del ecosistema. De hecho, mi generación se ha encontrado con lo divino en la naturaleza cuando salió desilusionada de nuestras iglesias inmersas en el escándalo o divididas por la ideología. Algunas de nuestras primeras experiencias de contemplación y misticismo sucedieron allí. Nuestra sensibilidad a la fragilidad de la naturaleza estuvo marcada por el derrame de Exxon Valdez y desastres similares. ¡Crecimos en los años de Carter y aprendimos sobre la conservación de energía en los asientos traseros de los autos familiares que esperaban al cargar gasolina! Pero también entendemos el ecosistema en un nivel diferente. Nuestra capacidad para establecer redes sociales está enraizada en esta comprensión de la conexión social y la relacionalidad que puede pasar fácilmente del mundo virtual a la solidaridad con los más vulnerables del mundo.

Habiendo crecido en un momento en que los laicos en la iglesia estaban siendo empoderados, nos permite ver que el liderazgo laico no es algo nuevo, sino la forma como son las cosas. Nuestras experiencias en el ministerio siempre estuvieron marcadas por la presencia significativa de líderes laicos. Las grupos más jóvenes de religiosas líderes difícilmente habrán tenido alguna experiencia de hermanas o hermanos en escuelas católicas, universidades o parroquias. Nuestros primeros formadores fueron a menudo estas mujeres y hombres laicos comprometidos con la misión de Jesús. Siempre hemos trabajado codo a codo con hombres y mujeres laicos, a menudo dependientes de ellos. Sabemos sobre asociación, colaboración, redes y cooperación porque esa es la iglesia que hemos conocido durante toda nuestra vida. Nos movemos con facilidad en esta relación, denunciando tanto la exigencia de investidura como el clericalismo, reconociendo la identidad única de cada llamado en la iglesia. De hecho, experimentamos menos ambigüedad en torno al tema de la identidad de la vida religiosa, precisamente porque entramos sabiendo que podíamos hacer trabajo misionero, cuidado pastoral para los pobres o enseñar sin tener que ser religiosas debido a los laicos y laicas con quienes nos hemos encontrado, a quienes queremos y con quienes tenemos amistad.

Finalmente, creo que los dones que las líderes más jóvenes aportan a la vida religiosa son los elementos centrales del liderazgo transformacional que requieren nuestras comunidades. Estamos en casa con nuestra vulnerabilidad porque llegamos a la madurez en un momento de fragilidad y disminución en la vida religiosa, lo que nos hace más propensas a buscar y encontrar la ayuda que necesitamos. Tenemos el privilegio de conocer a algunas de las líderes religiosas más influyentes de nuestro tiempo, que están vivas y llenas de la sabiduría que bendecirá a las próximas generaciones. Las hermanas más jóvenes en el liderazgo son personas fronterizas, personas puente. Vivimos entre lo nuevo y lo viejo. Cruzamos la brecha de la división generacional, después de haber vivido en la comunidad el tiempo suficiente para conocerla y amarla, y lo suficientemente breve como para sentirnos ansiosas por lo nuevo.

El potencial

> *"Todo escriba docto en el reino de los cielos es*
> *semejante a un padre de familia,*
> *que saca de su tesoro cosas nuevas y cosas viejas".* (Mateo 1, 52)

Nuestras comunidades religiosas llamarán a las hermanas más jóvenes al liderazgo simplemente porque el futuro es inevitable. Sin embargo, tenemos opciones de liderazgo que debemos discernir cuidadosamente en comunidad. Las hermanas más jóvenes no califican automáticamente para el liderazgo y tampoco las comunidades deben imaginar que debido a que tienen miembros más jóvenes están exentas de la tarea de discernir su futuro liderazgo. Podemos elegir el camino fatalista de la resignación hacia lo inevitable o podemos preparar intencionalmente y colectivamente a nuestras miembros más jóvenes para que dirijan, según sus dones, la transformación que anhelamos. El futuro es responsabilidad del presente, no solo su consecuencia. Acoger esta responsabilidad con esperanza y alegría tiene que ver tanto con la forma en que las religiosas más jóvenes asumamos el liderazgo y como con el grado en que nuestras comunidades empoderen, alienten y confíen en nuestro liderazgo. Algunas tareas son imprescindibles, compartidas por todas las generaciones que actualmente viven en el presente espacio sagrado de la vida religiosa. Nuestras mayores están llamadas a bendecir, a "*ben-dicere*", a hablar bien de lo que está surgiendo. Si lo hacen, ellas también experimentarán el círculo completo de la vida que es Dios.[7] Las líderes actuales, tanto jóvenes como mayores, son llamadas a una confianza que solo puede venir de una profunda contemplación del Misterio Pascual. Juntas, deben ser centinelas del amanecer,[8] confiando en el potencial de nuestras miembros más jóvenes, empoderándolas y permitiendo una comunidad de práctica. Finalmente, las miembros más jóvenes deben alentar la comunión que anhelan asumiendo las pequeñas y grandes responsabilidades que mantienen nuestra vida en común. Nuestro ecosistema congregacional actual también debe interactuar con otros sistemas que nos rodean, acogiendo el llamado a liderar en medio de la desesperación, el desplazamiento y la vulnerabilidad, mientras el carisma se energiza en su participación de la *missio Dei*.[9] Dios llama a profetas y líderes para cada momento.

---

[7] "Bendecir a un joven cuando eres mayor es tan simple como difícil: ¿quieres bendecir a una persona más joven? ¡Aléjate y dale a él o ella tu trabajo!... bendecimos a los demás cuando los vemos, nos deleitamos en su energía en lugar de sentirnos amenazados por ella, y regalamos algo de nuestra propia vida para ayudar a sus vidas," [traducción mía], Ronald Rolheiser, *Sacred Fire: A Vision for Deeper Humanity and a Christian Unity*, (Nueva York: Image, 2014), 229-230.

[8] "La brisa al amanecer tiene secretos para decirte, no vuelvas a dormir" Poema Quatrain de Rumi.

[9] Anthony Gittins afirma que la misión es el trabajo de Dios, no el nuestro, la "descripción del trabajo" de Dios, quién es Dios. Anthony J. Gittins, "Mission: What's It Got to Do with Me?" *The Living Light* 34, 4 (Spring 1998), 8, 11.

Para alimentar el potencial de liderazgo de nuestras hermanas más jóvenes, primero debemos revisar nuestros programas de formación, orientación y capacitación, de modo que los dones y el potencial de liderazgo se identifiquen, fomenten y fortalezcan desde el principio. Lamentablemente, mientras que algunas comunidades han logrado grandes avances en este esfuerzo, otras se están quedando atrás del mundo corporativo, el cual ha descubierto la importancia de desarrollar el capital humano como el activo más valioso para el futuro desde hace tiempo. Ahora es el momento de aprovechar este potencial en la vida religiosa.

Algunas de nuestras vocaciones vienen a nuestra vida común habiendo servido como líderes en sus anteriores roles profesionales y pastorales. ¿Cómo desechamos la mentalidad de rango de antigüedad que ha prevalecido en nuestras comunidades y les permitimos a las hermanas con menos tiempo entre nosotras servir en diferentes capacidades de liderazgo? Las comunidades de formación necesitan convertirse en comunidades de práctica para el liderazgo tal como lo son para la espiritualidad, el ministerio y el desarrollo humano. Necesitamos hacer esto con cada hermana de la comunidad, no porque creemos que hay una "líder en cada silla", sino porque todos los grupos humanos necesitan líderes, convocantes, coordinadoras, facilitadoras y, aún más, profetas y visionarias. Nuestros presupuestos deben reflejar nuestra voluntad decisiva de invertir en el futuro porque estos programas, prácticas y experiencias requieren una inversión. Como líderes electas, tenemos que ir más allá de solo identificar el potencial de liderazgo en las miembros más jóvenes, una por una, a menudo filtrando o seleccionando según nuestra propia experiencia de liderazgo. A menos que ampliemos nuestra visión y confiemos en que el liderazgo del futuro no será como el nuestro, podemos estar perdiendo oportunidades para que nuestras hermanas más jóvenes estén listas para servir cuando ya no estemos aquí. Por supuesto, que necesitamos enviar participantes a programas existentes como el Programa de Desarrollo de Liderazgo Colaborativo, pero eso no es suficiente. Además, debemos alentar a las hermanas más nuevas a asumir responsabilidades de liderazgo en cada área de sus vidas: sus comunidades locales, las conferencias o asociaciones a las que pertenecen, como *Giving Voice*, y la vida profesional y ministerial. El liderazgo es algo en lo que creces y te fortaleces; no sucede de repente con una elección. Tenemos la responsabilidad de potenciar, financiar y fomentar el desarrollo del liderazgo. ¿Qué inversión podría ser más valiosa?

El futuro emergente también requiere un liderazgo religioso que exprese el corazón de nuestra misión. Durante mucho tiempo, nuestras comunidades han vacilado entre la elección de una líder pastoral o una líder administrativa, a menudo alternando ciclos de liderazgo entre una y otra. Ambos tipos de liderazgo eran necesarios para las necesidades internas de nuestras grandes comunidades: administrar nuestros recursos, cuidar a las hermanas, coordinar y organizar a la comunidad. Pero a medida que las comunidades religiosas se contraen a ser los *anawim* bíblicos, las habilidades organizacionales del pasado deben ser reemplazadas con habilidades que continuarán dinamizando nuestro compromiso con la misión de Jesucristo, el Reino de Dios, en este nuevo paradigma de pequeñez. Por lo tanto, las líderes emergentes en nuestro medio deben ser mujeres con corazones para los pobres y centradas siempre en las necesidades humanas urgentes que se atenderán. Las religiosas más jóvenes serán llamadas al liderazgo para un momento como este, donde nuestro "mundo líquido" encuentra certeza solo en constante movimiento,[10] donde, en palabras del Papa Francisco, las personas son desechables,[11] donde estamos consumiendo nuestro planeta tres veces más rápido de lo que se necesita para reponer nuestros recursos.

---

[10] Zygmunt Bauman describe la velocidad: "La vida en una sociedad moderna líquida no puede detenerse... lo que se necesita ahora es correr con todas las fuerzas para mantenernos en el mismo lugar... la velocidad, y no la duración, es lo que importa." Zygmunt Bauman, *Vida Líquida* (México: Paidos, 2015), 11, 17.

[11] Papa Francisco, *Evangelii Gaudium,* No. 53.

Estas religiosos más jóvenes serán llamadas a acoger al profeta en su interior. En palabras de Macrina Wiederkehr, OSB:

El Moisés en mi corazón tiembla
no del todo dispuesto
a aceptar al profeta escondido en mi ser
preguntándose cuánto costará
permitir que el profeta emerja.[12]

Las generaciones actuales de vida religiosa deben tomar en serio la tarea sagrada de notar, animar y escuchar a los profetas que Dios ya está criando entre nosotros. Estas mujeres, herederas de nuestros legados que buscan justicia, ya nos están llamando para a que notemos las injusticias en nuestro mundo de nuevas maneras. Nos desafían a abordar las causas antiguas y nuevas con coraje y a posicionarnos con las personas preferidas de Dios en nuevos espacios con estilos matizados. Ellas se levantan sobre hombros firmes. Escriben blogs, trabajan al margen y marchan por la paz, y lo hacen porque han caminado con sus hermanas mayores en comunidad y han sido testigos de su compromiso con la causa de los pobres. Lo hacen porque sus mentores hombres y mujeres de buena voluntad y diversas creencias les han demostrado que el futuro que anhelamos requiere de la inversión de todas y todos donde la vida religiosa será levadura. Estas nuevas líderes serán nuestras pastores en el proceso de la reconciliación con el racismo que ha prevalecido en nuestras comunidades. Ellas abrirán nuestros corazones a la hospitalidad, abrazando la diversidad étnica, racial y sexual que nos rodea. Quitarán delicadamente nuestros zapatos para que podamos encontrar a Dios hablando en todos los arbustos en llamas de nuestro mundo desanimado y desesperado.

Estamos hablando de liderazgo en la vida religiosa, no de

---

[12] Macrina Wiederkehr, "Prayer Before a Burning Bush," [traducción mía] *Seasons of Your Heart: Prayers and Reflections*, revised and expanded edition (Nueva York: HarperCollins, 1991), 34.

cualquier tipo de liderazgo. Imperativo para nuestro liderazgo será la integración del núcleo esencial de nuestra identidad: la búsqueda de Dios. Quizás la preparación más significativa para el liderazgo que podemos ofrecer a todas las generaciones es un llamado constante a la renovación de nuestra vida espiritual, una espiritualidad de acompañamiento. En conversaciones con líderes nuevas y líderes experimentadas y en mi propia experiencia vivida, constantemente me doy cuenta de que lo que me habría preparado mejor a mí y a otras para nuestro tiempo en el liderazgo no era la capacitación en el manejo de resolución de conflictos o gestión del tiempo o desarrollo organizacional, sino una vida espiritual basada en *lo cotidiano*,[13] esperando siempre el encuentro con Dios en todo.[14] Queremos compartir tantas cosas con las hermanas más jóvenes o más nuevas en la comunidad sobre nuestra historia, nuestro fundador, esta historia y el legado de ese ministerio antes de irnos. Hay tanta urgencia en nosotras de pasarles estas cosas que de alguna manera no nos enfocamos en lo más esencial: en su profunda experiencia y relación con Dios, el único *Encuentro* que permite que todos los demás *encuentros* tengan lugar. Como Jesús en Betania, debemos recordarnos unas a otras, pero especialmente a nuestras hermanas más jóvenes, "solo una cosa es importante" (Lucas 10,42).

Forjar un corazón contemplativo y discerniente lleva tiempo, años, como bien sabemos todos los peregrinos en este camino, y sin embargo es el potencial más importante que debemos desarrollar en las hermanas más jóvenes para el liderazgo. Necesitamos ayudarlas a alimentar, nutrir y cuidar una vida de contemplación; ningún esfuerzo será insuficiente para los tiempos en los que lideremos.

---

[13] Los teólogos latinos hablan de *lo-cotidiano*, el elemento de la vida cotidiana como el lugar para la teología, que también debe ser el lugar de la vida religiosa.
[14] El Papa Francisco en *Evangelii Gaudium* explica sobre el Encuentro "Pero convertirse en pueblo es todavía más, y requiere un proceso constante en el cual cada nueva generación se ve involucrada. Es un trabajo lento y arduo que exige querer integrarse y aprender a hacerlo hasta desarrollar una cultura del encuentro en una pluriforme armonía," *Evangelii Gaudium*, 220.

Debemos convertirnos en comunidades de práctica, que alienten, seduzcan e inviten unas a otras a convertirse en espacios sagrados de profunda escucha y contemplación, en una espiritualidad de comunión y acompañamiento. Me di cuenta de la urgencia de esta necesidad después de que varias hermanas menores en diferentes ocasiones se me acercaron vacilantes para preguntar: "Tere, ¿tú rezas?" Aún recuerdo mi primera reacción: Dios mío, ¿estaba viviendo a tal velocidad con un activismo tan intenso que ellas no creían que yo rezaba? Me di cuenta, entonces, de que mis hermanas estaban compartiendo su propio reconocimiento doloroso de que habían perdido su vida de oración en algún momento del camino. Gradualmente, estas conversaciones sagradas entre iguales me permitieron compartir mis propias luchas, mi propia distancia de la oración debido a mis compromisos ministeriales "legítimos", y luego mi doloroso regreso a mi "primer amor". Me di cuenta de que la introducción del libro de Apocalipsis ha sido mío, una y otra vez:

> Yo sé tus obras, y tu trabajo y paciencia; y que tú no puedes soportar a los malvados… Sin embargo, has perseverado y sufrido por mi nombre, y no has desfallecido. Pero tengo contra ti que has abandonado tu primer amor. (Ap 2,2-5)

Más importante aún, reconozco que siempre he necesitado ayuda para volver al corazón del compromiso de nuestra vida; siempre he necesitado comunidad. Cada camino de regreso a casa ha estado acompañado por hermosas hermanas de sabiduría cuyos nombres están grabados en mi corazón. Estas hermanas han sido gentiles y severas, han cuestionando, insistido y alentando, pero siempre lo han hecho con amor. Cuando comparto con mis hermanas, comienza una transformación. Ofrecemos caminar juntas y alentarnos mutuamente para mantener nuestros ojos en Jesús, el camino.

La Hermana Pat Farrell, OSF, habló en la Asamblea LCWR 2016 sobre el corazón de escucha contemplativa que se requiere para este momento en el liderazgo. Ella dijo que "lideramos siendo guiadas"[15] [*We lead by being led*]. El liderazgo en nuestras comunidades religiosas es ante todo un liderazgo de seguimiento, *una espiritualidad de seguimiento*. Simón Pedro Arnold, OSB, de Perú ha escrito extensamente sobre la importancia de regresar a la historia de Jesús despojada de siglos de atavíos y costumbres debido a la urgencia de la misión de Jesús para el mundo de hoy: "Se nos urge a regresar a 'Jesús solo' y volver a aprender una nueva aventura de discipulado"[16]: su amor es el requisito para el ministerio de dirigir, de pastorear al rebaño. Jesús mismo le dejó esto en claro a Pedro en la orilla del lago Tiberio. "Simón, hijo de Juan, ¿me amas? ... Cuida de mis ovejas" (Juan 21,16). Solo podemos liderar si seguimos a Jesucristo, yendo más allá de la *imitatio Dei* que muchas de nuestras predecesoras fueron llamadas a practicar,[17] *a la danza del seguimiento* de la que habla Simón Pedro Arnold:

La vida es la más bella y exigente escuela de danza... No hay nada a que aferrarse, nada que agarrar. Solo nos salvaremos mediante el arte del libre movimiento, necesitamos mover nuestras caderas alrededor de la columna vertebral viviente de la Iglesia: la cruz de Jesucristo... ¿Cómo volvemos a un Cristo siempre en movimiento, aquel que camina sobre los caminos polvorientos de Galilea, cerca de las aguas embravecidas del lago, y baila en las bodas de Caná?... de cierta manera, debemos iniciarnos en un discipulado coreográfico, donde no estamos

---

[15] Pat Farrell, Discurso principal, LCWR 2016.

[16] Simón Pedro Arnold, *La era de la mariposa*, (Argentina: Editorial Claretiana, 2015), 51.

[17] "No se trata tanto de imitar a un maestro de manera individual y privada (a pesar del éxito duradero de esta modalidad del seguimiento desde la *Imitación de Jesucristo* de Tomas de Kempis...)" Simón Pedro Arnold, *La era de la mariposa* (Argentina: Editorial Claretiana, 2015), 145.

a punto de imitar o ponernos al día con Cristo en un esfuerzo de voluntad, pero crecemos en su ritmo y compás.[18]

Una auténtica espiritualidad de liderazgo es aquella que ha aprendido a amar el baile con Jesús, como el camino, la verdad y la vida. Lleva años de práctica seguir sus pasos de misericordia, inclusión y compasión, pero debemos intentarlo. Este tipo de liderazgo ayudará a nuestras comunidades religiosas a bailar también y llevar la alegría del Evangelio a nuestro mundo.[19]

"*¡Mirad, estoy haciendo algo nuevo! ... ¿No se dan cuenta?*" (Isaías 43,19), suena en mi corazón al terminar esta reflexión. El Dios de nuestras vidas ha estado creando en medio de nosotras, llamando a las mujeres a la vida religiosa cuando sentimos que nadie se sentiría atraída a ella, y llamando líderes jóvenes con dones cuando nuestra confianza en ellas estaba comprometida. El liderazgo transformador que anhela nuestro corazón ya está sucediendo. Todas nosotras, jóvenes y mayores, debemos participar en su nacimiento. Se cometerán errores, pero cada nuevo intento nos mueve hacia adelante. Esto es algo para celebrar. La Sabiduría de Dios nos está invitando al baile; no podemos negarnos.

---

[18] Simón Pedro Arnold, *La era de la mariposa*, (Argentina: Editorial Claretiana, 2015), 57,58.

[19] Al hablar de la alegría de evangelizar, el Papa Francisco afirma: "El bien siempre tiende a comunicarse. Toda experiencia auténtica de verdad y de belleza busca por sí misma su expansión, y cualquier persona que viva una profunda liberación adquiere mayor sensibilidad ante las necesidades de los demás. Comunicándolo, el bien se arraiga y se desarrolla," *Evangelii Gaudium*, 9.

La vida religiosa en tiempo de niebla

Susan Rose Francois, CSJP

Vivimos nuestra vida religiosa en un contexto siempre cambiante y oscurecido por la niebla. Esta es la realidad no sólo en nuestras comunidades religiosas, donde el cambio ha sido esencialmente constante desde el Concilio Vaticano II, sino también en nuestra comunidad local y global donde se intersectan complejas fuerzas económicas y sociales, lo cual genera miedo, incertidumbre y una sensación generalizada de confusión interminable. Millones de niños y adultos son desplazados por la pobreza, las guerras y los desastres. Las familias luchan para poder satisfacer las necesidades básicas. Las comunidades están atrapadas en ciclos de violencia y división que amenazan la dignidad humana. La Madre Tierra, nuestro hogar común, está siendo explotada y puesta en peligro. Este es el campo de misión donde se nos ha llamado a ministerio como religiosas comprometidas por votos a "seguir a Cristo como nos lo pide el Evangelio."[1] El llamado del Evangelio surge imponente en estos tiempos de niebla, aun cuando la vida religiosa misma cambia de haber vivido en grande escala institucional a una pequeña y más íntima.

---

[1] *Perfectae Caritatis* (Decreto sobre la adecuada renovación de la vida religiosa, 1965), 2 (a), consultada el 18 de abril 2018, http://www. vatican.va/archive/hist_councils/ii_vatican_council/documents/ vat-ii_decree_19651028_perfectae-caritatis_sp.html.

Como religiosa joven, llamada y elegida a liderazgo en mi propia congregación pocos años después de mi profesión perpetua, con frecuencia me siento nublada en tinieblas. Existe una niebla de dolor compartido y personal que es parte íntegra de la vida religiosa de este tiempo. Esta niebla era más generalizada cuando yo entré. Pero la niebla empezó a hacerse más densa a medida que las hermanas mayores que yo conocía y respetaba pasaban a la siguiente fase de su vida con Dios. Más recientemente, he perdido formadoras y hermanas a quienes he llegado a amar profundamente, y la niebla se ha puesto más turbia y más particular. Además está la niebla de incertidumbre sobre quién podrá entrar a liderazgo elegido después de mí, el reto de responder a las necesidades de una comunidad avanzada en años, de buscar nuevos usos para edificios tan grandes que ya no se ajustan a nuestras necesidades actuales ni futuras, navegar nuevas relaciones con las instituciones que patrocinamos y, también desde luego, dar cuidado a la pasión por la misión de nuestras hermanas jóvenes cronológicamente y las jóvenes de corazón – todo esto en medio de la niebla girando a nuestro alrededor. Digamos que hay días en los que es difícil ver el camino que está por delante. Es un ejercicio de confianza en Dios, quien es el camino. Para dar el siguiente paso en un sendero "escondido en la niebla," "tenemos que aprender a dejarnos guiar y escuchar profundamente " al Dios que nos llamó a este tiempo y lugar.[2]

El camino que nos lleva del presente al futuro, además de estar cubierto por la niebla, está atestado de preguntas. Me doy cuenta que tengo más preguntas que respuestas cuando se trata del futuro de la vida religiosa. Lo que sí parece claro es que la vida religiosa a la que entré se verá y se sentirá considerablemente diferente en el 2031, cuando celebre mis 25 años de profesión a la edad de cincuenta y nueve años. Para ese entonces habrán fallecido muchas más de mis

[2] Pat Farrell, "Leading from the Allure of Holy Mystery: Contemplation and Transformation," Conferencia Magistral, Asamblea de líderes de congregaciones religiosas femeninas en 2016, 5. Antes escribí sobre el uso de la imagen de la niebla en "Living, Loving, and Leading in Fog," *Global Sisters Report*, 26 de agosto de 2016.

hermanas y espero que se nos hayan unido algunas nuevas Hermanas de San José de la Paz para seguir buscando la justicia y el don de la paz de Dios. Sé también que entre mis compañeras habrá de mi edad en religión de distintas congregaciones, aun cuando la forma exacta en que las experiencias de nuestros carismas, espiritualidades, ministerios y de vida comunitaria se juntarán y combinarán, por el bien del Evangelio, es todavía un misterio conocido sólo en el corazón y en la mente de Dios. Ese futuro desconocido nos entusiasma y vemos algunos de sus destellos en este libro.

Nuestras hermanas fundadoras/pioneras y las generaciones más tempranas respondieron a las necesidades no-servidas de su tiempo y organizaron su vida en común de acuerdo con estas situaciones. ¿Qué es lo que este momento específico nos está pidiendo a las generaciones actuales que vivimos la vida religiosa? ¿Cuál es el don en que hoy se nos pide convertirnos? ¿Qué testimonio se necesita para nuestro mundo herido y cansado? ¿Cuáles son las implicaciones para nuestras vidas de oración y ministerio vividas en comunidad, ahora y hacia el futuro?

Estas son algunas de las preguntan que me quitan el sueño. Paula Downey, una irlandesa que hace consultas organizacionales que ha trabajado con equipos de liderazgo de religiosas, nos invita a considerar el futuro "como una pregunta, no como una respuesta."[3] Esto es consolador porque quienes hoy vivimos la vida religiosa definitivamente tenemos muchas preguntas. Tenemos también la increíble oportunidad y el reto de entablar en el trabajo crítico compartido de vivir auténticamente estas preguntas. Esto es lo que me anima a levantarme cada mañana como religiosa profesa en el siglo XXI.

Ver a través de la niebla – Nuestra realidad

Como los discípulos que caminaban hacia Emaús, no siempre podemos ver a través de la niebla personal y colectiva que nos rodea

---

[3] Paula Downey, "Religious Life for a World of Transition," *The Furrow* 60, no. 11 (noviembre de 2009), p. 617.

para poder reconocer la presencia de Dios aun en los momentos más desordenados de nuestra vida en común. Sin embargo, Dios está con nosotras, y aquí estamos juntas, comprometidas por votos a esta vida. La vida religiosa primero es ante todo una respuesta a nuestro Creador que "nos llama a seguir a Jesús, totalmente acogiendo el Evangelio y sirviendo a la Iglesia, y que ha derramado en nuestros corazones al Espíritu Santo, la fuente de nuestra alegría y de nuestro testimonio del amor y la misericordia de Dios ante el mundo."[4] Esta es la relación central – la *quien* – es la raíz de nuestro poco común compromiso de vida de pobreza, castidad célibe y obediencia. Es significativo que no hacemos votos a nuestra comunidad o a nuestras superioras, sino a Dios.[5] En nuestro caso, la respuesta fundamental a la pregunta sobre quién, es también la respuesta fundacional a las preguntas que, por qué y cómo de nuestras vidas como religiosas.

De lo que se trata nuestra vida es de anunciar la buena nueva de Dios - el mensaje del Evangelio de amor, esperanza, alegría, paz, misericordia y justicia que Jesús ejemplificó – al pueblo de Dios. Respondemos a este llamado porque hemos sentido en nuestras vidas esa mezcla de la presencia y la promesa de Dios. Sólo a través de nuestra relación con Dios podemos empezar a responder al llamado a "practicar la virtud de la esperanza, fruto de nuestra fe."[6]

Mis amigas han abordado muchas de estas cuestiones en los capítulos anteriores. Nuestra comunión con Dios y las unas con las otras da cimientos a nuestras vidas como religiosas en misión dentro de, a través de y para la comunidad.[7] Nuestra presencia como personas compasivas en un mundo cansado es de por sí profética y

---

[4] Francisco, "Carta apostólica a todos los consagrados con ocasión del año de la vida consagrada," 21 noviembre de 2014.

[5] Consultar el capítulo "Lo viejo y lo nuevo: el voto de Ana (1 Sam 1-2) y la vida de las religiosas de hoy," escrito por Sarah Kohles, 19-32.

[6] Francisco, "Carta apostólica a todos los consagrados," 3.

[7] Consultar el capítulo "Comunidades en comunión: movimiento hacia una nueva vida," escrito por Virginia Herbers, 1-18.

proclama muchísimo el amor de Dios.[8] Nuestros votos nos dirigen hacia la misión y son para Dios y para el mundo.[9]

Hacemos votos que dan forma y sentido a cómo vivimos nuestra vocación en comunidad. Siempre me ha intrigado el título del libro de Peter Block *The Answer to How Is Yes (La respuesta al cómo es sí).* A medida que he ido viviendo el sí definitivo que di en mis votos perpetuos, también he empezado a pensar que quizás lo único que importa es que continúe diciendo "sí" todos los días. "Sí expresa nuestra apertura a reclamar nuestra libertad y usarla para descubrir lo que de veras quiere decir compromiso, que es decir sí a causas que no ofrecen claramente algo a cambio, decir sí cuando no tenemos el dominio, o la metodología para saber cómo llegar a donde queremos ir."[10] Aunque estoy segura de que Block no estaba pensando en las religiosas cuando escribió estas palabras, no puedo imaginarme mejor descripción del camino que enfrentamos quienes vivimos la vida religiosa en el siglo XXI.

Afortunadamente, ninguna de nosotras camina sola en este viaje. La comunidad es clave y de hecho es, el imán central para las mujeres que eligen entrar hoy a la vida religiosa. La vida religiosa no tiene monopolio en cuanto se trata de trabajar la misión de Dios. Existen infinidad de opciones vocacionales y profesionales para las mujeres católicas que quieran responder al amor de Dios y construir un mundo mejor. El carácter comprometido y comunal de nuestras vidas – la promesa por vida de diariamente topar hombro con hombro en un propósito común--combinada con la fuerza de la comunión de los santos y el legado y la responsabilidad compartidos

---

[8] Consultar el capítulo "La compasión que el mundo necesita hoy," escrito por Amanda Carrier, 158-171.

[9] Consultar el capítulo "Los votos y la misión radical de amor de Jesús: reclamando el poder de la pobreza, del celibato y de la obediencia por el Reino de Dios," escrito por Tracy Kemme, 50-72.

[10] Peter Block, *The Answer to How Is Yes: Acting on What Matters* (San Francisco: Berrett-Koehler, 2003), 27.

con las mujeres que se nos han adelantado, da una forma singular a quiénes somos y en qué forma misionamos ahora y hacia el futuro.

La vida religiosa siempre ha sido intergeneracional a cierto grado, pero la difusión demográfica y el desequilibrio de las generaciones actuales viviendo la vida religiosa en América del Norte y en Europa no tienen precedentes. Esta mezcla intergeneracional es un signo de nuestros tiempos que tenemos que leer con honestidad y esperanza a medida que discernimos el camino a seguir. En cierto sentido, esta mezcla refleja las tendencias sociales. Quienes estudian administración de empresas notan que nunca había habido "tantas generaciones trabajando en nuestras organizaciones provenientes de experiencias de completamente diferente acondicionamiento educativo," en parte debido a los avances tecnológicos, a la globalización y a las migraciones masivas.[11]

Ahora existen ocho distintos grupos de etapas de desarrollo de vida representados en las presentes generaciones en la vida religiosa: edad adulta joven (18-30), edad adulta media (30-40), mediana edad (40-50), pos mediana edad (50-55), pre jubilación (55-65), vejez joven (65-75), vejez (75-85) y pos vejez (85+).[12] La mayoría de las religiosas se encuentra en las tres últimas etapas, muchas de las cuales continúan siendo miembros productivos en comunidad. Típicamente las líderes elegidas son mayores de 65 años y muchas repitiendo el servicio de liderazgo múltiples veces.[13] Sandra Schneiders, IHM,

---

[11] Jutta König, "Spirituality and Diversity," en *Spirituality and Business: Exploring Possibilities for a New Management Paradigm*, ed. Sharda S. Nandram and Margot Esther Bordern (Nueva York: Springer, 2010), 104.

[12] Karen VanderVen, "Intergenerational Theory in Society: Building on the Past, Questions for the Future," en *Intergenerational Relationships: Conversations on Practice and Research Across Cultures*, ed. Elizabeth Larkin, et al. (Nueva York: Haworth, 2004), 79.

[13] Para reflexionar sobre los dones y los retos que enfrentan las jóvenes elegidas superioras, consultar el capítulo "Llamada al liderazgo: desafíos y oportunidades para miembros más jóvenes en liderazgo," escrito por Teresa Maya, 172-196.

escribe que muchas de sus hermanas "que están en las décadas de los 70 y los 80 años, e incluso algunas con más de 90 años, con frecuencia no se han jubilado sicológicamente, socialmente ni ministerialmente aunque en efecto sí lo están según la estructura de empleo de la sociedad."[14] En el otro extremo del espectro, sólo el 9 por ciento de las religiosas de hoy tienen menos de 60 años.[15] Para el año 2026 la proporción entre religiosas salariadas y las jubiladas se prevé que sea una de cada cuatro.[16] Aunque la tendencia intergeneracional refleja la sociedad actual, este marcado desequilibrio demográfico es una realidad particular a la vida religiosa.

Somos pocas y cada vez somos menos, aun cuando el llamado del Evangelio emerge con fuerza en estos tiempos de niebla. Es nuestra realidad. Puedo contar en los dedos de la mano las ceremonias de votos que hemos tenido en nuestra comunidad religiosa durante los últimos diez años, pero necesitaría una calculadora para sumar los funerales que hemos celebrado en este mismo período.

Puede haber la tentación de detenerse en los números, comparar y ver cuántas han entrado a la comunidad X o Y. Sin embargo, hacemos bien en recordar que "a Dios no le gustan los censos y las estadísticas."[17] Dios es mucho más grande que eso. Las escrituras nos dicen que Dios, al escoger, no se basa en los límites de la lógica humana. Consideremos la promesa que le hizo a Israel: "No porque fueran los más numerosos de todos los pueblos se ha prendado el Señor de ustedes y los ha elegido--pues fueron los menos numerosos

---

[14] Sandra Schneiders, *Buying the Field: Religious Life in Mission to the World* (Mahwah, NJ: Paulist, 2013), 572.

[15] Mary Johnson, Patricia Wittberg y Mary L. Gautier, *New Generations of Catholic Sisters: The Challenge of Diversity* (Nueva York: Oxford University Press, 2014), 17.

[16] National Religious Retirement Office (Departamento nacional de retiro para religiosos), "Reporte estadístico agosto de 2016," 3.

[17] Sophia Park, "A Reflection On Religious Vocation: The Wine Is Ready, But the Wineskin Is Not," *Global Sisters Report*, 14 de mayo de 2014.

de todos los pueblos. Fue por el amor que el Señor les tenía y por cumplir el juramento hecho a sus padres" (Dt 7, 7-8).

Aunque no es sano obsesionarse con los números, tampoco ayudamos a la misión o al futuro de la vida religiosa ignorándolos completamente. Por más cansadas que estemos, con todo derecho, de la palabra "D" –disminución-- necesitamos mirar honestamente esta realidad con ojos nuevos y santa curiosidad para poder discernir el don y el reto de este tiempo.[18] La vida religiosa se encuentra en un proceso de transformación. Esto es lo que sabemos. El resto lo tenemos que descubrir a medida que vivimos las preguntas.

De cierta manera, este es terreno ya conocido para las religiosas. "La vida religiosa, por su mismo nombre, implica la necesidad de crecimiento, cambio y adaptación."[19] Esas palabras fueron escritas en 1964 por la Hermana Louise Dempsey, CSJP, quien luego se convertiría en la primera hermana presidenta de mi congregación después del Vaticano II. Las religiosas se han vuelto expertas en manejar cambios. Pueden ser emocionantes y vigorizantes. Cuando miro hacia el horizonte lejano del futuro, la niebla se disipa y capto los destellos de la emoción que debieron sentir nuestras primeras generaciones de hermanas al fundar o renovar a fines de los 1960. Al mismo tiempo, "es esencial adentrarse en terreno desconocido y es inevitable que vivamos un período de incertidumbre y de 'no saber' – incluso de caos – antes de que lo nuevo comience a emerger."[20]

El cambio hasta se respira en el aire, pero definitivamente estamos viviendo en el tiempo de entremedio. "Nos encontramos

---

[18] Consultar mis artículos anteriores "Shifting Conversations in Religious Life," *Global Sisters Report*, 9 de julio de 2014 y "A Loving Gaze at Religious Life Realities," *Horizon*, otoño de 2013.

[19] Louise Dempsey, "The Function of Prudence in a Program of Renovation," Tesis de maestría, Summer School of Sacred Theology for Sisters, Providence, RI, 1964.

[20] Downey, "Religious Life for a World of Transition," 618.

en un tiempo que es a la vez pascual y apocalíptico."[21] En cierto sentido, es Jueves Santo, Viernes Santo y Sábado Santo a la misma vez, mientras esperamos ansiosas la Resurrección. Debido a la mezcla actual de generaciones, hasta a las más jóvenes les "ha tocado lo que ya va de paso"[22] – una vida religiosa de gran escala que no llegamos a vivir nosotras mismas – a causa de nuestras relaciones entre las jóvenes y las mayores dentro de la comunidad y la vivida experiencia de estructuras que quedaban de la vida religiosa institucional. Somos el presente, viviendo juntas esta vida mientras simultáneamente cocreamos el puente hacia nuestro futuro.

Nuestras hermanas mayores aportan una profunda sabiduría resultado de cincuenta a setentaicinco u ochenta años de vivir auténticamente las preguntas con comunidad. Nuestras compañeras y aquellas que entraron a la comunidad un poco antes que nosotras han vivido una mezcla diversa de experiencias y abordan estas preguntas con una perspectiva de horizonte futuro diferente. En ninguna otra parte del mundo existe esta mezcla exacta de generaciones que se juntan por el bien del Reino de Dios. Piensen por un momento la posibilidad y la maravilla que esto significa. Este es un tiempo sagrado de cohesión que sé que extrañaré en los últimos años de mi vida religiosa.

El campo de misión adonde se nos llama a dar testimonio del Evangelio también está nublado por niebla e incertidumbre. "Este es nuestro momento. El mundo que nos rodea se tambalea al borde del peligro y la promesa. Quebrantamiento y gran avance luchan entre sí. El camino a seguir se esconde en la niebla. Es tu tiempo de ser líder."[23] La hermana Pat Farrell, OSF, dijo estas palabras en una habitación llena de religiosas elegidas a liderazgo, pero creo

---

[21] Simone Pierre Arnold, Presentación a la Asamblea General de Religiosas Canadienses en 2016, 5.

[22] La hermana Carol Zinn, SSJ, usó esta frase para describir la experiencia de las generaciones jóvenes en el encuentro nacional de *Giving Voice* en Kansas en 2015.

[23] Farrell, "Leading from Holy Mystery," 5.

que aplican a cada miembro de las generaciones actuales de la vida religiosa. Cada una de nosotras, sin importar nuestra edad, estamos en misión hasta el día de nuestra muerte.[24] La forma y desempeño de la manera que vivimos la misión necesariamente cambian según nuestra salud, energía y capacidad. Podemos cambiar de estar en el piso de hospital, en el aula, en ministerio de justicia social, en mantener en oración los malestares específicos o generales y las ansiedades de nuestro mundo tan gastado desde una cama en la enfermería. ¡Todo es misión, todo forma parte de la vocación de las generaciones actuales y el campo de misión es inmenso!

El estilo de vida profético y fuera de lo común que tenemos el privilegio y el reto de vivir es en sí un "acto pascual." Se nos llama a rechazar la "perversa construcción de la realidad" del mundo – la injusticia social sistémica y la maldad en todas sus formas – "creando y viviendo dentro de un 'mundo alternativo" cuyas coordenadas se derivan exclusivamente del Evangelio."[25] No rechazamos el mundo, sino que volcamos intencionalmente nuestros corazones y mentes, llenos de amor y discernimiento, hacia las necesidades más críticas de nuestro tiempo – la crisis global de migración, el tráfico de seres humanos, la destrucción del medioambiente, la desigualdad de ingresos, la violencia y la desesperanza. En última instancia, cada uno de estos problemas se derivan "de la crisis financiera global, de los problemas de internalización y globalización; de las amenazas planteadas por el relativismo y de una sensación de aislamiento e irrelevancia social."[26] Al ocuparnos con la misión en y desde nuestro mundo alternativo, basamos nuestra vida en recursos financieros compartidos, en relaciones calurosas e inclusivas y en un compromiso compartido de discernir la voluntad de Dios. Nuestras propias vidas pueden ser un antídoto, una presencia que calma y un testimonio

---

[24] Gemma Simmonds, "Vitality in Religious Life," presentación a la Asamblea de las Hermanas de San José de la Paz en la primavera de 2016.

[25] Schneiders, *Buying the Field*, 67–68.

[26] Francisco, "Carta apostólica a todos los consagrados," 3.

esperanzador de que es posible relacionarse con parientes basándonos en los valores del Evangelio.

También se nos llama a ser testigos de la bondad del mundo creado por Dios. Hay bondad en la energía creativa, el trabajo por el bien común, la risa y la alegría que aportan los hijos de Dios a esto que llamamos vida. Es una mezcla hermosa que anhela nuestra presencia como religiosas, brindando los dones de nuestros carismas al pueblo de Dios.[27] "'Leer' a Dios y 'leer' al mundo no son intercambiables, pero tampoco son inseparables."[28] Leemos "las necesidades y aspiraciones más apremiantes del mundo" a la luz del Evangelio, a la luz del amor de Dios y a la luz del don y del reto de nuestro carisma. Respondemos lo mejor que podemos, haciendo los ajustes necesarios a las formas y medios de nuestra vida en común para servir a la misión.

El Espíritu llama

El nivel de honestidad e integridad con el que vivimos estas preguntas es crítico. Se está acabando el tiempo. El mundo clama por nuestra presencia. Les toca a las generaciones actuales rediseñar nuestras estructuras para 'soplar' nueva vida a nuestras vidas de oración y ministerio vividos en comunidad por el bien de la misión. "El futuro está inevitablemente involucrado con la acción moral. Nuestras opciones resuenan hacia el espacio y avanzan hacia el tiempo, con efectos que algunas veces duran varios siglos."[29] Es un imperativo moral que discernamos el don y el testimonio que el Espíritu nos invoca ahora y hacia el futuro.

---

[27] Consultar el capítulo "Local y global: el carisma de la vida religiosa de hoy," escrito por Mary Perez, 73-89.
[28] Bernard Lee, *The Beating of Great Wings: A Worldly Spirituality for Active, Apostolic Communities* (Mystic, CT: Twenty-Third Publications, 2004), 173.
[29] Daniel C. Maguire, *Ethics: A Complete Method for Moral Choice* (Minneapolis, MN: Fortress, 2010), 109.

Una mirada amorosa a nuestra realidad muestra que nuestro tiempo "no es de triunfo y gloria sino de disminución y desintegración."[30] Sabemos que no viviremos para siempre y que lo más probable es que los grandes números de hermanas jóvenes probablemente nunca más volverán a llenar los grandes edificios de noviciado. Dios está en la mezcla y el Espíritu no ha acabado, sino que está llamando a la transformación. Este libro comprueba que Dios sigue llamando a mujeres jóvenes apasionadas a nuestras comunidades. No es tiempo de poner candados a las puertas, sino de abrir nuevas puertas, quizás a edificios más pequeños, donde juntas podamos enfrentar retos y oportunidades de nuevas maneras.

Me pregunto si comprendemos plenamente cómo las prioridades y las opciones que nuestras comunidades escogen hoy, impactan las generaciones jóvenes y futuras. Gastamos necesariamente grandes cantidades de recursos y energía para atender a las necesidades de la gran mayoría que experimenta un "envejecimiento rápido y masivo,"[31] sin embargo, batallamos para encontrar comunidades locales llenas de vida, disponibles y preparadas a recibir nuevas integrantes. Adoptamos actas de capítulo, llenas de inspiraciones y aspiraciones, que nos llaman a nuevas expresiones radicales de misionar emanando de las raíces de nuestro carisma, pero nos cuesta encontrar una cantidad suficiente de religiosas capaces de responder de forma concreta, ya sea porque la salud y energía están menguadas o porque se necesita que las miembros activas encuentren ministerios salariados.

Estas tensiones son reales e inevitables en este entre-tiempo, en el que cambiamos de una vida religiosa de gran escala a un modelo más íntimo. No hay respuestas fáciles. Creo que la invitación es a vivir el realismo de la realidad. "Al poner el realismo de la realidad del mundo en el corazón" de nuestra vida en común, nos

---

[30] Diarmuid O'Murchu, *Religious Life in the 21ˢᵗ Century: The Prospect of Refounding* (Maryknoll, NY: Orbis, 2016), 2.

[31] Arnold, Asamblea General de Religiosas Canadienses, 2.

"reconectaremos con la gente de forma más pertinente y en términos completamente nuevos: como iguales, aprendiendo juntos cómo restaurar comunidad y renovar nuestra cultura."[32]

Nuestras hermanas pioneras, en muchos aspectos, tampoco tenían muy claro lo que estaban haciendo. No puedo evitar recordar a las hermanas de mi congregación Stanislaus Tighe y Teresa Moran, quienes, en 1890, después de apenas tres meses de capacitación como enfermeras, se subieron a un tren hacia el escarpado noroeste del Pacífico para fundar un hospital. Vestidas completamente de hábito, con baldes de hoja lata y botas de hule para el lodo, se fueron a los campos de mineros y madereros a pedir limosna y a vender suscripciones – una forma inicial de seguros – para un hospital que todavía no existía. Experimentaron, se arriesgaron, aprendieron y lo hicieron todo, con todas las probabilidades en su contra, por el bien de Dios y de la misión. Como dice la Hermana Teresa en una carta que escribió a la madre general: "Imagine dos criaturas como nosotras para construir un hospital. Si llega a tener éxito, será sólo por el poder visible de Dios"[33]. Por cierto, construyeron el hospital, el cual todavía presta servicio a la comunidad local. Con nuestras profundas historias y maravillosos recursos, ¡qué no podrá hacer Dios a través nuestro!

Aprender de nuestra realidad

¿Qué podemos aprender de la experiencia compartida por las generaciones actuales? La vida religiosa hoy se vive en un contexto intergeneracional con religiosas profesas que abarcan un amplio espectro de edades. Las mayores, por el hecho de ser más en número, con frecuencia interactúan más con hermanas de su misma edad. En contraste, como parte de un inconfundible

---

[32] Downey, "Religious Life for a World of Transition" 620.
[33] Susan Dewitt, *We Carry on the Healing: PeaceHealth and the Sisters of St. Joseph of Peace* (Vancouver, WA: PeaceHealth, 2016), 10.

grupo minoritario, las jóvenes de hoy participan diariamente en relaciones intergeneracionales, las que técnicamente se definen como relaciones entre personas pertenecientes a dos etapas diferentes de vida que se encuentran por lo menos con dos etapas o veinte años de diferencia.[34] Las generaciones actuales que viven y trabajan juntas en misión con frecuencia distan entre sí cuatro, cinco y hasta seis etapas de vida, como cuando una joven profesa de votos temporales con veintitantos años convive con un grupo de hermanas profesas de setenta u ochenta y tantos años. Si una de las integrantes de esta comunidad tuviera cincuenta años y mitad, esto añadiría una tercera etapa de vida, lo que haría a la comunidad multigeneracional y, por lo tanto, "incrementaría la complejidad de la dinámica de relación."[35]

Amy Hereford, CSJ, ofrece otra forma útil de considerar esta experiencia. "Es justo decir que hay dos grupos de edad en la vida religiosa actual: el grupo dominante que está entre los sesenta y los cien años y el grupo minoritario entre los veinte y los cincuenta y nueve años."[36] El grupo dominante es "relativamente homogéneo en cuanto a edad, cultura y etnia." Tuvieron la experiencia de la vida religiosa previa al Concilio Vaticano II y estuvieron involucradas en "el entusiasmo y el reto del proceso de renovar sus congregaciones."[37] Su visión mundial, sus perspectivas teológicas y espiritualidades evolucionaron paralelamente con el tiempo, particularmente en su respuesta compartida al espíritu del Vaticano II y en la expansión de experiencias educativas y ministeriales.

En contraste, las integrantes del grupo minoritario entraron por lo general solas o en pequeños grupos de dos o tres y constituyen

---

[34] VanderVen, "Intergenerational Theory," 79.

[35] Ibid., 90.

[36] Amy Hereford, *Religious Life at the Crossroads: A School for Mystics and Prophets* (Maryknoll, NY: Orbis, 2013), xii. Consultar también "An Open Letter to the Great Generation," de Teresa Maya, *Global Sisters Report*, 12 de enero de 2015.

[37] Ibid., xii–xiii.

solamente el 5 o 10 por ciento, o quizás menos, de sus propias instituciones. Por necesidad, hemos participado en programas de formación inter congregacionales y hemos establecido relaciones con religiosas jóvenes de varias comunidades desde los primeros momentos de nuestra vida religiosa. El grupo minoritario sólo ha conocido la vida religiosa, y en la mayoría de los casos la Iglesia, en el contexto posterior al Vaticano II. La mayoría de nosotras ya tenía una educación universitaria, si no bien credenciales mayores y experiencias profesionales antes de entrar. Nuestra visión mundial, perspectivas teológicas y espiritualidades se han formado más bien por la evolución de las normas culturales de nuestras generaciones y ubicaciones sociales que por nuestra respuesta a una experiencia común a lo largo del tiempo. Nuestra experiencia de la estructura de la vida religiosa siempre ha sido cambiante, coincidiendo con la era de fusiones y federaciones de familias religiosas y de dejar ir instituciones preciadas. Quizás lo más importante es que el grupo minoritario es mucho más diverso en términos de cultura generacional, experiencia de formación y antecedentes étnicos. Por ejemplo, mientras el 90 por ciento de las religiosas con votos perpetuos en los Estados Unidos son blancas, el 42 por ciento de las que están actualmente en formación son mujeres de color.[38]

He vivido en una variedad de comunidades desde que entré, cada una única pero también intergeneracional. En grupos de tres, cuatro y cinco y, en un año memorable con más de veinte hermanas, he compartido vida con mujeres de veinte, treinta, cuarenta, cincuenta, sesenta, setenta y ochenta años de edad. En todas menos una de esas comunidades locales, yo era la única hermana en la mezcla que pertenecía al grupo minoritario. Mi compañera de noviciado

---

[38] Johnson, Wittberg, and Gautier, *New Generations*, 19–20. Consultar los capítulos "Buscando la identidad a través del misterio pascual," escrito por Thuy Tran, 105-119; "Los puentes que cruzo y las hermanas que los construyen," escrito por Christa Parra, 140-157.; y "Desarrollando una cultura de encuentro: encontrar vida en la comunidad intergeneracional e intercultural," escrito por Madeline Miller, 120-139.

había nacido en Kenia y las que entraron después de mí han sido de Estados Unidos, de Corea, de Irlanda del Norte, de Nigeria y de la India. Aunque hace mucho que hemos tenido una mezcla de mujeres de descendencia europea, todas somos novicias en comunidad en cuanto a este tipo de vida intercultural.

Cada una de nosotras aporta los dones de nuestra propia experiencia, o falta de ella, al igual que los retos. Como integrante joven en comisiones congregacionales y ahora elegida a liderazgo, honestamente no entendiendo por qué no podemos hacer X cosa por lo que pasó en 1975 (con frecuencia me muerdo la lengua para no decir que yo tenía tres años cuando eso pasó, ¿no pudiéramos desatorarnos y avanzar?). Con frecuencia me sorprendo cuando pisó una mina terrestre de dolor y sufrimiento que ha quedado de alguna lucha comunitaria de hace mucho tiempo. Trato de encontrar experiencias compartidas en comunidad para construir una historia compartida con mujeres que ya han venido haciéndolo entre ellas por más de cincuenta años. Puede ser difícil, doloroso y frustrante. Pero también puede ser hermoso, inesperado y dador de vida. Ahora somos las que estamos aquí ahora, reunidas con un propósito común que nos transciende. No podemos tener miedo de los temas y los espacios de tensión, porque Dios también los habita, llamándonos a adentrarnos en la energía creativa y transformadora que emana de una vida auténticamente vivida juntas en esperanza.

El Dios de sorpresas

Vivimos nuestra vida religiosa en común con otros seres humanos. Seguimos a Cristo, pero nosotras somos humanas. Existe una inevitable "otra" y responsabilidad que provienen del testimonio público de nuestros votos y del título de Hermana (el temido pedestal). Sin embargo, gracias a Dios no vivimos como mujeres más-santas-que-las-demás, sino como mujeres ordinarias, viviendo juntas de manera extraordinaria al servicio de Dios y del pueblo de Dios. A lo máximo, nuestras vidas en comunidad son una forma de encarnación y aportan a la humanidad la alegría del amor de Dios a través de relaciones auténticas. Sin embargo, somos humanas, y por lo tanto también inevitablemente causamos y sentimos dolor y sufrimiento; pero gracias a nuestra loca decisión de vivir en comunidad, es de esperarse que nunca lo haremos solas.

Estas experiencias humanas compartidas, a veces un tanto desordenadas, pueden ser también momentos de Dios que llevan en sí las semillas sorprendentes del futuro, aun cuando es difícil descubrir la promesa en el momento dado. La comedia, la tragedia, e incluso la ironía, pueden llevar en sí un granito de verdad con el que tenemos que luchar juntas. Por ejemplo, tomando prestada una canción de Alanis Morisette[39] de cuando yo tenía veinte años, ¿no es irónico que al tiempo que la necesidad de testimonio y presencia de gente auténtica, abierta, comprometida y alegre, surge imponente, el número disponible de religiosas para el ministerio activo sea el más pequeño desde nuestra fundación?

Selecciono la palabra irónico con cuidado y propósito. La fatalidad y pesimismo de muchas conversaciones en los círculos de la vida religiosa tienden más hacia la tragedia, pero yo conozco a mi Dios creador como el Dios de sorpresas y de regocijo. Los giros y vueltas irónicas son parte de la diversión. También hay lecciones por aprender y dones por nacer de estas experiencias intensas de sufrimiento y pérdida, de incertidumbre y de esos otros pedacitos latosos de esta vida. El mundo necesita gente capaz de dar testimonio del don de la sorpresa, de honrar el tesoro del sufrimiento que nace en el amor y en vidas vividas totalmente en comunión, gente dispuesta a dar los próximos pasos, aun cuando puedan parecer un tanto descabellados, ya que no sabemos realmente hacia dónde vamos o quiénes más se nos unirán a lo largo del camino.

---

[39] Alanis Morisette, "Ironic," California: Maverick Records, 1996.

Imaginar el camino hacia delante

Por supuesto que el futuro es y será siempre un misterio, pero hay que vivirlo con fe y esperanza. Nuestra tarea no es descifrarlo todo y asegurar por nuestra cuenta el futuro de nuestro carisma, nuestra misión, nuestra comunidad o nuestra vida religiosa misma. Eso yace en el corazón y en la mente de Dios. La tarea profética, escribe Walter Brueggemann, "no es plan de construcción, o programa ni siquiera abogacía. Es lo fugaz de lo posible más allá de la evidencia, una acción de la imaginación que autoriza a la asamblea reunida a imaginarse aún más allá de lo que capta el conferencista.[40] Podemos reflexionar sobre nuestra realidad con honestidad y esperanza, aprender de nuestra experiencia común, escuchar la llamada urgente de las necesidades inatendidas de nuestro mundo, imaginar las posibilidades futuras y, entonces, con el tiempo, ver destellos que alumbran nuestros próximos pasos.

La cuestión central que las generaciones actuales de la vida religiosa son llamadas a vivir juntas es esta: ¿qué es lo que debemos hacer ahorita, en este tiempo de niebla, para nuestro bien presente y futuro como comunidad para misión? Con frecuencia me hago esta pregunta. Esta me guía cómo abordar mi papel de líder elegida y me reta a discernir la contribución singular que se me llama a proponer como integrante relativamente nueva y joven.

No quiero esperar a descifrarlo todo con mi pequeño grupo de amigas de generación joven quienes también se quedarán atrás en lo que la Hna. Marcia Allen, CSJ, ha llamado el "colapso" demográfico.[41] Si bien este es tiempo apocalíptico, no lo es en el sentido de apocalipsis de la ciencia ficción y de los zombis. Es apocalíptico porque nos encontramos simultáneamente en tiempo de

---

[40] Walter Brueggemann, *Reality, Grief, and Hope: Three Urgent Prophetic Tasks* (Grand Rapids, MI: William B. Eerdmans, 2014), 127.

[41] Marcia Allen, "Transformation—An Experiment in Hope," Discurso de la presidencia en la Asamblea de líderes de congregaciones religiosas femeninas en 2016, 1.

quebranto y de adelanto, y Dios está en la mezcla invitándonos a una nueva vida, imaginación y transformación. Necesitamos "recurso al gentío" para discernir nuestros siguientes pasos en rumbo hacia el futuro. Ninguna de nosotras tiene todas las respuestas, y sólo será mezclando y revolviendo la diversidad de esperanzas, deseos, y sueños de las generaciones actuales para el futuro de esta maravillosa vida, que vamos a poder darle forma al llamado del Espíritu en este tiempo de niebla. Necesitamos todas las manos a la obra, aunque para algunas, irá a ser una vida religiosa transformada que sólo podrán echarle porras desde el cielo. Hay demasiadas mujeres increíblemente inteligentes, corazones profundamente compasivos, y pensadoras creativas en las generaciones actuales para seguir esperando.

La gran comisión

Un día, estaba sentada, antes de Misa, en nuestra capilla hermosa, pero ya demasiado grande, en la Villa de San Miguel nuestro centro regional en Nueva Jersey, y contemplaba estas preguntas clave sobre el llamado del Espíritu a la vida religiosa en este tiempo. De repente, las palabras de un himno viejo pero hermoso me vinieron a la mente y al corazón: "Señor, tú ordenas la gran comisión: 'Cura a los enfermos y predica la palabra.'"[42] Nosotras no tenemos una misión; la misión de Jesús nos tiene a nosotras. Dios no sólo está en la ecuación sino en el centro. "Para que la Iglesia no descuide su misión y el Evangelio siga siendo escuchado, ayúdanos a testimoniar tus propósitos con renovada integridad; apodéranos con los dones del Espíritu para trabajar el ministerio." No es que todo le toque hacerlo a Dios y a nosotras simplemente rezar y esperar. Estamos llamadas a ser cocreadoras. Nuestras prioridades y opciones impactan nuestra capacidad para participar en la misión, ahora y hacia el futuro.

Rápido empecé a lamentarme de no haber estado aquí en los tiempos de las grandes encomiendas, aquellos días en los que

---

[42] Jeffery Rowthorn, "Lord, You Give the Great Commission," (Carol Stream, IL: Hope Publishing, 1978).

fundábamos hospitales y escuelas e iniciábamos nuevas misiones en territorios lejanos. Nunca me ha tocado ser una de un grupo de religiosas jóvenes alegres, en fuego por la misión, excepto en el encuentro intercongregacional que tenemos de vez en cuando. A decir verdad, me quejo mucho con Dios en oración. Dios me aguanta, pero a cada rato me sorprende cuando finalmente dejo de quejarme y presto atención, como pasó este día. La misa estaba a punto de comenzar y las hermanas de nuestra casa de asistencia entraban poco a poco, hábil pero lentamente navegando con sus andaderas y sillas de ruedas a lo largo del angosto pasillo y las bancas que fueron diseñadas para las jóvenes novicias. Pensé: "esta capilla es un lugar hermoso para rezar, pero no se ajusta a nuestra realidad actual."

Como suele suceder, hemos estado trabajando en un proceso de planeación con toda la congregación para ver lo que preferimos en el futuro. ¡Los modelos y planes puede que no sean proféticos, pero son necesarios e importantes! Una de nuestras prioridades es considerar nuestros edificios, generalmente muy grandes, que fueron diseñados con otros propósitos – en su mayoría noviciados que se han convertido en centros para las jubiladas – y readaptarlos para responder a las necesidades actuales y a la misión del futuro. La mayoría de las congregaciones están en procesos similares. Justo cuando íbamos a contratar una firma de arquitectos para hacer un estudio de viabilidad sobre el uso futuro de la villa de San Miguel, incluyendo la capilla, tuvimos un incendio grande. Nadie salió lastimado, gracias a Dios, pero la mayoría de nuestras hermanas quedaron desplazadas por muchas semanas en lo que limpiábamos y adaptábamos el edificio de la enfermería y otro de los que están en el campus para ubicar habitaciones, el comedor y espacios de oración para nuestras hermanas mayores. Ahora no sólo queremos reutilizar el edificio principal, recientemente dañado por el humo, para nuestra misión actual y futura, tenemos que hacer algo. ¿Recuerdan que dije que Dios tiene un sentido del humor y de sorpresa?

El proceso de desmantelamiento es trabajo critico aunque en

la superficie no parezca muy emocionante ni siquiera enfocado en misión --¡pero sí que lo es! Requiere juntas de planificación, conversaciones duras y decisiones difíciles. Implica navegar estructuras de gobierno complicadas de nuestras instituciones históricamente patrocinadas y darles la libertad para que la misión pueda continuar en las capaces manos de colaboradores laicos. Implica desprendimiento, dolor, frustración, y mucha incertidumbre. Puede hacer tambalear nuestra identidad. ¿Quiénes somos si ya no somos las hermanas que dirigen X hospital o Y escuela? Sin embargo, se nos llama a ver a través de la niebla para plantar las semillas de transformación para la misión a través de este trabajo.

Mi experiencia en la capilla me invita a emprender este importante e increíble proceso de desmantelamiento como parte de la gran comisión de Jesús. Tenemos que desmantelar, con reverencia y atención, las estructuras de tiempos anteriores para poder dar espacio a lo que se necesita ahora y hacia el futuro. Recuerdo lo que pasó cuando se desmanteló la base naval de Presidio, en San Francisco, a inicios de la década de 1990. Tomó tiempo para que su nueva misión y propósito tomaran forma, pero ahora es parte del Parque Nacional *Golden Gate* y ofrece alegría y deleite a millones de visitantes cada año. Ahora mucha más gente disfruta su belleza. La clausura trajo consigo vida nueva. Sólo se necesitó mucho desprendimiento y un poquito de imaginación creativa.

Los edificios y las estructuras son hechuras humanas. Su fin es servir a la misión, no imponerla ni obstruirla. Esto vale no sólo para nuestros edificios, sino también para cómo nos organizamos como comunidades humanas. "Quienes han pasado toda la vida dentro de las estructuras congregacionales saben que esas estructuras bloquean el camino pero se perciben tan sólidas e inflexibles, que es difícil ver más allá de ellas. Pero las 'estructuras' sociales son sólo procesos relacionales que han tomado forma física."[43] Aquí y ahora estamos llamadas a desmantelar todo aquello que limite la

---

[43] Downey, "Religious Life for a World of Transition" 616.

misión y las relaciones auténticas – ya sean estructuras de gobierno, instituciones, edificios o simplemente la manera en que siempre se han hecho las cosas – y volver a comisionarnos a ser comunidades para la misión en un mundo cansado.

Por lo menos, esto parece ser lo que ocupa a Dios estos días, si contemplamos nuestra realidad con honestidad y esperanza. "La vida religiosa nunca pasará de moda, pero le es difícil continuar en el sentido de la estructura actual. Creo que la vida religiosa disminuirá hasta un núcleo y de ese núcleo surgirá el liderazgo para un nuevo tipo de vida religiosa, con libertad de concentrarse donde se necesite. Los retos globales y los cambios tecnológicos son inevitables, y la vida religiosa tratará de mantener el paso."[44] La hermana Eleanor Quinn, CSJP, una de mis hermanas sabias que conocí en el noviciado y que ya la recogió Dios, escribió esas letras en su diario…..en 1969.

Ellie sabía que hay grandes posibilidades intrínsecas en los cambios de vivir una vida religiosa a gran escala a una más pequeña e íntima. Libertad, conexión, relaciones y presencia son más fáciles en pequeña escala. Me imagino a Dios trabajando en este movimiento. No es algo que hay que resistir sino de acogerlo como oportunidad y reto. No puedo dejar de pensar cómo nos costaba cantar juntas en misa en nuestra inmensa capilla, pero ahora que estamos rezando en una pequeña capilla temporal dentro de la enfermería, cantamos fuerte y claro. Nuestra energía se integra mejor en un espacio más pequeño – sospecho que también en una vida religiosa de "talla" correcta.

Levadura crítica para la misión

Una forma que me imagino tener potencial para la vida religiosa a pequeña escala es una adaptación del concepto de John

---

[44] Eleanor Quin, *Last on the Menu*, (Englewood Cliffs, NJ: Prentice-Hall, 1969), 141.

Paul Lederach de "levadura crítica."[45] Nuestra obsesión por los números nos tienta a pensar que ya nunca seremos lo suficientemente numerosas o no tendremos la masa crítica suficiente para llevar adelante la misión. Lederach desafía este tipo de suposiciones, en lugar de ello, él considera la capacidad y la fuerza de los grupos pequeños de personas, "¿qué tal si las mezclaran y las mantuvieran juntas para hacer que las cosas crezcan exponencialmente, más allá de sus números?"[46] Ya sabemos que el Espíritu atrae con locura a una maravillosa y diversa mezcla de personas a nuestras comunidades. ¿Qué si nos pudiéramos organizar de maneras que hagan que lo bueno de nuestras vidas juntas se propague por el bien de la misión?

El principio de levadura crítica es que "unas cuantas personas conectadas estratégicamente tienen más potencial para crear el crecimiento social de una idea de proceso que números grandes de personas que piensan igual." La levadura tiene que moverse y mezclarse con otros para generar un impacto. Necesita un ambiente cálido, acogedor y seguro para poder desarrollarse. Amasamos y mezclamos levadura en la masa para activar su "capacidad de generar crecimiento." La levadura no es estática o estacionaria, sino que se mueve constantemente a través de una gama de diferentes conexiones y procesos."[47]

Creo que, durante este tiempo de niebla, a través del proceso de desmantelamiento, Dios nos está haciendo señas que nos re-comisionemos como levadura crítica para el bien común en un mundo cansado que anhela los dones de nuestros carismas. No necesitamos masa crítica para construir grandes instituciones ni para iniciar nuevos ministerios. Por el contrario, debemos convertirnos

---

[45] John Paul Lederach, *The Moral Imagination: The Art and Soul of Building Peace* (Nueva York: Oxford University Press, 2005), 91–94. Ya he escrito sobre este concepto de levadura crítica en relación con la vida religiosa en el artículo "Critical Yeast for this Crucial Time," *Global Sisters Report*, 19 de septiembre de 2014.

[46] Lederach, *Moral Imagination*, 91.

[47] Ibid., 91–92.

en levadura crítica para misión. En palabras del Papa Francisco: "Nuestra misión – de acuerdo con cada carisma particular – nos recuerda que estamos llamados a ser levadura en esta masa."[48]

El Espíritu nos llama a reconocer la energía y la posibilidad inherentes en la pequeña escala de una vida religiosa. Estamos llamadas a colaborar con otras personas, a mezclarnos e integrarnos con gente imaginativa y de corazón abierto. Menos atadas a esta institución o a tal edificio, se nos llama a una libertad de movimiento y presencia donde quiera que el pueblo de Dios esté más dolido. Se nos llama a propagar nuestra perspectiva evangélica y las luces adquiridas por nuestras diversas espiritualidades, carismas y experiencias de vida. Aquellas personas que conocemos y tocamos con nuestra historia profunda la difundirán aún más en formas que ni siquiera podemos comenzar a imaginar.

El camino ante nosotras puede que continúe escondido por la niebla, pero quienes tienen ojos para ver pueden discernir el esbozo de los próximos pasos a dar. Cada generación tiene sus propios retos. Estamos llamadas a arriesgar lo grande de lo pequeño. Como nuestras hermanas fundadoras y pioneras, debemos vivir en las preguntas y redefinir nuestra vida en común de acuerdo con ellas, de tal manera que la vida religiosa continúe propagando las cosas buenas del Evangelio a las generaciones venideras.

---

[48] Francisco, "Homilía en la Fiesta de la presentación del Señor y el XXI día de la Vida Consagrada," 2 de febrero de 2017.

"Caminante, tus huellas son el único camino, no hay más"[1]: reflexiones sobre el futuro de la vida religiosa femenina

Deborah Warner, CND

"Espera . . . ¿Qué?"[2]

Existe una fascinación morbosa con la idea de que alguien, pero en particular la mujer joven, quisiera entrar a la vida religiosa en este siglo Veintiuno. Esta fascinación seguido surge como apoyo y a la vez inquietud hacia la joven esperanzada que atemorizada menciona el tema a sus más allegados y más queridos. Después de todo, por lo menos en teoría, se supone que los católicos alientan vocaciones a la vida religiosa y al sacerdocio. Se supone que los católicos, (y muchos lo hacen) rezan por aquellos que están en discernimiento a tales vocaciones. Y a la vez, hay una pausa. Las preguntas que se vienen

---

[1] Antonio Machado, "Caminante, son tus huellas," en *There is no Road* (Nueva York: White Pine, 2003).

[2] Para mantener la transparencia: Antes de decidirme a escribir este capítulo, sólo leí completamente dos de mis referencias (Hereford y Arbuckle). El resto de las referencias las inserté después de terminarlo de modo que pudiera decir con honestidad que estas son mis propias palabras. "Mis propias palabras," no obstante, provienen de de todo lo que he leído, escuchado o discutido sobre la vida religiosa.

a la mente y las que a menudo se expresan son: "¿Por qué? ¿Por qué quisieras hacer eso?"

Las mujeres que entran a comunidades religiosas de vida apostólica en los Estados Unidos y El Canadá de principios del siglo XXI, son peregrinas en un largo linaje de buscadoras que responden a una llamada muy antigua. El Papa Francisco señala que "estamos invitadas a ser audaces hombres y mujeres de frontera."[3] ¿En El Canadá y en los Estados unidos del Siglo Veintiuno, donde casi todo se puede obtener con el mínimo esfuerzo de tocar un teclado para unas cuantas palabras, ¿dónde está la frontera? ¿y por qué carambas quisiéramos ir allí? ¿Qué significa realmente seguir a Cristo en este mundo y cuál es el futuro para aquellas de nosotras que hacemos un compromiso en estos tiempos caóticos y en la desconocida inestabilidad de los días venideros?

Este capítulo pretende responder a estas preguntas expresadas y también a aquellas preguntas envueltas en silencio pero que parecen suspenderse en el aire sobre la hija/pariente/amistad/desconocida que toma la decisión de entrar. Pues hay un futuro para la vida religiosa desplegándose en este mismo momento de tiempo. Mujeres jóvenes llenas de pasión, fe y amor profundo están respondiendo a la necesidad urgente de predicar el Evangelio en un mundo donde la paz de Cristo se detecta con dificultad. Buscan una vida consagrada que "sea un llamado a encarnar la Buena Nueva, a seguir a Cristo, el crucificado y resucitado, a asumir la forma de vivir y actuar de Jesús como Verbo Encarnado, en relación con el Padre y en relación con las hermanas y hermanos."[4]

---

[3] Congregación para los institutos de vida consagrada y las sociedades de vida apostólica, "'Alegraos:' Palabras del Magisterio del Papa Francisco. Carta circular a lost consagrados y consagradas hacia el año dedicado a la Vida consagrada," consultado el 18 de abril de 2018, http://www.vatican.va/roman_curia/congregations/ccscrlife/documents/rc_con_ccscrlife_doc_20140202_rallegratevi-lettera-consacrati_sp.html

[4] Ibid, 5, citando a Juan Pablo II, Exhortación Apotólica Postsinodal *Vita Consecrata*.

El contexto siempre importa

"Una generación habla ante la otra muy bien
de tus hazañas – le cuenta tus proezas."
(Sal 145, 4)

"Vida religiosa" es un término genérico y amplio para muy individuales y, por lo tanto, muy diferentes, expresiones de vivir los consejos evangélicos (pobreza, castidad y obediencia). Tal vez sea mejor decir desde el principio que la vida religiosa es una vida, no un estilo de vida. No está destinada a ser una forma de vida a corto plazo que se pueda cambiar con facilidad. Está destinada a ser una experiencia que transforma la vida y requiere, si no es que exige, un auto reflexión y auto análisis constantes y continuos en el crisol de comunidad, sabiendo que las promesas de Dios son reales y realizables.

Se estima que existen miles de libros y materiales escritos que abordan la idea, la historia y la evolución de los intentos de vivir el llamado a la vida religiosa. Para algunos el concepto nebuloso de un llamado que nos urge a "venir y seguir a Jesús" les puede parecer incomprensible. Sin embargo, muchas de las comunidades religiosas actuales más conocidas surgieron de la necesidad insaciable de una persona que buscaba responder a la urgencia de vivir el Evangelio con mayor profundidad de lo que parecía posible en el contexto religioso de su tiempo. Otras comunidades religiosas se fundaron siguiendo las rutas marcadas por estas formas "nuevas" de vivir la vida religiosa, porque resultaron auténticas para quienes buscaban responder a Dios y a las necesidades de las sociedades en las que se establecieron.

Ninguna de estas evoluciones se dio con facilidad. La familia de San Francisco de Asís no se impresionó para nada cuando él entregó el dinero de la familia a los pobres y lo llevaron a rastras ante el obispo en un esfuerzo por obligarlo a desistir. Los monjes que invitaron a San Benito a compartir su espiritualidad trataron de matarlo cuando él hizo exactamente eso. La fundadora de mi congregación, Santa Margarita Bourgeoys, aguantó casi medio siglo de duras luchas para asegurar la sobrevivencia de su comunidad y el reconocimiento oficial de la idea escandalosa y novedosa de mujeres religiosas sin hábito y sin claustro. Aun así, aquí estamos.

Existen ermitaños modernos cuyas vidas se asemejan mucho a las de las primeras religiosas y religiosos según documentos escritos. Existen comunidades monásticas que sus historias remontan hasta llegar a otros ermitaños que se reunieron en comunidad en el monte Carmelo. Existen alrededor del mundo miles de comunidades religiosas apostólicas que pueden afirmar que sus historias fundacionales indican una respuesta a los signos de sus tiempos. La vida religiosa existe y se vive en un contexto que conlleva tanto la historia como el cambio constante de la experiencia contemporánea.

Toda gente de fe vive con la tensión entre lo que ha sido y a lo que aún se necesita darle vida. Las mujeres que han entrado a la vida religiosa en la última década se encuentran intentando desenmarañar y desenganchar estas tensiones y contradicciones para poder vivir su llamado individual más auténticamente. Integrarse a una comunidad religiosa requiere que esta forma "más auténtica" de vivir los votos sea discernida en comunidad, a través de comunidad y con la comunidad. Al mismo tiempo, se espera que todas las comunidades religiosas disciernan los "signos de los tiempos" no sólo en el contexto de su historia compartida sino también en el de su carisma y su ministerio apostólico. Lo hacemos con el entendimiento de lo que sea o no sea posible, aun cuando nos recordamos las unas a las otras que la historia de nuestra fundación dependió en gran medida de la Divina Providencia y en convicción de que todo es posible con Dios.

Hay una definición de muerta—y no es la vida religiosa

Existen muchos artículos, libros, y otros escritos sobre la "decaída" y la "disminución" de religiosas en El Canadá y los Estados Unidos. La investigación queda clara: el número de hermanas está disminuyendo y la probabilidad de que suficiente número de mujeres jóvenes entren a las comunidades religiosas para compensar por las muertes y atrición de las hermanas es nula. Lo que sólo unos cuántos de estos libros y artículos dicen es que tener menos entradas no significa que la vida religiosa esté muerta. Aun hoy están surgiendo nuevas comunidades religiosas junto a aquellas que tienen varios siglos de historia y servicio que las respaldan.[5] Mujeres jóvenes continúan pidiendo entrar a las comunidades religiosas.

Podemos empatizar con la resistencia y la renuencia de las madres, padres y familiares de las primeras mártires del cristianismo;[6] al fin y al cabo, sus hijas planeaban su futuro de acuerdo con las historias de una pequeña banda de inadaptados que supuestamente seguían a un predicador itinerante ejecutado. ¿Qué futuro pudiera tener ese tipo de vida? Por supuesto que el ascenso espectacular de la Iglesia Católica Romana, pasando de ser una anomalía religiosa ridiculizada y perseguida a ser un actor no estatal extraordinariamente rico e increíblemente poderoso, ubicó a la vida religiosa en un contexto totalmente diferente para mucha gente.

Ser "religiosa o religioso" no significaba necesariamente entonces (tampoco hoy) que una persona estuviera viviendo la vocación religiosa. La historia ha demostrado que residir en una comunidad religiosa u ocuparse en un ministerio religioso no provee automáticamente evidencia de fidelidad. Ha sido, en el pasado, una máscara o fachada para esconder motivaciones que dejan mucho que desear de algunas de las personas que profesaron

---

[5] "New Religious Communities," *Following the Shepherd's Voice*, blog, consultado el 5 de marzo de 2017, http://theshepherdsvoiceofmercy.blogspot.com/p/new-religious-communities.html.

[6] Las historias de Santa Inés de Roma y de Perpetua ilustran el desconcierto de sus familias ante tales opciones. Catholic Online, "Saint Agnes," consultado el 5 de marzo de 2017 http://www.catholic.org/saints/saint.php?saint_id=106, y "Perpetua" consultado el 5 de marzo de 2017, http://www.christianitytoday.com/history /people/martyrs/perpetua.html.

los votos religiosos. Ciertamente, en la Edad Media muchas niñas y niños fueron dejados en monasterios como "oblaciones."[7] Se esperaba que estos niños entraran a la comunidad religiosa y muchos lo hicieron, dada la seguridad del claustro y la alta probabilidad de comer con regularidad. Otros entraron porque los conventos, al igual que la Iglesia, ofrecían oportunidades si una persona aguantaba la vida lo suficiente para ganar tenencia a través de votos perpetuos.

Sin embargo, todo es posible con Dios. Un excelente ejemplo de que Dios escribe derecho con líneas chuecas es la historia de Santa Teresa de Ávila, gran doctora de la Iglesia, quien entró a la vida religiosa a los veinte años no porque se sintiera llamada, sino porque parecía ser la mejor opción para ella. Santa Teresa descubrió que no sólo tenía vocación sino que sintió una urgencia fuerte e irresistible de vivir sus votos de una manera que simplemente era imposible en la comunidad Carmelita de su tiempo.[8] Así empezó las Carmelitas Descalzas – la misma espiritualidad fundamental, pero un modo de vida muy diferente.

La vida religiosa no estaba muerta en 1562, aunque muchas de nosotras veamos con recelo lo que se consideraba "religioso" en ese entonces; tampoco está muerta en la actualidad, aunque mucha gente crea que no es visible ni viable.

Realidades

*"No estamos llamadas a ser exitosas;
estamos llamadas a ser fieles."*[9]

---

[7] John Boswell, *The Kindness of Strangers: The Abandonment of Children in Western Europe From Late Antiquity to the Renaissance* (Chicago, IL: The University of Chicago Press, 1988), 231.

[8] Catholic Online, "Saint Teresa de Ávila," consultado el 16 de enero de 2017, http://www.catholic.org/saints/saint.php?saint_id=208.

[9] Atribuido a Santa Teresa de Calcuta.

La raíz de la preocupación por el futuro de la vida religiosa no es en realidad cuestión de los números que están entrando. No viene al caso si son diez o diez mil hermanas a menos que creas que el fin de ser religiosa es proveer personal mal pagado a las escuelas y a los hospitales. En ese caso, entonces sí hay que enjugarse las manos, porque ese modo de vida religiosa casi seguro está muerto y es improbable que resucite. La verdadera cuestión que necesita aclaración es el papel de las comunidades religiosas apostólicas en El Canadá y los Estados Unidos del Siglo Veintiuno.

La imagen que muchos de nosotros retenemos de las hermanas religiosas se concretó en las décadas de 1950 y 1960 cuando cientos de jóvenes salían de la secundaria y entraban a los conventos. Jóvenes, rostros lozanos, y ansiosas de participar en ministerios claramente establecidos y designados, típicamente como enfermeras o maestras que inundaron la escena de El Canadá y los Estados Unidos de 1950.[10] Las niñas y niños católicos veían hermanas casi en todas partes, vistiendo una gran variedad de hábitos: en misa, en las escuelas primarias católicas, en los hospitales católicos, en los vecindarios y en las parroquias, las que, al menos en los Estados Unidos, proveían gran parte de la socialización y recreo para las familias que vivían dentro de sus lindes.

Avancemos sesenta años o poco más y vivimos en un mundo diferente. Aunque algunas comunidades religiosas continúan haciendo presencia en las instituciones que establecieron, la mayoría de los gobiernos han tomado el control de la educación y de los servicios de salud, al menos en términos generales del contrato social. Ninguna comunidad religiosa en El Canadá o los Estados Unidos, no obstante su carisma, su hábito religioso o su ministerio apostólico, tiene cientos de aspirantes tocando a sus puertas. Muchas de las investigaciones reconocen que la oleada de nuevas integrantes en las décadas de 1950 y

---

[10] Si fuiste una niña o niño de la generación X, no alcanzaste a ver esto, pero igual lo sabes porque casi todos los libros, series de televisión o películas sore religiosas parece que se concibieron sobre la base sí esta imagen de la década de 1950.

1960 fue una irregularidad en la cronología de la vida religiosa.[11] Fue la tormenta perfecta causada por aumento de natalicios en la forma de "baby boomers" que llegaron a mayoría de edad en una sociedad de posguerra promoviendo paz que simultáneamente recibía entradas de inmigrantes de poblaciones empobrecidas y marginadas.[12] Estas condiciones fueron ideales para el florecimiento de varias formas de ministerios apostólicos religiosos, pero estas condiciones también crearon un estándar falso para la vida religiosa.

Esta visión de cientos de mujeres jóvenes, dóciles y sumisas, alineadas con una atractiva variedad de hábitos, se convirtió en la imagen de las religiosas en El Canadá y en los Estados Unidos. La imagen de un ejército de estas jóvenes trabajando duro "para la Iglesia" se convirtió rápidamente en la imagen del ministerio apostólico. Como señala Amy Hereford, sin embargo, "lo que es, está desapareciendo."[13] Lo que está desapareciendo no es la vida religiosa sino la idealización de la "mejor" forma de vivirla.

Necesidades

"¡Dichosa por haber creído que de cualquier manera
se cumplirán las promesas del Señor!" (Lc 1, 45)

Necesitamos distinguir entre el ministerio institucional y la identidad de la vida religiosa – una separación dolorosa y difícil para quienes sólo han conocido la vida religiosa a través de las instituciones. Esta separación, sin embargo, será un ejercicio vital si las comunidades religiosas quieren continuar respondiendo con

---

[11] Kathleen Sprows Cummings, "Understanding U.S. Catholic Sisters Today" (Washington, D.C.: FADICA, 2015), consultado el 5 de marzo de 2017, http://www.nationalcatholicsistersweek.org/_resources/FDC_001_Report.pdf

[12] La autora usa el término *baby boomers* acuñado para designar esta generación de la posguerra en varios países anglosajones (N. de la T.).

[13] Amy Hereford, *Religious Life at the Crossroads: A School for Mystics and Prophets* (Nueva York: Orbis, 2013), 87.

dinamismo y agilidad a la llamada de Dios para el bien del Reino. El futuro de la vida religiosa en El Canadá y los Estados Unidos no consistirá en continuar estableciendo escuelas y hospitales; sencillamente no puede ser así, a pesar de la nostalgia con la que el mundo seglar recuerda aquellas miles de hermanas.

La lealtad y fidelidad a nuestros votos no pueden ser, ni ahora ni nunca, confundidas con el éxito entendido por el mundo seglar. Entramparnos en un juego de números, donde más se convierte en el sustituto y en la evaluación de la fidelidad a la Palabra de Dios y/o a nuestros votos, es un juego peligroso, pues sólo Dios conoce la fe verdadera de la persona. La traición y la violación expuesta por los escándalos de abuso sexual dentro de la Iglesia Católica Romana, cometidos por hombres y mujeres consagrados en todas partes del mundo, debió abrirnos los ojos al peligro de ese tipo de suposiciones.

El futuro no puede vivirse en el pasado y las mujeres jóvenes que están entrando a la vida religiosa hoy ya han comprendido esta realidad. Las hermanas canadienses y americanas de hoy y mañana son el producto de sociedades cuyas necesidades más profundas no son las de tener escuelas u hospitales. Son miembros de sociedades cada vez más fracturadas por la violencia y el miedo, ciudadanas de un mundo globalizado donde los rápidos avances en comunicación han producido el conocimiento instantáneo de las luchas y la desesperación de otros pueblos por la justicia y la paz, en tierras que ya no parecen tan lejanas.

Es necesario decir que las jóvenes están muy conscientes de las discordancias y conflictos dentro de la Iglesia institucional. ¿Influye esto en el discernimiento? Nadie integrándose a la vida religiosa puede ser ajena a los más necesitados en nuestro mundo, que cada día se hace más pequeño, si no más cercano.[14] Las comunidades religiosas se ubican en un mundo que no sólo conlleva avances

---

[14] En una conversación con las que participan en este libro, Ted Dunn señaló que "la globalización es la tendencia en todo." Será interesante descubrir qué impacto tendrá esto en la vida religiosa, cuando a las comunidades religiosas entren jóvenes que no hayan experimentado otra visión del mundo.

tecnológicos y médicos sin precedentes y a velocidades vertiginosas, sino que simultáneamente padece crisis y disturbios económicos y sociales.

José Arnaiz observa que tenemos que movernos de una Iglesia que se ha enfocado en ser protagonista a una que se preocupe por dar servicio.[15] Ciertamente en el pasado las jóvenes que entraban a la vida religiosa lo hacían en una Iglesia que no sólo era poderosa sino respetada, y a veces temida. Había seguridad en ser parte de una comunidad religiosa en una sociedad que reverenciaba lo religioso. Esos tiempos ya pasaron. Entramos en un tiempo falto de brillo en la historia de la Iglesia institucional, donde, por un lado, hombres y mujeres consagrados están siendo procesados por tribunales criminales y, por otro lado, están siendo martirizados por todo el mundo.[16] Confiar en que nuestro estatus como consagradas nos protegerá de alguna manera es una equivocación triste (y peligrosa).

Desde nuestro llamado a servir al pueblo de Dios, independientemente del carisma, las comunidades religiosas no podemos dejar de notar que, por ejemplo, en 2016 el número de personas desplazadas en el mundo sobrepasó por mucho el de los refugiados causados por la segunda guerra mundial,[17] y no estamos oficialmente en medio de una guerra mundial. Para las comunidades religiosas apostólicas, la urgencia de responder a las necesidades de nuestro mundo es un imperativo. Lo que hayan entendido las

---

[15] José M. Arnaiz, "The Great Challenges of Consecrated Life Today," Capitolo General FSP, 2013, consultado el 15 de enero de 2017, http://archive. paoline.org/paoline/allegati/15808/Arnaizhttp://archive.paoline.org/paoline/ allegati/15808/Arnaiz_LegrandiSfideVCoggi-eng.pdf.

[16] Stephanie Kirchgaessner, "Murder of French Priest Opens a New Frontier for Catholic Church," *The Guardian,* 26 de julio de 2016, consultado el 15 de enero de 2017, https://www.theguardian.com/world/2016/jul/26/ jacques-hamel-killing-challenge-pope-franciscatholic-church.

[17] ACNUR (Alto Comisionado de las Naciones Unidas para los Refugiados), "Figures at a Glance," consultado el 15 de enero de 2017, http://www.unhcr. org/figures-at-a-glance.html.

hermanas que entraron en 1950 ser su porvenir, queda claro que para las que entren hoy y mañana, su porvenir es desconocido y que la seguridad y estabilidad de la vida religiosa es ilusoria. Así que agradecemos el legado de nuestras comunidades y lo recordamos con alegría, pero no podemos permitirnos quedar atrapadas en el romanticismo de un mundo que ya no existe. Si lo hacemos, no estaremos viviendo nuestra vocación. Se nos llama a salir presurosas a atender las necesidades del pueblo de Dios de hoy, de nuestro propio tiempo.

A pesar de la incertidumbre sobre el futuro de la vida religiosa y el quebrantamiento público de nuestra Iglesia, las jóvenes que tienen ojos para ver y oídos para escuchar todavía eligen un futuro de compromiso con Dios, al servicio de la Iglesia –en verdad un futuro desconocido, pero lleno de pasión, esperanza y alegría.

¿Entonces qué sentido tiene?

En este nuevo mundo donde las comunidades religiosas ya no dirigen la educación ni los servicios de salud de las sociedades, dónde una nueva hermana puede o no irse de misión a otro país, mucha gente pregunta: "¿Qué sentido tiene molestarse con todo eso cuando puedes hacer lo mismo sin ser religiosa?" Así pues, no se puede hablar del futuro de la vida religiosa sin hablar también de hermanas que profundizan su comprensión del testimonio profético que es la profesión pública de votos religiosos. Los votos y los frutos de esos votos rinden el sentido. Siempre han sido el sentido.

En un mundo que la mayoría reconoce ser secularizado, la profesión de votos religiosos es una anomalía. Esto me quedó claro cuando al anunciar mi profesión perpetua alguien dijo: "Voy a traer a mis hijos, porque francamente, ¿cuándo podrán volver a ver algo como esto?" El testimonio profético es este: "En el corazón, en todos los cambios, la vida religiosa sigue siendo una vida radicalmente comprometida con encarnar el Evangelio aquí y ahora, viviendo las bienaventuranzas y aportando el amor de Dios a toda nueva frontera."[18]

Es testimonio profético que creamos que existe un Dios vivo y amoroso; que creamos ser llamadas a ser instrumentos de ese Dios amoroso en un mundo que no cree que Dios exista, o si existe, no ve necesidad. de que haya Dios. Es testimonio profético que haya jóvenes dispuestas a decir "sí" a la castidad y al celibato; "sí" a ser pobres (en sus múltiples formas); "sí" a escuchar a y junto con otras personas, y no ser la única opinión o la única voz que cuente. Los votos son de hecho radicales. Siempre lo han sido; pero en El Canadá y los Estados Unidos del Siglo Veintiuno, parecen ser una opción absolutamente radical. Pues lo muestra con mayor claridad que "la pobreza, la castidad y la obediencia religiosas pueden hablar con fuerza y claridad al mundo de hoy que está sufriendo de tanto consumismo, discriminación, erotismo y odio, violencia y opresión."[19] La tensión en nuestras manos y en la que participamos no tiene que ver tanto con los votos en sí mismos, sino con las formas en que los viviremos hacia el futuro. ¿Cómo pinta la vida religiosa en nuestro lugar y en nuestro tiempo? ¿Cómo deberá parecer a medida que avancemos?

Las comunidades religiosas siempre se fundan con mira a cómo sus miembros deben vincularse al mundo y ese concepto fundacional impacta directamente los ministerios apostólicos en los que las religiosas invierten sus energías. Arbuckle describe estos tipos de comunidades como: "ascéticas", donde el énfasis principal se pone dentro de la comunidad religiosa (ej., las Cistercienses); comunidades "relacionales/móviles," cuyo cometido es el mundo inmediato que les rodea (ej., los monasterios); comunidades "misión," cuyo cometido

---

[18] Hereford, *Religious Life at the Crossroads*, 37.

[19] Sagrada Congregación para los Religiosos e Institutos Seculares, "Elementos esenciales de la doctrina de la Iglesia sobre la Vida Religiosa dirigidos a los Institutos dedicados a obras apostólicas" (1983), consultado el 18 de abril de 2018, http://www.vatican.va/roman_curia/congregations/ccscrlife/documents/rc_con_ccscrlife_doc_31051983_magisterium-on-religious-life_sp.html

primeramente es la necesidad pastoral del mundo más allá de la comunidad (la mayoría de las comunidades apostólicas).[20]

El Concilio Vaticano II pidió a las comunidades religiosas regresar a sus fuentes fundacionales para examinar y explorar si la forma en que estaban viviendo era acorde con el espíritu de su fundación.[21] Para muchas, el resultado de la renovación clarificó el don o carisma de la comunidad religiosa y les ayudó a identificar la sabiduría de la comunidad en relación con el camino a seguir. El mundo estaba cambiando y las congregaciones abordaron la cuestión de cómo contribuir al Reino de Dios en nuestro propio tiempo y lugar.

"¿Cómo pues viviremos entonces?" era la pregunta a la que necesitaban responder las comunidades religiosas en la década de 1960 y que hoy seguimos haciéndonos cuando valoramos y evaluamos nuestra misión al tiempo que continuamos dando testimonio profético de la Buena Nueva de la salvación que nuestro Dios vivo y amoroso ha regalado a todos los pueblos.

Posibilidades

> *"Oh mis hermanas, manténganse firmes . . .*
> *Y vean lo que el Señor puede hacer"*[22]

Una de las preguntas candentes y mucha de la ansiedad que rodea cualquier conversación sobre la vida religiosa, especialmente en El Canadá y en los Estados Unidos, es:"¿Qué futuro nos espera?"

---

[20] Gerald A. Arbuckle, "Suffocating Religious Life: A New Type Emerges," *The Way* 65 (1989), 34, consultado el 11 de mayo de 2017, http://www.theway.org.uk/Back/s065Arbuckle.pdf.

[21] El Decreto *Perfectae Caritatis* (sobre la adecuada renovación de la vida religiosa, 1965) urgió a las congregaciones a renovarse por medio del examen del carisma original de sus fundadores y de un escrutinio orante de su vida y su servicio.

[22] Letanía de los Santos de Camerún.

Las religiosas jóvenes hemos empezado a hablar de nosotras mismas como el puente[23] entre lo que es y lo venidero en la vida religiosa. Nuestras hermanas mayores se refieren a sí mismas como las parteras del futuro que ha de venir.[24] Aunque ninguna de nosotras sabe lo que ha de ser, estamos tratando de prepararnos para, y Dios quiera, acoger la nueva creación que surgirá de este presente caótico y desconocido. Quizás lo que de veras necesitamos hacer ahora mismo es vivir el futuro que deseamos ver, pues ya está aquí.

Poseemos un sentido de orientación hacia dónde camina la vida religiosa ya que semillas de una rica diversidad están brotando en creciente internacionalidad e interculturalidad en las comunidades religiosas de El Canadá y los Estados Unidos. Hay nuevas miembros en muchas comunidades religiosas quienes son de culturas y países previamente poco representados (o completamente inexistentes) en comunidades eurocéntricas. Quizá los efectos de este cambio demográfico, y potencialmente cultural, no sea inmediatamente obvio en su totalidad, pero no cabe duda que el impacto será fundamental para la vida religiosa del futuro. Un cambio fundacional de este tipo es provisional, por supuesto, mientras las comunidades religiosas se ajustan para permitir el pleno crecimiento de la ampliación y profundización de nuestra sororidad.

El impacto de estos cambios demográficos en el carisma y la misión de las comunidades religiosas presenta posibilidades casi infinitas. ¿Cómo afectará la discusión y el discernimiento de la misión y los ministerios de las comunidades religiosas la voz de mujeres negras, latinas y de otras culturas? Permanecemos conectadas a nuestros países, culturas y lenguas de origen. ¿En qué sentido

---

[23] La primera vez que vi esto fue en el encuentro de *Giving Voice* de 2011 y desde entonces lo he visto expresado en numerosos artículos escritos por hermanas de menos de 50 años.

[24] Leadership Conference of Women Religious (Asamblea de líderes de congregaciones religiosas femeninas), "Annual Report 2008–09: Midwiving New Life," consultado el 15 de enero de 2017, https://lcwr.org/publications/annual-report-2008-09-midwiving-new-life.

la interacción con estos países y culturas dará sabor o cambiará los soportes teológicos de esas comunidades eurocéntricas que han estado tan empapadas e informadas por la experiencia y teología de culturas dominantes?

Ya sabemos que existe intercambio y colaboración entre congregaciones religiosas siendo esto relativamente nuevo, y que incluye, por ejemplo, noviciados Inter congregacionales, grupos intencionales como *Giving Voice* y comunidades virtuales en Facebook y otras redes sociales. Las religiosas jóvenes que han entrado en la última década son las primeras que han creado grupos virtuales con compañeras de su edad, que han sondeado esperanzas, sueños y experiencias de formación a través de *blogs*, así conectan sus propias experiencias con las de otras valientes que han compartido las alegrías y retos propios de la formación inicial.

Mientras discernía mi llamado, leí cuanto *blog* pude encontrar,[25] sin pensar que un día me conectaría con tantas de estas escritoras que se encontraban en distintos países y en distintas comunidades. Saboreaba sus "posts" al tiempo que descubría que yo no era la única. Lo que es aún más importante, me di cuenta de que estas experiencias similares apuntaban a una comprensión profunda de lo que significaba ser "religiosa" más allá de los límites aparentes de la ubicación, el carisma y la espiritualidad. Por este portal virtual hacia la experiencia inicial en la vida religiosa pude incrementar la confianza en mi propio discernimiento porque me ayudó a captar lo que eran diferencias culturales y generacionales, distinguiéndolas de la cuestión de la vocación.

El Papa Francisco señala: "Al ser una red global en la que todos estamos conectados, donde ninguna tradición local puede aspirar a tener el monopolio de la verdad, donde las tecnologías afectan a todo mundo, el mundo lanza un desafío continuo al Evangelio y a

---

[25] Un saludo especial con mi agradecimiento a Susan Francois, CSJP, Sarah Puls, SGS, and Nicole Trahan, FMI.

quienes forjan sus vidas de acuerdo con el Evangelio."[26] Creemos que como jóvenes religiosas ya tenemos conciencia de los desafíos que nos presenta el mundo y estamos intentando responder de forma consciente a los mismos, pero nos encontramos apenas en las primeras fases de estas respuestas. La verdad es que todavía necesitamos romper con y salir del estatus quo, de las formas en las que siempre se han hecho las cosas. Nos reconocemos en la posición de los sirvientes en la parábola de los talentos (Mt 25, 14-30), necesitamos tener cuidado para no enterrar nuestros dones en la tierra existente, sino, aunque parezca irresponsable, jugarnos el albur en el riesgo de lo desconocido para que haya oportunidad de crecimiento verdadero y de una nueva cosecha.

Puede ser que acabemos en sentimientos encontrados porque a las religiosas jóvenes con frecuencia nos preocupa no respetar la cultura de nuestras comunidades – después de todo, la formación se encarga de inculturar a las nuevas integrantes y adentrarlas en la historia y los modos de proceder de sus congregaciones y órdenes. La cuestión entonces está en cómo se evaluarán y redefinirán los procesos y estructuras de formación para permitir el cambio radical que debe ocurrir en el discernimiento y la discusión de la misión y el ministerio y el futuro de la vida religiosa. ¿Qué cambios sistémicos necesitamos hacer para que esta nueva creación llegue a la madurez?

Se ha hablado mucho de los estudios e investigaciones que indican que las jóvenes buscan comunidad y oración en sus probables comunidades religiosas. "Las nuevas comunidades que buscan son comunidades de praxis, comunidades que en primer lugar se dediquen a vivir el Evangelio de forma personal e interpersonal."[27] Esto ha dado ataque de nervios a algunas comunidades porque de alguna manera han extrapolado que si son comunidades primeramente de mujeres mayores no recibirán ni podrán recibir nuevas aspirantes. Creen que

---

[26] Congregación para los institutos de vida consagrada y sociedades de vida apostólica, "Alegraos," 57.

[27] Hereford, *Religious Life at the Crossroads*, 96.

este tipo de vida comunitaria implica una población de gente joven. Esto simplemente no es cierto. Si una comunidad religiosa se abre verdaderamente a los retos que traerá una nueva voz, un nuevo lente, una nueva visión, entonces las posibilidades de resolver problemas de maneras creativas son infinitas. Como dijo Arbuckle hace mucho tiempo: "Si una congregación o comunidad no apoya la creatividad, entonces no hay esperanza de que acojan re-fundadoras, que son un tipo muy especial de personas apostólicamente creativas."[28]

El futuro que ya está presente desafía a todas las religiosas, en cualquier etapa de formación, a re-fundar no sólo su comunidad, sino también la vida religiosa, de manera que el futuro pueda alcanzar su plenitud. Ted Dunn llama al proceso de refundación comunitaria el "misterio pascual" y describe que se necesita adentrarse en "una transformación de la conciencia en lo relativo al carisma de la comunidad y su relevancia con el mundo actual."[29] Se nos llama a ser valientes al salir al "nuevo mundo" como lo hicieron nuestras fundadoras y fundadores y todas estamos llamadas a la altura de este llamado vocacional.

Las mujeres que hoy están discerniendo vocación a la vida religiosa están decidiéndose por las comunidades que perciben que "bailan al son que tocan" y viven sus votos con pasión y alegría. Si de verdad creemos en un futuro colaborativo, basado en tener el entendimiento en común de que el papel de las comunidades religiosas es proveer el espacio y el apoyo para que las personas consagradas vivan sus votos y sean "el signo humilde y sencillo de una estrella que parpadea durante la noche oscura de la gente,"[30] no podemos seguir desperdiciando nuestras energías en riñas que sólo pueden dar fruto amargo. Así como desafiamos los estereotipos de la edad (tanto el de "joven" como el de "mayor"), así tenemos que desafiar el estereotipo del hábito religioso. Las jóvenes entre nosotras

[28] Ibid., 37.
[29] Ted Dunn, "Refounding Religious Life," *Human Development* 30, no. 3 (otoño 2009), p. 5–13.
[30] Arnaiz, "The Great Challenges," 17.

que ya estamos en la vida religiosa tenemos que recordarles a nuestras hermanas que el debate sobre los hábitos religiosos no es el debate de nuestra generación. También tenemos que rehusarnos a participar en este tipo de conversaciones cuando nos encontramos con quienes están discerniendo su vocación. Los votos y el fruto de esos votos, son el sentido y el propósito de la vida religiosa. No debemos dejarnos distrae por la insistencia del mundo seglar que trata de definirnos.

Al rezar por nuestro mundo y por el pueblo de Dios quizás también podemos pedir muy intencionalmente por el éxito del afán de todas las comunidades religiosas que buscan anunciar y dar testimonio a la Buena Nueva por todo el mundo, pues estamos de acuerdo en que: "Este es un tiempo hermoso para la vida religiosa dentro de la Iglesia y contamos con todas las Hermanas Religiosas... que juntas podamos dar testimonio y apoyo mutuo siguiendo los pasos de Jesús, con Nuestra Señora, nuestra pauta, con amor y creciente santidad."[31]

Mujeres jóvenes seguirán entrando a la vida religiosa por las mismas razones que tuvieron las mujeres contemporáneas de Jesús que caminaron con él y lo apoyaron con sus recursos (Lc 8, 13): ellas desean seguir a Jesucristo y, por toda la vida, compartir su misión de manifestar la Buena Nueva de un Dios vivo y amoroso.

Hacia adelante

"Todo nuestro ser celebra tu grandeza, oh Dios, nuestro espíritu encuentra su gozo en Ti." (Lc 1, 46-47)

---

[31] Council of Major Superiors of Women Religious (Consejo de Superioras Mayores de Congregaciones Religiosas Femeninas), "A Response to the Final Report of the Apostolic Visitation," consultado el 5 de marzo de 2017, http://cmswr.org/documents/year-of-consecrated-life/90-cmswr-response-to-final-report-of-the-apostolic-visitation/file

En realidad, no hay forma de concluir cuando se habla del futuro de la vida religiosa – es como el Reino de Dios, ya aquí pero todavía no. Avanzamos hacia un futuro que claramente nos desafía a manifestar la presencia de Dios en un mundo que es impredecible e inestable en el que nuestras hermanas y hermanos en Cristo pueden sufrir un profundo miedo. Conscientes de las muchas incertidumbres, jóvenes apasionadas y con amor radical y compromiso con este presente y con un futuro todavía desconocido, continúan entrando a las comunidades religiosas y profesando sus votos públicamente. Puede que no sepamos, más que alguna otra persona, lo que depara el futuro, pero confiamos en que el buen trabajo que comenzó el Espíritu Santo en las cientos de miles que nos precedieron continuará en nosotras y en aquellas que están por venir. Sabemos que necesitamos participar más plenamente en la refundación de la vida religiosa y de nuestras respectivas comunidades si queremos responder a los desafíos y oportunidades que tenemos por delante. Estamos listas.

Con ojos hacia el futuro

Más que nada, las trece hermanas que colaboramos en esta obra queremos hacerles saber la paz y la alegría que reina en nuestras vidas como mujeres consagradas. Sentimos gran esperanza para el futuro de la vida religiosa. Como reflejan estos ensayos, individualmente gozamos de diversas experiencias e ideas en cuanto al futuro. Sin embargo, convergimos por lo menos en tres puntos centrales: declaramos compromiso con esta vida, centramos nuestras vidas en Cristo por medio de la oración, y dependemos de la comunidad para alentar y apoyarnos mutuamente.

Hemos entregado nuestras vidas para propagar el Evangelio, y seguir los pasos de Jesús para lograr la visión de Dios para nuestro mundo y el venidero. En la tradición por siglos de las órdenes religiosas, y en particular en las tradiciones de nuestras comunidades, profesamos votos públicos a Dios. Creemos que nuestra vocación a vivir los consejos de pobreza, celibato, y obediencia nos asiste a vivir nuestro compromiso con Dios, con el mundo y entre nosotras. No nada más eso, nuestras vidas dan testimonio al valor de una vida más allá de los valores seglares que nos rodean. Nuestra fidelidad a la vida religiosa implica que somos flexibles y creativas al considerar las cambiantes exigencias de la vida actual.

No nos fuera posible dedicarnos a la vida religiosa sin centrar nuestro corazón y mente en el amor de Dios. De nuestra oración recibimos el alimento de la presencia amorosa de Dios, la amistad íntima de Jesús, y la inspiración del Espíritu Santo. En ambas oración personal y comunitaria, nos fortalecemos con el valor y la confianza para vivir nuestro llamado a servir al prójimo. Sólo en estos cimientos logramos oír la voz de Dios en nuestro mundo y discernir las acciones que se nos llama a emprender. Dios ha llamado a todos los seres humanos a co-crear con el Creador. Como co-creadoras nos es menester contemplar para poder soñar junto con Dios. Responder a la voz de Dios nos conducirá a lo que se necesita hoy y mañana, proporcionándonos una lámpara para nuestros pies en la neblina e incertidumbre.

Sobre todo, contamos las unas con las otras en diferentes tipos de comunidades. La mayoría de las jóvenes que se integran a la vida religiosa hoy día desean vivir en comunidad donde rozamos codos todos los días entre nosotras, negociamos tareas, horarios y compartimos bienes. Deseamos esa vida diurna en comunidad con su intergeneracionalidad y dimensiones multi-étnicas, sabiendo que nos estirarán y retarán hermanas que piensan distinto y hasta aquellas que son difíciles de convivir. Conocemos y amamos a nuestras hermanas, quienes nos maravillan con sus historias, sabiduría y santidad, y su habilidad de reconocer nuestra sabiduría. También entablamos comunidad con hermanas de diferentes congregaciones y de todas edades, especialmente con las participantes con nosotras en formación o que tienen experiencias similares. Nuestro deseo es encarnar el carisma de nuestras comunidades individuales, y al mismo tiempo llegar a entender el carisma global de la vida religiosa. Formamos comunidad con los laicos y el clero con quienes trabajamos y transmiten nuestro carisma tan bien como nosotras. Todas estas identidades comunitarias nos nutren y todas nos acompañan hacia el futuro.

Estamos comprometidas. Estamos arraigadas en la oración. Dependemos de comunidad. Estas fases nos proporcionan una sólida base para soñar juntas el futuro. En estas páginas damos afirmación y reclamamos la vida religiosas personalmente.

Estos capítulos sólo son el comienzo de conversaciones que esperamos continuar entre las mujeres en la vida religiosa y más allá. Trece voces no pueden articular todo lo que necesita decirse sobre la experiencia de las jóvenes religiosas. Nuestra esperanza es que nos acompañes e involucres a otras en la discusión. Quizá nuestro modelo de colaboración será útil para estos diálogos. Al comunicarnos por video-conferencias a través del año y en persona en enero, adoptamos un número de prácticas que nos ayudaron a discernir juntas, y a animar y suavemente retarnos. Estas prácticas incluyeron:

- Dejar por un lado nuestros egos
- Adentrarnos en las experiencias de unas y otras con curiosidad genuina
- Evitar hacer juicios
- Dar prioridad a las experiencias menos conocidas, para que todas las voces se escuchen en igualdad de condiciones
- Apertura a las diferencias reales, aun cuando resulten incómodas
- Plantear preguntas difíciles con ternura hacia la otra persona
- Compartir con autenticidad con todas
- Confiar en el esfuerzo colaborativo y tener fe en que tendremos éxito juntas
- Permanecer arraigadas en la oración
- Saber que el Espíritu guiará la conversación y nuestro discernimiento en común

En nuestra experiencia, estas conversaciones se convirtieron en espacios sagrados donde reconocimos lo divino que hay en cada una y compartimos profundamente entre nosotras.

Ofrecemos las siguientes preguntas como un medio para iniciar conversaciones. Pueden aplicarse a cada capítulo por separado o al libro en su totalidad:

- ¿Qué resuena con tu experiencia de la vida religiosa?
- ¿Qué resuena con tu experiencia de jóvenes religiosas?

- ¿Qué te sorprende de lo contenido aquí?
- ¿Qué falta?
- ¿Qué de lo que lees aquí despierta en ti algo nuevo?
- ¿Qué preguntas quisieras hacerles a las mujeres de otra generación después de leer este libro?
- ¿Qué te afirma en tu experiencia de la vida religiosa? ¿Qué te hace sentirte incómoda?
- ¿Qué es reto para ti?

Bibliografía

Agustín de Hipona. *Sermons*. Trad. Edmund Hill. Works of Saint Augustine 7, volumen 7. Hyde Park: New City, 1993.

———. *Confessions*. Trad. Henry Chadwick. Oxford: Oxford University Press, 1991.

Alandt, Margaret, and Pat McCluskey. "LCWR Assembly Confronts Racism and Religious Life." *Leadership Conference of Women Religious (Asamblea de líderes de congregaciones religiosas femeninas)*. Consultado el 27 de abril de 2017. https://lcwr.org/publications/lcwr-assembly-confronts-racism-and-religious-life.

Allen, Marcia. "Transformation—An Experiment in Hope: Presidential Address." 10 de agosto de 2016. Consultado el 27 de abril de 2017. https://lcwr.org/sites/default/files/calendar/attachments/lcwr _presidential_address_marcia_allen_csj.pdf.

Alto Comisionado de las Naciones Unidas para los Refugiados. "Figures at a Glance (Global Trends 2015)." Consultado el 15 de enero de 2017. http://www.unhcr.org/figures-at-a-glance.html.

Ambrosio, Márian Ambrosio. "Tejiendo una solidaridad para la vida – para vivir y dar testimoion como religiosas de vida apostólica." Sesión plenaria de 2016 de la Unión Internacional de Superioras Generales, mayo de 2016, Roma, Italia. Consultado el 18 de abril de 2018. http://www.internationalunionsuperiorsgeneral.org/wp-content/uploads/2016/04/Pl-2016_-Marian-Ambrosio_SPA.pdf

Anzaldua, Gloria. *Borderlands/La Frontera: The New Mestiza*. Cuarta edición. San Francisco: Aunt Lute Books, 2012.

Araujo-Hawkins, Dawn. "Younger Sisters Preparing to Be the Change in Religious Life," *Global Sisters Report*. 11 de agosto de 2015. http://globalsistersreport.org/blog/gsr-today/younger-sisters-preparing-be-change-religious-life-29156.

Arbuckle, Gerald A. "Suffocating Religious Life: A New Type Emerges." *The Way* 65 (1989). http://www.theway.org.uk/Back/s065Arbuckle.pdf.

Arnaiz, José M. "The Great Challenges of Consecrated Life Today." Capitolo General FSP, 2013. Consultado el 15 de enero de 2017. http://archive.paoline.org/paoline/allegati/15808/Arnaiz_Legrandi SfideVCoggi-eng.pdf.

Arnold, Simón Pedro. *A dónde vamos*. Lima: Ediciones Paulinas, 2012.

———. *La era de la mariposa*. Argentina: Editorial Claretiana, 2015.

———. Presentación a la Asamblea General de Religiosas Canadienses, Montreal, 27 de mayo de 2016.

Bauman, Zygmunt. *Vida Líquida*. México: Paidós, 2015.

Bisson, Don. *Intentional Community*. 3 CDs. Workshop Series 49. YesNow Productions, 2015.

Block, Peter. *The Answer to How Is Yes: Acting on What Matters*. San Francisco: Berrett-Koehler, 2003.

Buenaventura. *The Soul's Journey into God, the Tree of Life, and the Life of St. Francis*. Trad. Ewert Cousins. Classics of Western Spirituality. Nueva York: Paulist, 1978.

Boswell, John. *The Kindness of Strangers: The Abandonment of Children in Western Europe from Late Antiquity to the Renaissance*. Chicago: University of Chicago Press, 1988.

Brown, Brené. "Why Dr. Brené Brown Says It Takes Courage to Be Vulnerable," video de Oprah's Life Class, 22 de septiembre de 2013. Consultado el 27 de abril de 2017. http://oprah.com/

oprahs-lifeclass /why-dr-brene-brown-says-it-takes-courage-to-be-vulnerable-video.

Brueggemann, Walter. *Reality, Grief, and Hope: Three Urgent Prophetic Tasks*. Grand Rapids, MI: William B. Eerdmans, 2014.

Bruteau, Beatrice. *The Holy Thursday Revolution*. Maryknoll, NY: Orbis, 2005.

Buechner, Frederick. *Wishful Thinking: A Seeker's ABC*. Nueva York: HarperOne, 1993.

Cartledge, Tony W. *Vows in the Hebrew Bible and the Ancient Near East*. Sheffield, Inglaterra: Sheffield Academic, 1992.

Case, Deana. Entrevistada por la autora. Cuestionario para el proyecto de libro sobre la vida religiosa. Winnebago, NE, diciembre de 2016.

Catholic Online. "Saint Agnes." Consultado el 5 de marzo de 2017. http://www.catholic.org /saints /saint.php?saint_id=106

———. "Saint Teresa de Ávila." Consultado el 16 de enero de 2017. http://www.catholic.org/saints/saint.php?saint_id=208

Center for Applied Research in the Apostolate (Centro de investigación aplicada en el apostolado) (CARA). Consultado el 5 de mayo de 2017. http://cara.georgetown.edu/.

"Centro Santa Catalina – The Spiritual, Education and Economic Empowerment of Women (- El empoderamiento económico, educativo y espiritual de las mujeres)". Consultado el 4 de marzo de 2017. http:// centrosantacatalina.org/.

Chittister, Joan. "The Global Sisterhood: Nowhere and Everywhere." *Global Sisters Report*, 23 de abril de 2014. Consultado el 16 de febrero de 2017. http://globalsistersreport.org/column/where-i-stand/trends /global-sisterhood-nowhere-and-everywhere-381.

Christianity Today. "Perpetua." Consultado el 5 de marzo de 2017. http://www.christianitytoday.com/history/people/martyrs/perpetua.html.

Cloud, Henry, and John Townsend. *Boundaries: When to Say Yes, How to Say No to Take Control of Your Life*. Grand Rapids, MI: Zondervan, 1992.

Collins, Julie A. "Celibate Love as Contemplation." *Review for Religious* 75, no. 1 (ene. – feb. 2000), 79–86. Consultado el 27 de abril de 2017. http://cdm.slu.edu/cdm/singleitem/collection/rfr/id/372 /rec/1.

Congregación para los institutos de vida consagrada y las sociedades de vida apostólica. "'Alegraos:' Palabras del Magisterio del Papa Francisco. Carta circular a lost consagrados y consagradas hacia el año dedicado a la Vida consagrada." Consultado el 18 de abril de 2018. http://www.vatican.va/roman_curia/congregations/ccscrlife/documents/rc_con_ccscrlife_doc_20140202_rallegratevi-lettera-consacrati_sp.html

Corcoran, Nancy. *Secrets of Prayer a Multifaith Guide to Creating Personal Prayer in Your Life.* Woodstock, VT: SkyLight Paths Publishing, 2007.

Council of Major Superiors of Women Religious. "A Response to the Final Report of the Apostolic Visitation," 2014. Consultado el 5 de marzo de 2017. http://cmswr.org/documents/year-of-consecrated-life/90-cmswr-response-to-final-report-of-the-apostolic-visitation/file.

Cummings, Kathleen Sprows. *Understanding U.S. Catholic Sisters Today.* Washington, DC: FADICA, 2015. Consultado el 5 de marzo de 2017. http://www.nationalcatholicsistersweek.org/_resources /FDC_001_Report.pdf.

Dempsey, Louise. "The Function of Prudence in a Program of Renovation." Tesis de maestría, Summer School of Sacred Theology for Sisters, Providence College, 1964.

Dewitt, Susan. *We Carry on the Healing: PeaceHealth and the Sisters of St. Joseph of Peace.* Vancouver, WA: PeaceHealth, 2016.

Downey, Paula. "Religious Life for a World of Transition." *The Furrow* 60, no. 11 (noviembre de 2009), p. 612–20.

Dunn, Ted. "Refounding Religious Life: A Choice for Transformational Change." *Human Development* 30, no. 3 (2009), p. 5–13.

Dunn, Ted. Entrevistado por las autoras. 4 de enero de 2017.

Eliot, T.S. "Preface" ("Prefacio"). En Harry Crosby, *Transit of Venus: Poems*. París: The Black Sun Press, 1931.

Esler, Philip F. *Sex, Wives, and Warriors: Reading Biblical Narrative with Its Ancient Audience*. Eugene, OR: Cascade, 2011.

Evans, Elizabeth. "Q&A with Melinda Pellerin, on Having Two Callings." *Global Sisters Report*, 26 de mayo de 2016. Consultado el 14 de octubre de 2016. http://globalsistersreport.org/blog/q/trends/q-sr-melinda-pellerin-having-two-callings-40041.

Farrell, Pat. "Leading from the Allure of Holy Mystery: Contemplation and Transformation," Asamblea de líderes de congregaciones religiosas femeninas (LCWR), Atlanta, Georgia, del 9 al 13 de agosto de 2016. Consultado el 27 de abril de 2017. https://lcwr.org/sites/default/files /calendar/attachments/lcwr_2016_assembly_keynote_pat _farrell_osf.pdf.

Fiand, Barbara. *Refocusing the Vision: Religious Life into the Future*. Nueva York: Crossroads, 2001.

Francisco. "Carta con ocasión del Año de la Vida Consagrada." 21 de noviembre 2014. Consultado el 18 de abril de 2018. http://w2.vatican.va/content/francesco/es/apost_letters/documents/papa-francesco_lettera-ap_20141121_lettera-consacrati.html.

———. "Discurso del Papa Francisco en su visita a una cárcel de Filadelfia," Sitio web de Aciprensa, 27 de septiembre 2015, consultado el 25 de agosto de 2017, https://www.aciprensa.com/noticias/el-papa-francisco-visita-a-los-presos-del-instituto-correccional-curran-fromhold-de-filade-47089/

———. *Evangelii Gaudium*. 24 de noviembre de 2013. Consultado el 27 de abril de 2017. https:// w2.vatican.va/content/francesco/en/apost_exhortations/documents/papa-francesco_esortazione-ap _20131124_evangelii-gaudium.html.

———. "Homilía en la Fiesta de la presentación del Señor y el XXI día de la Vida Consagrada." 2 de febrero de 2017. Consultado el 27 de abril de 2017. https://w2.vatican.va/content/francesco /en/

homilies/2017/documents/papa-francesco_20170202_omelia-vita-onsacrata.html.

———. *Laudato Si*. 24 de mayo de 2015. Consultado el 18 de abril de 2018. http://w2.vatican.va/content/francesco/es/encyclicals/documents/papa-francesco_20150524_enciclica-laudato-si.html

———. "Palabras a los jóvenes de la Acción Católica italiana." 20 de diciembre de 2016, consultado el 18 de abril de 2018, https://w2.vatican.va/content/francesco/es/speeches/2013/december/documents/papa-francesco_20131220_azione-cattolica-italiana.html

———. "To Participants in the International Conference on Pastoral Work in Vocations." 21 de octubre de 2016. Consultado el 27 de abril de 2017. https://w2.vatican.va/content/francesco/en/speeches/2016 /october/documents/papa-francesco_20161021_pastorale-vocazionale.html.

———. "Vencer la indiferencia, construir una cultura del encuentro." Radio Vaticana, 13 de septiembre de 2016. Consultado el 18 de abril de 2018. http://iglesia.org/noticias/item/4485-vencer-la-indiferencia-construir-la-cultura-del-encuentro.

———. "Viaje a Polonia: vigilia de oración con las y los jóvenes en el Campo de la Misericordia." 30 de agosto de 2016. Consultado el 11 de mayo de 2017. https://w2.vatican.va/content/francesco/en/speeches/2016/july/documents/papa-francesco_20160730_polonia-veglia-giovani.html

Francois, Susan. "Living, Loving, and Leading in Fog." *Global Sisters Report*, 26 de agosto de 2016. Consultado el 27 de abril de 2017. http://global sistersreport.org/column/horizons/living-loving-and-leading-fog-41936.

———. "A Loving Gaze at Religious Life Realities." *Horizon* (otoño de 2013).

———. "Shifting Conversations in Religious Life." *Global Sisters Report*, 9 de julio de 2014. Consultado el 27 de abril de 2017. http://globalsistersreport.org/column/horizons/trends/shifting-conversations-religious-life-6361.

Gittins, Anthony J. "Mission: What's It Got to Do with Me?" *The Living Light* 34, no. 4 (primavera de 1998), 6–13.

Greer, R. Douglas-Adam. "Celibate Chastity: A Sacrifice Because of the Kingdom of Heaven." *Horizon* 29 (2004), 8–12.

Hahnenberg, Edward P. "Theology of Vocation: Attuned to the Voice of God." *Human Development Magazine* 36 (primavera de 2016), 54–58.

Hansman, Heather. "College Students Are Living Rent-Free in a Cleveland Retirement Home." *Smithsonian*, 16 de octubre de 2015. Consultado el 27 de abril de 2017. http://www. smithsonianmag.com/innovation/college-students-are-living-rent-free-in-cleveland-retirement-home-180956930/

Hereford, Amy. *Religious Life at the Crossroads: A School for Mystics and Prophets*. Nueva York: Orbis Books, 2013.

Hermsen, Kevin. Entrevistada por la autora. Cuestionario para el proyecto de libro sobre la vida religiosa. Norfolk, NE, diciembre de 2016.

Holy Bible: New International Version (NIV). BibleWorks vol. 9. Colorado Springs, CO: International Bible Society, 1984.

Hyman, Ronald T. "Four Acts of Vowing in the Bible." *Jewish Bible Quarterly* 37, no. 4, (octubre de 2009), 231–38. Consultado el 20 de marzo de 2016. http://0search.ebscohost.com.grace.gtu. edu/login.aspx? direct=true&db=rfh&AN=ATLA0001743204 &site=ehost-live.

Ignacio de Loyola. "Acto de entrega de sí." Oración del Suscipe. Consultado el 18 de abril de 2018. https://www.loyolapress. com/our-catholic-faith/espanol/oracion/oraciones-de-los-santos/ acto-de-entrega-de-si.

Jansen, Tiffany R. "To Save on Rent, Some Dutch College Students Are Living in Nursing Homes." *The Atlantic*, 5 de octubre de 2015. Consultado el 27 de abril de 2017. https://www.theatlantic.com/business/archive/2015/10/ dutch-nursing-home-college-students/408976/.

Johnson, Mary, Patricia Wittberg, and Mary L. Gautier. *New Generations of Catholic Sisters: The Challenge of Diversity.* Nueva York: Oxford University Press, 2014.

Juan Pablo II. *Vita Consecrata.* 25 de marzo de 1996. Consultado el 4 de marzo de 2017. http://w2.vatican.va/content/john-paul-ii/en/apost_exhortations/documents/hf_jp-ii_exh_25031996_vita-consecrata.html.

Kirchgaessner, Stephanie. "Murder of French Priest Opens a New Frontier for Catholic Church." *The Guardian,* 26 de julio de2016. Consultado el 15 de enero de 2017. https://www.theguardian.com /world/2016/jul/26/jacques-hamel-killing-challenge-pope-francis-catholic-church.

König, Jutta. "Spirituality and Diversity." En *Spirituality and Business: Exploring Possibilities for a New Management Paradigm.* Ed. Sharda S. Nandram and Margot Esther Borden. 101–7. Nueva York: Springer, 2010.

LaCugna, Catherine Mowry. *God for Us: The Trinity and Christian Life.* Nueva York: HarperCollins, 1991.

Leadership Conference of Women Religious (Asamblea de líderes de congregaciones religiosas femeninas), "Annual Report 2008–09: Midwiving New Life." Maryland: LCWR, 2009. Consultado el 15 de enero de 2017. https://lcwr.org/publications/annual-report-2008-09-midwiving-new-life.

Lederach, John Paul. *The Moral Imagination: The Art and Soul of Building Peace.* Nueva York: Oxford University Press, 2005.

Lee, Bernard. *The Beating of Great Wings: A Worldly Spirituality for Active, Apostolic Communities.* Mystic, CT: Twenty-Third Publications, 2004.

Machado, Antonio. *There Is No Road.* Nueva York: White Pine, 2003.

Maguire, Daniel C. *Ethics: A Complete Method for Moral Choice.* Minneapolis, MN: Fortress, 2010.

Malone, Janet. "A Spirituality of Aging in Religious Congregations." *Human Development* 34, no. 2 (verano de 2013). 8–17.

Maya, Teresa. "An Open Letter to the Great Generation." *Global Sisters Report*, 12 de enero de 2015. Consultado el 4 de diciembre de 2016. http:// globalsistersreport.org/column/trends/ open-letter-great-generation-16171.

McElwee, Joshua J. "Pope Francis Questions Donald Trump's Christianity, Says Border Wall Not from Gospel." *National Catholic Reporter*, 18 de febrero de 2016. Consultado el 27 de abril de 2017. https://www.ncronline.org/news/pope-francis-questions-donald-trumps-christianity-says-border-wall-not-gospel.

McLeod, Saul. "Erik Erikson." Consultado el 8 de mayo de 2017. https://www.simplypsychology.org/Erik-Erikson.html (20 de octubre de 2016).

McMahon, Sarah. Entrevistada por la autora. Cuestionario para el proyecto de libro sobre la vida religiosa. Norfolk, NE, diciembre de 2016.

Michalenko, Br. Paul and Dominic Perri. "Authentic Responses to the Future of Religious Life." *Human Development* 33, no. 4 (invierno de 2012). 3–9.

Morisette, Alanis. "Ironic." California: Maverick Records, 1996.

Murray, Patricia. "Religious Life: Called to Undertake a Journey of Transformation." Conferencia magistral, Congreso sobre el llamado universal de la Vida Religiosa. Catholic Theological Union, Chicago, Illinois, 3 de noviembre de 2015. Consultado el 8 de mayo de 2017. http://learn.ctu.edu /category/tags/ patricia-murray.

Nanko-Fernandez, Carmen. *Theologizing En Espanglish: Context, Community, and Ministry.* Nueva York: Orbis, 2010.

Nassif, Rosemary. "Supporting the Emergence of Global Sisterhood." Asamblea Plenaria de la Unión Internacional de las Superioras Generales, en Roma, Italia, del 9 al 13 de mayo de 2016. Consultado el 1 de marzo de 2017. http:// www.internationalunionsuperiorsgeneral.org/wp-content/ uploads/2016/01/Rosemary-Nassif-CN-Hilton-Foundation.pdf.

National Religious Retirement Office. "Statistical Report—August 2016." Consultado el 27 de abril de 2017. http://www.usccb.org/about/ national-religious-retirement-office/upload/Statistical-Report.pdf.

Nava, Gregory. *Selena*. Warner Bros, 1997.

New American Bible Revised Edition (NABRE). Oxford: Oxford University Press, 2010.

"New Religious Communities." *Following the Shepherd's Voice*. Blog. Consultado el 5 de marzo de 2017. http:// theshepherdsvoiceofmercy.blogspot.com/p/new-religious-communities.html.

Nouwen, Henri J.M. *Life of the Beloved: Spiritual Living in a Secular World*. Nueva York: The Crossroad Publishing Company, 1992.

NurrieStearns, Mary. "The Presence of Compassion: An Interview with John O'Donohue." *Personal Transformation*. Consultado el 8 de mayo de 2017. http://www.personaltransformation.com/ john_odonohue.html.

O'Murchu, Diarmuid. *Consecrated Religious Life: The Changing Paradigms*. Maryknoll, NY: Orbis, 2005.

———. *Religious Life in the 21ˢᵗ Century: The Prospect of Refounding*. Maryknoll, NY: Orbis, 2016.

Park, Sophia. "A Reflection on Religious Vocation: The Wine Is Ready, But the Wineskin Is Not." *Global Sisters Report*, 14 de mayo de 2014. Consultado el 27 de abril de 2017. http://globalsistersreport. org/column/speaking-god/trends/reflection-religious-vocation-wine-ready-wineskin-not-371.

Paul, Ann Marie. "Gleanings from My First Ten Years." *Review for Religious* 69, no. 1 (2010), p. 63–70.

Pellegrino, Mary. "Life on the Margins: Charismatic Principles for Modern Religious." *America Magazine*, 16 de octubre de 2013. Consultado el 8 de enero de 2017. http://www.americamagazine. org/issue/life-margins.

Perfectae Caritatis (Decreto sobre la adecuada renovación de la vida religiosa). 1965. Consultada el 18 de abril 2018. http://www.

vatican.va/archive/hist_councils/ii_vatican_council/documents/
vat-ii_decree_19651028_perfectae-caritatis_sp.html.

Phan, Peter. "The Dragon and the Eagle: Towards a Vietnamese American Theology." *East Asian Pastoral Review* 2–3 (2002). Consultado el 1 de abril de 2017. http://www.eapi.org.ph/resources/eapr/east-asian-pastoral-review-2002/2002-2-3/the-dragon-and-the-eagle-towards-a-vietnamese-american-theology/.

Portmann, Pia. Entrevistada por la autora. Cuestionario para el proyecto de libro sobre la vida religiosa. Norfolk, NE, diciembre de 2016.

Quin, Eleanor. *Last on the Menu*. Englewood Cliffs, NJ: Prentice-Hall, 1969.

Radcliffe, Timothy. "Community Life and Mission: Toward a Future Full of Hope." Presentación en la Catholic Theological Union, Chicago, Illinois, 6 de febrero de 2016. Consultado el 1 de abril de 2017. http://www.ctuconsecratedlife.org/videos/.

Rahner, Karl. "The Consecration of the Layman to the Care of Souls." En *Theological Investigations* 3, trad. Karl-H. Kruger y Boniface Kruger, p. 263–76. Baltimore: Helicon, 1967.

Ricouer, Paul. *Interpretation Theory: Discourse and the Surplus of Meaning*. Fort Worth: The Texas Christian University Press, 1976.

Rolheiser, Ronald. *The Holy Longing: The Search for Christian Spirituality*. Nueva York: Penguin, 2014.

———. *Sacred Fire: A Vision for a Deeper Humanity and Christian Maturity*. Nueva York: Image, 2014.

Rowthorn, Jeffery. "Lord, You Give the Great Commission." Carol Stream, IL: Hope Publishing, 1978.

Rule of Saint Benedict 1980. Ed. Timothy Frye. Collegeville, MN: Liturgical Press, 1981.

Sagrada Congregación para los Religiosos e Institutos Seculares. "Elementos esenciales de la doctrina de la Iglesia sobre la Vida Religiosa dirigidos a los Institutos dedicados a obras apostólicas."

31 mayo 1983. Consultado el 18 de abril de 2018, http://www. vatican.va/roman_curia/congregations/ccscrlife/documents/ rc_con_ccscrlife_doc_31051983_magisterium-on-religious-life_sp.html.

———. *Religiosos y promoción humana*, 24. Plenaria SCRIS 25-28 abril 1978. Consultado el 18 de abril de 2018. http://www. vatican.va/roman_curia/congregations/ccscrlife/documents/ rc_con_ccscrlife_doc_12081980_religious-and-human-promotion_sp.html

Sammon, Sean D. *Religious Life in America*. Nueva York: Alba House, 2002.

Schneiders, Sandra. *Buying the Field: Religious Life in Mission to the World*. Nueva York: Paulist, 2013.

———. "Call, Response and Task of Prophetic Action." *National Catholic Reporter*, 4 de enero de 2010. Consultado el 27 de abril de 2017. https://www.ncronline.org/news/women-religious/ call-response-and-task-prophetic-action.

———. *Finding the Treasure: Locating Catholic Religious Life in a New Ecclesial and Cultural Context*. Nueva York: Paulist, 2000.

———. *The Revelatory Text: Interpreting the New Testament as Sacred Scripture*. Collegeville, MN: Liturgical Press, 1999.

———. *Selling All: Commitment, Consecrated Celibacy, and Community in Catholic Religious Life*. Nueva York: Paulist, 2001.

———. "Tasks of Those Who Choose the Prophetic Life Style." *National Catholic Reporter*. 7 de enero de 2010. Consultado el 27 de abril de 2017. https://www.ncronline.org/news/ women-religious/tasks-those-who-choose-prophetic-life-style.

Schreck, Nancy. Presentación en el Taller sobre nuevos liderazgos en la Asamblea de líderes de congregaciones religiosas femeninas (LCWR), 19-22 de marzo de 2015.

Shaw, Russell. "Where Have All the Sisters Gone?" *Catholic Answers*, 29 de noviembre de 2011. Consultado el 15 de enero de 2017. https://www.catholic.com/magazine/print-edition/ where-have-all-the-sisters-gone.

Simmonds, Gemma. "Vitality in Religious Life," presentación a la Asamblea de las Hermanas de San José de la Paz en la primavera de 2016.

Sinnot, Anneliese. "Shifting Paradigms: A New Reality." En *Journey in Faith and Fidelity: Women Shaping Religious Life for a Renewed Church*, ed. Nadine Foley, p. 95–123. Nueva York: Continuum, 1999.

Stockman, Dan. "Forthcoming Book Documents Black Sisters in the U.S." *Global Sisters Report* 14 de mayo de 2015. Consultado el 8 de mayo de 2017. http://globalsistersreport.org/news/trends/forthcoming-book-documents-history-black-sisters-us-25501.

Teresa de Calcuta. *Where There Is Love, There Is God*. Ed. Timothy Fry. Collegeville, MN: Liturgical Press, 2010.

Tescon, Constance. Entrevistada por la autora. Cuestionario para el proyecto de libro sobre la vida religiosa. Manila, Filipinas, diciembre de 2016.

Tomás de Aquino. *Summa theologiae*. Trad. Padres de la Provincia Dominica de Inglaterra. Consultado el 27 de abril de 2017. http://dhspriory.org/thomas/summa/.

Treviño, Roberto R. "Facing Jim Crow: Catholic Sisters and the 'Mexican Problem' in Texas." *Western Historical Quarterly* 34, no. 2 (1 de mayo de 2003), p. 139–64.

Up With People. "What Color Is God's Skin?" Up With People Incorporated, 1964.

VanderVen, Karen. "Intergenerational Theory in Society: Building on the Past, Questions for the Future." En *Intergenerational Relationships: Conversations on Practice and Research Across Cultures,* ed. Elizabeth Larkin et. al., p. 75–94. Nueva York: Haworth 2004.

Wiederkehr, Macrina. "Prayer Before a Burning Bush." En *Seasons of Your Heart: Prayers and Reflections*. Rev. and exp. ed. Nueva York: HarperCollins, 1991.

Wilson, Robert. "Child, Children.". En el *HarperCollins Bible Dictionary*. Ed. Mark Allan Powell et al. Nueva York: HarperOne, 2011.

Wittberg, Patricia. *Creating a Future for Religious Life*. Nueva York: Paulist, 1991.

———. *Pathways to Re-Creating Religious Communities*. Nueva York: Paulist, 1996.

Ziegler, Yael. *Promises to Keep: The Oath in the Biblical Narrative*. Boston: Brill, 2008.

Zinn, Carol. "Cruzando el umbral: tejiendo la solidaridad universal para la vida del mundo." Presentación en la Asamblea Plenaria de la Unión internacional de superiores generales, Roma, Italia, 9-13 de mayo de 2016. Consultado el 18 de abril de 2018. http://www.internationalunionsuperiorsgeneral.org/wp-content/uploads/2016/04/Pl_2016_Carol-Zinn_SPA.pdf

Colaboradoras

Amanda Carrier, RSM, entró con las Hermanas de la Misericordia en 2010. Hizo sus primeros votos en 2015. Vive en Connecticut, donde presta servicio como chef en el centro de acogida Thomas Merton, ubicado en Bridgeport.

Desiré Ann-Marie Findlay, CSSF, ingresó en 2010 a la Congregación de Hermanas de San Félix. Actualmente trabaja como maestra de Religión, Español y Danza en el nivel de preparatoria en Pomona, California, pero se está preparando para una nueva asignatura en el otoño de 2017. Ama a su comunidad y espera hacer su profesión perpetua en 2019.

Susan Rose Francois, CSJP, presta servicio en el equipo de liderazgo de la congregación de Hermanas de San José de la Paz. Hizo sus votos perpetuos en 2011 y fue miembro del equipo central de líderes de *Giving Voice*.

Virginia Herbers, ASCJ, es una Apóstol del Sagrado Corazón de Jesús. Hizo sus primeros votos en 1992 y después de muchos años como educadora, actualmente es vice provincial de la provincia de los Estados Unidos en Hamden, Connecticut.

Tracy Kemme, SC, entró a las Hermanas de la Caridad de Cincinnati en 2012. Vive en la Casa de la Visitación en esa ciudad y presta servicio en justicia social y ministerio latino. Está estudiando la maestria en Teología en la Universidad Xavier y escribe para *Global Sisters Report*.

Sarah Kohles, OSF, es Hermana de San Francisco de Dubuque, Iowa. Hizo su profesión perpetua en 2011 y está haciendo su doctorado en Estudios Bíblicos en *Graduate Theological Union* en Berkeley. Ha prestado servicio en Formacion de Fe en parroquias de Iowa, Illinois y Texas y en el equipo central de líderes de *Giving Voice*.

Teresa Maya, CCVI, es miembro de la Congregación de Hermanas de la Caridad del Verbo Encarnado, en San Antonio, Texas. Su principal servicio ha sido como educadora. Actualmente participa en el equipo de liderazgo de su congregación y es la presidenta de la Asamblea de líderes de congregaciones religiosas femeninas (LCWR).

Hna. Madeleine Miller, OSB, entró a las Hermanas Benedictinas Misioneras de Tutzing en 2008. Vive cerca de Sioux City, Iowa, enseña teología y acompaña la pastoral del campus *Bishop Heelan Catholic High School*. Hizo su profesión monástica perpetua en 2015 después de pasar un tiempo en Olinda, Brasil.

Juliet Mousseau, RSCJ, entró a la Sociedad del Sagrado Corazón en 2009. Vive en San Luis, Missouri, y presta servicio como profesora de historia de la Iglesia en Aquinas Institute of Theology. Espera hacer sus votos perpetuos en 2020.

Christa Kathlene Casillas Parra, IBVM, entró al Instituto de la Bienaventurada Virgen María en 2008. Vive en Phoenix, Arizona, y trabaja como consejera escolar en la escuela primaria Jesuita San Francisco Xavier. Hizo sus votos perpetuos el 31 de julio de 2016 en la Iglesia de Nuestra Señora de Guadalupe en el Sur de Chicago.

Mary Therese Perez, OP, entró a las Hermanas Dominicas de Misión de San José en 2009. Vive en Los Ángeles, California, y predica como profesora de Religión en la Academia del Sagrado Corazón de Flintridge.

Thuy Tran, CSJ, entró en 2007 a las Hermanas de San José de Orange e hizo su profesión perpetua en 2015. Vive en el condado de Orange, California, y participa en el equipo de Misión Integral del Providence St. Joseph Health. Sale a prestar servicio y acompaña a colaboradores para extender la misión sanadora de Jesús.

Deborah Warner, CND, es hermana de la Congregación de Notre-Dame de Montreal. Hizo su profesión perpetua en 2012. Creció en Trinidad y actualmente en misión como trabajadora social en Toronto, Canadá. Fue a Sierra Leone en misión en 2017.

Printed in the United States
By Bookmasters